Shueisha
Series
Common

政策の哲学

中野剛志

集英社シリーズ・コモン

この同時代の雰囲気は別にして、経済学者や政治哲学者の思想は、それが正しいときも間違っているときも、考えられている以上に強力である。実際、世界は、それ以外によっては、ほとんど動いていないのである。いかなる知的影響からも無縁であると信じる実践家も、通常は、過去の経済学者のうちの誰かの奴隷である。[*1]

——ジョン・メイナード・ケインズ

序論

▼政策の科学は可能なのかを哲学する

国家政策は科学に基づいて立案され、実行されている。

このように言うと、違和感を覚えるかもしれない。政府の政策にはとてもそうとは思えないものがたくさん含まれているからである。

実際、政治家や官僚などの政策担当者たちに問うてみれば、実践的な知恵や経験、状況的な判断、世論の反映、利益集団の圧力、あるいは政治的な駆け引きや利害調整の妥協の結果として、国家政策を実行しているのであって、政策の科学などというものに基づくようなものではないと証言する者が少なからずいるであろう。政策の科学などというものの存在どころか、その可能性を否定する者すらいるかもしれない。

しかし、「科学」というものを最大限に広く解釈して、「(自然や社会)といった実在(reality)についての知識」として理解すると、話は変わってくる。

なぜなら、現実(reality)についての知識を何ら持たなければ、国家政策の実行はおろか、日常生活を営むことすら不可能だからである。したがって、正しいか間違っているか、厳密か素朴か、あるいは明示的になのか暗黙のうちにかは別にして、いかなる国家政策も広義の科学に基づいていると言わなければならない。

そして、科学すなわち「実在についての知識」は、さらに「実在」についての理論と「知識」についての理論に支えられている。前者を「存在論哲学(ontology)」と言い、後者を「認識論哲学（epistemology）」と言うならば、いずれの国家政策にも、その最深部には何かしらの「哲学」が横たわっているということになろう。

本書の目的は、その哲学、すなわち「政策哲学」を探究することにある。

▼科学哲学における存在論的転回の衝撃

科学とは何かを問う学問がある。それは「科学哲学」と呼ばれている。

科学哲学においては、伝統的に「認識論」、すなわち世界についての「知識」に関する理論が支配的であった。そうした認識論としての科学哲学としては、例えば、カール・ヘンペルの実証主義、カール・ポッパーの反証主義、イムレ・ラカトシュのリサーチ・プログラム論、トーマス・クーンのパラダイム論、あるいはポール・ファイヤアーベントのアナキズムなどが知られている。

こうした中、一九七五年にイギリスの哲学者ロイ・バスカーが[*2]『科学の実在論的理論』[*3]を発表し、科学哲学に「存在論」を持ち込んだ。バスカーは、「科学というものが成立するためには、自然はどのような存在であるか」という問題を設定し、それに答えるという形の議論を展開したのである。

バスカーの存在論的なアプローチは極めて強力な議論であった。科学は「実在についての知識」であるから、いかなる科学的理論も、実在についての何らかの見方を前提としているはずである。したがって、もし理論の前提にある実在論が誤っていれば、その理論は真正の「科学」たり得ないということになる。

このような論証によって、バスカーは、実証主義が暗黙の前提としていた存在論的基礎に光を当て、その弱点を突いたのである。

実証主義はバスカー以前には支配的な科学哲学であり、通俗的な科学観としては今もなお支配的である。その実証主義に対して、バスカーは、言わば存在論という背後に回って痛烈な一撃を加えたのであった。

バスカーはさらに続けて一九七九年に『自然主義の可能性』[4]を発表し、「社会科学というものが成立するためには、社会はどのような存在でなくてはならないのか」という問題に挑戦した。「社会科学哲学（philosophy of social science）」にも存在論を導入したのである。

このバスカーによる科学哲学および社会科学哲学の「存在論的転回（ontological turn）」を二十世紀後半の英米系哲学において「最もエキサイティングな展開」[5]であるとアンドリュー・コリアーは、評している。

とりわけ社会科学哲学における実在論的アプローチは、「批判的実在論（critical realism）」という名の下に、この二〜三十年の間に目覚ましい発展を遂げつつある。[6][7]そしてそれは、社会学、[8]経済学、[9]国際関係論[10]など、社会科学のさまざまな分野へと広がっているのである。二〇〇二年には批判的実在論の専門学術誌（*Journal of Critical Realism*）も創刊されている。

その中でも特に注目すべきは、批判的実在論に基づいて「主流派経済学（mainstream economics）」に対する根源的な批判を行ない、経済学という学問を真正の科学たらしめるべく、ケンブリッジ大学を中心にして精力的に研究活動を行なっているトニー・ローソンの貢献である。

▼ノーベル経済学賞受賞者たちの内部告発

「主流派経済学」とは、今日の経済学の学界において最も支配的な理論体系のことである。世界中の権威ある大学の経済学部において教えられ、最も評価の高い学術誌に論文として掲載される経済学の学派が主流派経済学である。

そして、世界中の政府、中央銀行、国際機関、シンクタンク、ジャーナリズムに対して最も強い影響を及ぼしている経済学も、この主流派経済学である。したがって、世界の経済政策を動かしている理論は、多かれ少なかれ、主流派経済学であると言っても過言ではない。

しかし、よく知られているように、この主流派経済学は数々の非現実的な仮定を置いた上で理論を構築している。そのことについては、これまで数えきれないほどの批判が向けられてきた。

しかも、その批判の出所は、政治学、社会学、人類学、科学哲学など経済学以外の分野や、マルクス主義、制度派、ポスト・ケインズ派といった異端派経済学からだけではない。主流派経済学者の中からも、その非現実性を問題視する声が挙がっていたのである。

主流派経済学者による内部告発について、ローソンが引用している中からノーベル経済学賞受賞者に限って例示しただけでも、次の通りとなる。*11

●ワシリー・レオンティエフ

専門的な経済学の学術誌の各頁は数式で埋め尽くされている。そうした数式は一見もっともらしいが完全に恣意的な仮定から、明確に述べられているが見当違いの理論的結論に読者を導いていく（中略）。経済理論家たちは毎年、何十もの数理モデルを構築し、その形式的な特性を詳細に詰め、また計量経済学者たちは、本質的には同じデータセットにありとあらゆる形状の代数関数を当てはめているが、現実の経済システムの構造と機能を体系的に理解する上で、目に見える形で何らかの進展を遂げているわけではない。

●ミルトン・フリードマン

経済学は現実の経済問題を扱うのではなく、難解な数学の一部門にますます近づいている。

●ロナルド・コース

今の経済学は宙に浮いていて、現実世界で起きていることとはほとんど無関係になっている理論体系である。

ローソンに続けて、より近年の例を追加しておこう。

二〇〇八年にノーベル経済学賞を受賞したポール・クルーグマンは、その受賞の翌年に、過去三十年間の主流派マクロ経済学の大部分は、「良くても華々しく役に立たなく、悪くすれば完全に有害」と吐露した。[*12] クルーグマンがそう言わざるを得なかったのは、二〇〇八年に勃発した世界金融危機をほとんどの主流派経済学者たちが想定していなかったからである。

さらにもう一人、ポール・ローマーの名を挙げておこう。ローマーは二〇一八年にノーベル経済学賞を受賞したが、その二年前の講演の中で、マクロ経済学は過去三十年以上にわたって進歩するどころか、むしろ退歩したと断じていたのである。[*13]

以上、列記してきたのは、繰り返しになるが、主流派経済学者自身、それもノーベル経済学賞受賞者たちによる批判である。その学問分野において最も優秀と目される学者たちが、自らの学問分野のあり方についてこれほど酷評するというのは、他の学問分野では珍しい。もっと奇妙なことに、こうした内部告発にもかかわらず、主流派経済学は、その非現実的な理論的骨格を基本的に維持し続けているのである。

▼主流派経済学は似非科学

しかし、これらのノーベル経済学賞受賞者たちによる批判が正しいとすると、主流派経済学は経済の現実に対する知識を与えるものではないということになる。それは、もはや科学の体《てい》をなしていないということを意味する。

それでも、主流派経済学者たちが、現実とは無縁に、学界の仲間内だけで数理モデルを玩《もてあそ》んでいるうちはまだよい。しかし、彼らの理論が象牙《ぞうげ》の塔から出て国家政策に影響を与えるようならば、もはや単なる知的遊戯《ゆうぎ》として片づけられなくなる。

十八世紀の哲学者デイヴィッド・ヒュームは「宗教の誤りは危険である。哲学の誤りであれば馬鹿げているだけだが[*14]」と述べた。その言葉になぞらえて言えば、非現実的な理論は馬鹿げているだけだが、非現実的な政策は危険極まりない。

似非《えせ》医学に基づく療法はかえって健康を害しかねないものであり、最悪の場合は死を招く。その昔、秦《しん》の始皇帝は水銀を不老不死の薬と信じて飲んでいたというから、恐るべきは権力よりも似非科学である。政治家や官僚といった政策担当者たちが似非科学に基づいて政策を実行したら、それは間違いなく国家の破滅を招くであろう。

実際、資本主義諸国では、一九八〇年代初頭からおよそ四十年間にわたって、小さな政府、規制緩和、民営化、健全財政、貿易の自由化、資本移動の自由化、中央銀行の独立性などを提唱する、新自由主義に基づく経済政策が支配的となり、その新自由主義的な政策に理論的な根拠を与えていたのは、間違いなく主流派経済学である。しかし、その新自由主義的な政策は、主流派経済学の想定に反して、金融危機の頻発、開発途上国の債務危機、長期停滞、賃金の伸び悩み、格差の拡大、貧困の増大をもたらす結果に終わった。非現実的な理論に基づいて政策を立案し、実行したのであるから、当然の結果である。

もっとも、実際の政治家や官僚たちが経済政策を行なうにあたって、主流派経済学の影響を大きく受けてはいるとはいえ、必ずしも忠実に従っているわけではないのは不幸中の幸いではある。

例えば、二〇〇八年に世界金融危機が勃発すると、各国は大規模な財政出動や金融規制の強化を行なった。どの国の政策担当者も、市場メカニズムが再び均衡をもたらすだろうと信じて自由放任に委ねたりはしなかったのである。

厳密に言えば、新自由主義的な政策ですら、主流派経済学の理論をそのまま実行に移しているわけではない。関税障壁から非関税障壁に至るまで自由貿易の妨げと思しきものはすべて撤廃したとか、どんなに不況になっても財政赤字は一切計上しなかったなどという国は、さすがに実在しない（それに近い愚行をやった国はあるかもしれないが）。

おそらく政策担当者たちは、主流派経済学の理論が非現実的な代物であり、クルーグマンに言われるまでもなく「良くても華々しく役に立たなく、悪くすれば完全に有害」だと薄々感づいているのであろう。

▼羅針盤を持たない政策担当者

しかし、その代償として、政策担当者たちは、羅針盤も海図もなしに大海原へと漕ぎ出すかのように、確たる科学的な根拠を何も持たずに経済政策を実行しなければならなくなっている。

このため政策担当者たちは、経済学者、政治家のアドバイザー、財界のリーダー、民間シンクタンク、経営コンサルタント、マスメディアのコメンテイターなどが提案する、もっともらしい政策を多くの場合、採用してきた。喩《たと》えて言うならば、医学的根拠は疑わしいが、体によいと企業が宣伝する健康食品を手当たり次第に摂取しているようなものである。

とりわけ、過去三十年間の日本の政策担当者たちに顕著だったのは、外国（特にアメリカ）の要求に応じて制度を改廃したり、海外の政策や制度を「日本版○○」と称して導入したりすることだった。政策の根拠となるべき社会科学についてろくに知らないから、そうするしかなかったのであろう。要するに、日本において国家運営の舵《かじ》取りを担っているのは素人たちなのだ。

このような有様では、経済政策の実践は、場当たり的で一貫性がなく、そして的外れなものとならざるを得ないであろうし、実際しばしばそうなっている。

例えば、政策担当者が、不況を脱するには非効率な部門を清算すればよいと思い込んで、企業倒産や失業を放置するという政策を採用し、かえって不況を深刻化させてしまうということがある。これは国家運営を企業経営のように考えるという初歩的な誤りなのだが、悲しいかな、この程度の失敗が頻繁に繰り返されているのが現実なのである。

もしそうだとするなら、このような状況をいつまでも放置してよいはずがない。政策担当者たちは、国家政策を正しく導いてくれる社会科学を探し求めるべきではないのか。どうしても見つからないというのであれば、自分たちで創ればよい。そうすることこそが、公共に奉仕する義務を負う者の誠実さというものであろう。新自由主義的な政策の失敗が明らかになり、それに代わる政策が求められているのを認めるならば、なおさらである。

ところが、彼らがそうすることは、これまでめったになかったのである。というのも、どうやら政治家や官僚といった実践家たちの多くは、「経済学が科学であるためには現実性を犠牲にするのはやむを得ない」だの、「自然科学とは違って、社会科学の理論などは、いい加減な机上の空論に過ぎない」といった偏見を持っているらしいのである（そのような台詞《せりふ》を実際に耳にした経験が筆者にも少なからずある）。もっとも、「良くても華々しく役に立たなく、悪くすれば完全に有害」な理論をまき散らす主流派経済学者を筆頭に、こうした誤解や侮蔑《ぶべつ》を助長するような社会科学者があまた存在するのもまた、事実なのであるが。

現実的な社会科学というものについて、それが存在することすら知らなければ、探しにいくこともないのは当然であろう。

▼有権者全員が政策担当者

しかし、繰り返しになるが、科学を「実在についての知識」として定義するならば、科学なしにはいかなる実践も不可能であることは明らかである。経済政策担当者たちは、主流派経済学に頼らない場合であっても、何らかの「経済についての知識」という意味での「科学」に依存しているのである。

さらに言えば、もし科学の根底に何らかの「哲学」があるならば、政策担当者が哲学から無縁であるはずがない。二十世紀最大の経済学者であると同時に、いや、それ以上に卓越した政策担当者でもあったジョン・メイナード・ケインズが残した本書冒頭の有名な警句は、そのことをよく表している。

そうだとするならば、責任ある政策担当者は、政策の根拠となる現実的な、真の社会科学を追究すべきであるし、その前提として、「真の社会科学とは、どのようなものであるか」という社会科学哲学を探究しなければならないはずである。

それは、政治家や官僚だけに限らない。

民主政治においては、有権者全員が広い意味での「責任ある政策担当者」である。したがって、本書において展開される「政策哲学」は、民主国家におけるすべての国民にとって必要なものとなることを目指すものである。

そして、この政策哲学が首尾よく確立されたならば、それは経済学という学問を本来あるべき科学としての姿へと導く一助にもなるものと思う。

というのも、かのアダム・スミスが政治経済学（今日の「経済学」）を「立法者の科学（science of a legislator）の一部門」として創始したことからも分かるように、経済学は元々、政策を志向する科学のはずだからである。

したがって、政策とは何かを理解することは、経済学という社会科学の一分野をその主流派が陥った知的退廃から救い出し、その本来の姿を取り戻すための第一歩ともなるであろう。

▼本書の構成

本書は、政策担当者、そしてより広く有権者が有するべき政策哲学を求めて、思考を深く掘り下げていこうとする。その道行をあらかじめ簡単に示しておこう。

まず議論の出発点として、第一章は、経済政策に大きな影響を与えている主流派経済学の方法論とその問題点を議論する。

第二章では科学とは何か、そして第三章では社会科学とは何かについて、ロイ・バスカーの超越論的実在論および批判的実在論に基づいて明らかにする。

ここまでは、政策哲学を探究するための準備的な議論である。

そして第四章では、国家とは何かについて議論する。公共政策の典型は国家政策である以上、政策について論じるのであれば、国家論は避けては通れないからである。その上で第五章では、政策とは何かを論じ、「公共政策の実在論的理論」の大枠を提示する。ここまでは、批判的実在論に則《のっと》って議論を進める。

ところが、第六章では一転して、批判的実在論の弱点を指摘する。そして、その弱点を克服し、「公共政策の実在論的理論」を強化すべく、ポスト批判的実在論を探究していく。その一助となるのは、マイケル・ポランニーの科学哲学である。その上で第七章では、ポスト批判的実在論に基づく政策哲学の姿を明らかにする。

第八章では、この政策哲学を補強するために、チャールズ・リンドブロムの漸変《ぜんぺん》主義、ブルーミントン学派、さらには近年の複雑系理論など、政策分析の研究成果を取り込んでいく。

残りの議論では、このポスト批判的実在論を基礎にした政策哲学の実践的な意義を明らかにする。第九章では財政政策のあるべき姿を、そして第十章では政治のあるべき姿を提示する。

そして最後に、本書の「公共政策の実在論的理論」こそが二十一世紀に必要な政策哲学であると結論する。

目次

第三章 社会科学は可能なのか

第一章 実証経済学とは何か

▼主流派経済学が使う非現実的な仮定

まずは、実際の経済政策に最も大きな影響を与えているとされる「主流派経済学」とは、いかなる理論であるのかを批判的に検討することから始めよう。

よく知られているように、主流派経済学は、人間について「経済人（homo economicus）」あるいは「合理的経済人」という仮定を置いている。自己の経済的利益を最大化するという目的のために合理的に行動する原子論的な（社会の影響を受けない、自律した）個人という仮定である。合理的経済人の仮定を置いていなければ、主流派経済学ではないと言ってもよいほど、この仮定は重要である。

もっとも、この合理的経済人という仮定が著しく非現実的であることを指摘するのは、容易である。心理学的、人類学的な研究を俟《ま》つまでもなく、生活常識に基づいて判断しても、人間は自己の経済利益の最大化だけを目的としてはおらず、目的に対して合理的に行動するとも限らない。社会から孤立した存在でもないことも明らかである。

また、主流派経済学は「一般均衡理論」を基礎として成立している。「一般均衡」とは、経済全体におけるすべての財貨に関して需要と供給が同時に一致した状態を指す。そうした状態が存在するという前提の上に、主流派経済学は理論を構築している。

ところが、この一般均衡理論は、その発展に大きく貢献した経済学者の一人であるフランク・H・ハーンですら認めているように、貨幣という存在を想定していない。[*1] 信じ難いことに、一般均衡理論が想定しているのは貨幣のない物々交換の世界なのである。

主流派の国際経済学に目を転じてみれば、どの教科書にも、「比較優位の原理」が自由貿易の意義を明らかにした理論として解説されている。比較優位の原理とは、「二国が自由貿易を通じて相対的に得意とする産業分野に特化することで、両国とも経済厚生を高めることができる」とする理論のことである。

しかし、主流派経済学の教科書に書いてあるように、比較優位の原理は、以下のような非現実的な仮定のもとで、成立するものとされているのである。

・世界には二国、二財、一つの生産要素（労働）のみが存在する。
・生産は規模に関して収穫不変である（生産要素の投入量をn倍にしたとき、生産量もn倍になる）。
・労働は完全雇用されている。
・生産要素は変化しない。
・労働や資本は国内を自由に移動できるが、国際的には移動できない。
・運送費用はゼロである。

これほど非現実的な仮定を置かなければ成立しないというのであれば、比較優位の原理は、むしろ自由貿易の効用の非現実性を示すための理論であるようにすら見える。

ところが、主流派経済学者たち、政府や国際機関に入り込んだエコノミストたち、そして彼らの影響を受けた政策担当者たちは、現実の貿易政策に関しては、一貫して自由貿易を支持してきたのである。

このように、主流派経済学は、極めて非現実的な仮定をいくつも置いた上でしか成立しないという、非常に脆弱《ぜいじゃく》な理論体系である。それにもかかわらず、主流派経済学はその非現実性を根本的に改めようとはせず、むしろ悪化させながら現実の経済政策に対して大きな影響力を行使し続けてきた。

これは極めて恐ろしいことではないだろうか。

例えば、感染症の学者たちが、人体やウイルスに関して非現実的な仮定を置いた上で理論を構築しているにもかかわらず、その理論に基づいて、政府の公衆衛生政策に大きな影響を及ぼしたとしたら、その結果は悲惨なものとなるに違いない。

しかし、それに近いことが、経済学および経済政策においては実際に行なわれてきたのである。

その実例については枚挙にいとまがないが、敢《あ》えて絞れば、一九八〇年代から一九九〇年代にかけて、世界銀行や国際通貨基金（ＩＭＦ）のエコノミストたちは、南アメリカやアジアの開発途上国に対して主流派経済学の理論に基づく政策（貿易の自由化、規制緩和、財政健全化、民営化など）を処方し、これらの国々の債務危機、通貨危機、貧困化、大量失業、格差の拡大、さらには政治の混乱といった悲惨な事態を招いたのであった（このように断じるのも、やはりノーベル経済学賞受賞者のジョセフ・スティグリッツである)。[*2]

▼フリードマンによる主流派経済学の擁護

それにもかかわらず、主流派経済学者たちは、その非現実的な仮定に基づく理論をどのような論理で正当化しているのであろうか。言い換えれば、彼らは主流派経済学をいかなる意味において「科学」であると信じているのであろうか。

主流派経済学者たちが、主流派経済学の方法を理論的に擁護してみせることはめったにない。というのも、どうも彼らには、方法論のような哲学的な議論を極端に嫌う傾向があるようなのである。おそらく、彼らは「経済学は実証科学なのであって、実証科学に哲学など必要ない」とでも思っているのであろう。あるいは、彼らにとって、主流派経済学の方法論は自明の理であって、疑ってみる価値すらないものなのかもしれない。

とは言うものの、主流派経済学の方法論を正当化した科学哲学的な議論は存在する。それは、ミルトン・フリードマンによる「実証経済学の方法論[*3]」という論文である。この一九五三年の論文の中でフリードマンは、主流派経済学が採用するのは実証科学(positive science)の方法論であると主張したのである。

フリードマンにとって「実証科学」とは何か。彼は次のように述べている。

実証科学の究極目標は、未《いま》だ観察されていない現象に関する、妥当で意味のある(真実味のある、ではない）予測を出す「理論」あるいは「仮説」の発展にある[*4]［強調筆者］。

このように、フリードマンにとって実証科学とは、妥当で意味のある「予測」を可能にする「仮説」や「理論」を構築することとされる。

ここで重要なのは、フリードマンが実証科学の目標を「説明」ではなく「予測」と述べていることである。この点については後ほど改めて議論するとして、フリードマンの説《と》くところを追ってみよう。

「仮説」の妥当性は「予測」の妥当性によって判定されるのだが、その「予測」の妥当性は「事実」によって立証されるのだとフリードマンは言う。

実質的な諸仮説の総体として見た場合、理論は、「説明」が意図される現象群に対する予測能力によって判定されるべきである。事実的な証拠のみが、どれが「正しい」か、あるいは「間違っている」か、あるいは、より適切に言えば、妥当なものとして暫定的に「受け入れられる」か「棄却される」かを示す。以降においてさらに論じるように、仮説の妥当性に関する唯一のテストは、その予測を経験的に比較することである（中略）。事実的な証拠は、仮説を「証明」することはできない。否認しないことができるだけである。それが、我々がいくらか不正確ながら、仮説が経験的に「立証」されたと言う場合に、一般的に意味するところである[*5]［強調筆者］。

実証科学において、「事実」によって立証するのは、仮説における現象についての「説明」の妥当性ではなく、あくまで仮説が示した「予測」の妥当性であるというのだ。

そうだとするならば、仮説がどのような仮定を置いて現象を説明しているかは、仮説の妥当性とは関係がないということになろう。仮説が置いている仮定が非現実的であろうとも、仮説が導き出した「予測」が「事実」によって否認されなければ、それでよい。フリードマンはそう主張しているのである。

この点をより逆説的ではない形で言えば、理論の「仮定」に関する問いは、仮定の描写が「現実主義的」であるか否かではなく（というのも仮定は決してそうではないからだが）、目的を達成する上で十分に良い近似であるか否かである。そして、この問いに対する答えは、理論が機能しているか、つまり十分に正確な予測を示せるかを見ることによって出せる。[*6]

理論の正しさは、「事実」によって「予測」の妥当性をもって判定すればよいのであって、理論が設定している「仮定」の現実性などは、どうでもよい。このことを強調するために、フリードマンは次のような例を持ち出す。

木に生い茂る葉が、光の当たる面積と自らの位置との関係に関する法則を知っていて、光の当たる面積を最大化するように計算した上で、葉の位置取りを決めているという仮説を立てたとする。そして、実際の林を観察するならば、樹木の北側よりも南側の方で、葉がより多く生い茂っていることが分かる。この場合の仮説は、光の当たる面積を葉が自分で計算していると主張しているのではなく、自らの最適な位置を計算しているとした場合と同じようだと主張しているに過ぎない。しかしながら、仮説における「仮定」の明らかな誤りにもかかわらず、仮説の含意と観察が一致しているので、この仮説は大いに妥当だとしてよい。もちろん、「日光が葉の成長を促している」という代替仮説も可能ではあろう。しかし、この代替仮説がより魅力的だとしたら、それは、より「現実主義的」な仮定を置いているからではなく、より多様な現象を説明できる、より一般的な理論だからである。*7

実証科学の目的は説明ではなく予測にある。このような論理によって、フリードマンは、理論が依拠する仮定が非現実的であるという批判から主流派経済学を守ろうとするのである。

▼単純性と有益性の基準

しかし、事実と整合的な予測を示すだけの仮説であれば、想像を巡らせれば、いくらでも捻《しぼ》り出せるだろう。だが、そのようなやり方で、どうやって複数の諸仮説の中から正しい仮説を選ぶのであろうか。

これについてのフリードマンの見解は歯切れが悪い。彼は「単純性」と「有益性」が望ましい仮説の基準となると述べるのである。

入手可能な証拠との整合性が同等な代替仮説の中からの選択は、いくらか恣意的なものにならざるを得ないが、「単純性」と「有益性」という完全に客観的に意味を特定できない見解が基準として考慮されることについては、一般的な合意がある。[*8]

要するに、よい「仮説」とは、単純で有益、すなわち、より少ない説明変数でより多くの現象を予測できるようなモデルのことである。

とりわけ単純性の基準を満たすのに有効なのは、数学的な形式モデルである。

(仮説あるいはモデルは) 抽象的かつ完全である。それは「代数的」あるいは「論理的」である。数学や形式論理は、モデルの一貫性や完全性をチェックし、その含意を探究するために登場する。[*9]

実際、主流派経済学者たちは、非現実的な仮定に基づき、数学的な形式モデルを駆使した理論の構築に勤《いそ》しんできた。彼らは、自分たちの学問が数学的な形式によって理論を表現できることに誇りを抱いている。そして、非主流派経済学あるいは政治学や社会学の非数学的・叙述的な理論に対しては、「数式がないので、正しいかどうか判断のしようがない」などと肩をすくめてみせるのである。

このような主流派経済学者たちの態度を正当化してきたのは、非現実的な仮定の上に数学的な形式モデルを構築する主流派経済学こそが「実証科学」であるとする、フリードマンの科学哲学だったのである。

▼非現実的な仮定の正当化

さらに、論争に長《た》けたフリードマンは、「実証経済学の方法論」の後半において、理論の「仮定」は現実的であるべきだという議論に対して、次のような反撃を加えている。

理論を構築するためには現実的な仮定を置くべきだという見解は、描写が正確であることと、分析が適切であることとを混同している。完全に現実的な仮定を置くことなど不可能である。経済現象は無限の事象から成り立っているのであり、そのすべてを余すところなく正確に描写することなどできはしない。「現実的な描写」なるものがそもそも不可能なのである。むしろ事実は、理論によって構成されることで認識可能なものとなる。

ここでフリードマンが主張しているのは、いわゆる「観察の理論負荷性（theory-ladeness）」の問題である。

> 理論とは、我々が「事実」を認識する方法であり、理論なしには「事実」を認識できない。経済現象は多様で複雑だなどという主張は、知識の暫定的な状態のみが科学的な活動を有意義なものにするということを否定するものである。[*10]

さらに、フリードマンは、経済学の抽象モデルにおける非現実的な仮定は、分析のための「理念型（ideal-type）」であると主張する。

例えば、競争する利己的な企業あるいは独占企業といった範疇は、現実の企業の描写ではなく、あくまで経済分析のために利用する理念型である。

理念型は描写的であることを意図したものではない。それは、特定の問題にとって重大な特徴を際立たせるように設計されたものである。[*11]

科学における理論とは、非現実的で抽象的な概念である理念型の仮定を置いた上で、関連づけられていない多様な諸事象を、より基本的で単純な構造へと再構成して示すところにある。その際の構成の基準となるのが仮説の予測能力である。フリードマンはそう主張したのである。

実証科学において、理論の妥当性を示すのは、その予測能力のみである。そうだとするならば、理論における仮定の現実性は理論の妥当性とは関係がない。主流派経済学が、「合理的経済人」をはじめとする非現実的な仮定を平然と維持しているのは、このフリードマンの方法論を頼りとしているからだと思われる。

例えば、一九九五年にノーベル経済学賞を受賞したロバート・ルーカスは、人間行動は「合理的」ではなく、「適合的（試行錯誤を経て行動を決定する）」であるという実験心理学の説から、主流派経済学における合理的経済人の仮定を守るために、次のように述べていた。

（前略）人々が一般的に「合理的」か「適合的」かという問題は、私には論じるに値するとは思われない（中略）。もっとも、その問いが有益であるとしたら、適合的行動を強調するモデルがより成功するか、あるいは経済理論の非適合的・均衡モデルの方がより有望かという、社会科学の予測問題の特性について、我々が一般的に何か言える場合であろう。*12

ルーカスがフリードマンの方法論に従っていることは、明らかであろう。

このように、フリードマンの科学哲学は、非現実的であるとする批判から主流派経済学を守る防護壁となっているのである。

もし、フリードマンの科学哲学が正しいのだとしたら、主流派経済学の理論が置く仮定が非現実的だといくら批判したところで、主流派経済学者は何の痛痒《つうよう》も感じないであろう。実証科学を自認する主流派経済学にとって、仮定が非現実性であることは本質的な問題ではないからである。

しかし、この一見するともっともらしいフリードマンの「実証科学の方法論」は、実は深刻な誤りを重層的に犯していたのである。

▼主流派経済学は実証主義なのか

まず、そもそもの問題として、フリードマンが主張している方法論は「実証科学」と言えるのであろうか。

科学における「実証主義（positivism）」とは、理論の正しさを観察によって実証できるとする立場のことを指す。この場合の「理論の正しさ」とは、現象の「説明」と「予測」の正しさのことである。

ところが、フリードマンの方法論では、理論の正しさとは現象の「予測」についてだけであって、現象の「説明」に関してではない。

そのことは、彼自身が挙げた木の葉の例が如実に示している。「樹木の北側よりも南側の方で、葉がより多く生い茂っている」という観察は、「木の葉が光の当たる面積を最大化するように計算した上で、その位置取りを決めている」という仮説における現象の説明の正しさを証明するものではない。それにもかかわらず、フリードマンの方法論では、「仮説の含意と観察が一致しているので、この仮説は大いに妥当なのである」という結論になってしまっている。

これでは、実証主義が目指しているはずの現象に関する科学的な説明にはなっていない。

要するに、フリードマンは、実証主義ではない方法論を実証科学と呼んで擁護していたのである。

しかも、問題はそれだけにはとどまらない。フリードマンは、実証主義を擁護するどころか、図らずも、実証主義の致命的な欠陥を自ら突いてしまっていた。

再び、フリードマンが挙げた木の葉の例を見てみよう。「樹木の北側よりも南側の方で、葉がより多く生い茂っている」という観察では、フリードマン自身が指摘しているように、仮説における現象の説明の正しさを証明することはできない。この観察された事実からだけでは、光が葉の成長を促進しているとも、葉が光の当たる面積を最大化するように計算して位置取りを決めているとも言えない。樹木の南側と葉の繁茂との相関関係やその規則性は、その因果関係について、まったく説明していないからである。

このことは、観察によって科学的説明の正しさを立証できるとする実証主義が間違っているということを示唆している。[*13] 奇妙なことに、フリードマンは実証科学を擁護しようとして、その破綻を示す論理を自ら提示していたのである。

▼フリードマンは道具主義者

では、フリードマンの方法論的立場は、実証主義でなければ、いったい何なのであろうか。それは「道具主義（instrumentalism）」と呼ばれる立場であると考えられる。

道具主義とは、第一に、科学的探究の目的は現象の予測にあり、第二に、理論における論理は検証可能な予測を生み出すための装置であるとする科学哲学である。[*14]

道具主義は、科学における理論の目的が現象の予測にあり、その妥当性の検証は観察によってなされるという点において、実証主義と同じ立場をとる。しかし、理論は現象を説明するものではないという点において、実証主義とは異なっている。

したがって、フリードマンが「実証科学」と呼んで擁護しようとした方法論は、実証主義というよりはむしろ、道具主義であったと言ってよいであろう。

▼観察の理論負荷性という問題

しかし、フリードマンそして主流派経済学の方法論を道具主義と解釈したとしても、その道具主義もまた、いくつもの深刻な問題を抱えている。

第一に、道具主義は実証主義と同様に、理論の検証は、事実の観察によってなされるものとしている。先に引用したように、フリードマンは「事実的な証拠のみが、どれが『正しい』か、あるいは『間違っている』か、あるいは、より適切に言えば、妥当なものとして暫定的に『受け入れられる』か『棄却される』かを示す」と書いていた。

他方で、フリードマンは「理論とは、我々が『事実』を認識する方法であり、理論なしには『事実』を認識できない」と述べ、「観察の理論負荷性」を支持していた。

この観察の理論負荷性の指摘自体は正しい。

確かに、我々は、無数にある事実の中から重要な部分のみを抽出して、認識する。その抽出の際のフィルターとなるのが、理論である。例えば、我々は「ガスが爆発した」という現象を観察することができるが、それはガスが爆発するという理論を知っているから、そう認識できるのである。これが観察の理論負荷性である。*15

科学者に限らず、我々の認識一般というものは、何らかの概念的な枠組み、心理学者の言う「スキーマ」、科学哲学者の言う「パラダイム」、日常用語で言えば「先入観」、比喩を用いるならば「レンズ」や「フィルター」を通して、生《なま》の事実の一部を誇張し、一部を捨象している。そうした先入観なども「理論」に含めるならば、我々の観察はすべて「理論負荷的」であると言える。

フリードマンは、理論の仮定に現実性を求める主張に反論するために、この観察の理論負荷性による批判を持ち出した。だが、その批判は、彼自身の道具主義（そして実証主義）にも差し向けられるべきである。

というのも、フリードマンは「事実的な証拠のみが、理論が妥当なものとして暫定的に受け入れられるか、棄却されるかを示す」と書いている。しかし、その「事実的な証拠」が特定の理論なしには認識されないと言うのであれば、事実的な証拠なるものの観察が正しいかどうかを、暫定的であれ確定することは困難となろう。特定の理論が間違っていれば、その理論を通じて得た事実認識もまた間違っているだろうからである。

ならば、事実認識が依存する特定の理論Aが正しいことを立証するには、どうしたらよいのか。それは、事実の観察によるというのが実証主義あるいは道具主義であるが、その事実の観察もまた、別の理論Bに依存している。その理論Bが正しいことを立証するには事実の観察が必要になるが、その事実の観察はさらに別の理論Cに依存している……。

ここから分かるように、いったん観察の理論負荷性を認めるや否や、実証主義や道具主義は、いわゆる「無限退行（infinite regress）」に陥ってしまうのである。

このように、実証主義や道具主義が依拠する事実的な証拠なるものは、理論の妥当性を保証できるほど強固な基盤ではない。観察の理論負荷性という議論はそのことを示している。フリードマンは、論敵を批判するために、この観察の理論負荷性という議論を持ち出し、そして自爆したのである。

▼「抽象化」に関する誤解

第二に、フリードマンは、理論とは現象に一定の「抽象化」の操作を施したものであると主張し、「現実の経済現象は理論よりも多様で複雑だ」という批判を一蹴《いっしゅう》した。

確かに、我々は生《なま》の事実のありのままを把握しているのではなく、多かれ少なかれ、抽象化を施した上で認識している。あらゆる現実認識が抽象化された認識である。ありのままの現実を忠実に描写することは不可能である。

この問題について、トニー・ローソンは「世界地図」を例にして巧みに説明している。世界地図は、世界の地理的環境をありのままに描写したものではない。ありのままに再現しなければならないのだとしたら、世界地図ではなく、世界そのものをもう一つ作ることになってしまうだろう。世界地図は、厳密な意味において世界を忠実に描写したものではなく、抽象化したものである。

その意味では、主流派経済学の非現実性を批判する者もまた、ありのままの現実を認識することができるわけではなく、何らかの理論によって抽象化した概念を認識しているに過ぎない。

しかし、抽象化が不可欠だからと言って、抽象的であればどんな仮定や仮説でもかまわないというわけではない。仮説を立てる段階で、現実を抽象化した分析概念を用いざるを得ないにしても、より現実を適切に説明できるような分析概念があれば、それを選択した方が望ましいことは明らかである。いずれの世界地図も、世界を忠実に再現したものではなく、抽象化したものであるが、その中でより正確な世界地図というものは当然存在する。[*16]

このように、理論が抽象的であることは、理論が置く仮定の恣意性や極端な非現実性を直《ただ》ちに正当化するものではないのである。

▼「理念型」に関する誤解

なお、フリードマンは主流派経済学における非現実的な仮定を「理念型」と呼んでいたが、社会科学の方法論として理念型という手法を提唱したのは、マックス・ウェーバーである。しかし、ウェーバーの言う理念型は、フリードマンが用いている意味とはまったく違ったものであった。

確かに、ウェーバーもイマニュエル・カント以来の認識論の伝統に従って、何らかの抽象概念を通してでなければ、ありのままの現実を理解することはおろか描写することもできないと考えていた。したがって、ウェーバーは「観察の理論負荷性」にも同意するであろう。

しかしウェーバーは、フリードマンのように、抽象的で演繹《えんえき》的なモデルにおける非現実的な仮定のことを理念型と述べたのではない。ウェーバーは、経験的な事実を理念型を通じて理解するという「解釈学」を提案したのである。このウェーバーの解釈学は、もちろん、実証主義とは両立しない。

解釈学的社会科学における理念型としては、例えば、「キリスト教」「都市経済」「資本主義」といった分析概念が該当する。

「資本主義」を例にとって言えば、現実に存在するのは、十九世紀のドイツにおける資本主義やイギリスの資本主義、あるいは二十世紀のアメリカや日本における資本主義といったように、時代や場所によって異なる具体的な経済システムである。しかし、これらの具体的な経済システムの中には共通する本質があり、それを抽象化して「資本主義」と言うのである。

この例からも明らかなように、「資本主義」という「理念型」は、抽象的であるという意味においては確かに非現実的であるが、しかし、具体的な経験的事実の中に「本質」として含まれているという意味においては現実的なのである。

ウェーバーはこう述べている。

あらゆる経験的知識の客観的妥当性は、与えられた実在の整序に依存している。その整序は特別な意味において主観的である。特に、我々の知識の前提を表象するものであり、経験的な知識のみが与えることができるこれら真理の価値を前提としているという意味においてである。[*17]

このように、ウェーバーの解釈学における理念型は、現実から切り離し得るものではない。

したがって、もし理念型として設定された概念が現実に反するようであれば、その理念型は修正されなければならないのである。

先に挙げたロバート・ルーカスの例（三十六頁参照）で言えば、「合理的行動」よりも「適合的行動」の方が経験的事実に近いことが実験心理学によって明らかになったと認めるならば、適合的行動の仮定の方を採用する方が望ましい。少なくとも、わざわざ、誤りだと分かっている合理的行動の仮定を置いて仮説を立て、その検証結果を待たなければならない理由はない。

それにもかかわらず、ルーカスが合理的行動の仮定を置くことを正当化できるのは、科学の目的は現象の「説明」にではなく「予測」にあるという、フリードマンの方法論に則っているからである。しかし、そうだとすると、仮説はどのように立てればよいのであろうか。

▼仮説は単純かつ有益であるべき？

これについてフリードマンは先述したように、仮説設定の基準として「単純性」と「有益性」を持ち出し、数学的な形式モデルを推奨する。しかし、この基準については、フリードマン自身が認めているように恣意的である。しかも、仮説が単純であるということは、仮説の客観性や妥当性を何ら保証するものではあるまい。

確かに、複雑な現象の解明に成功した科学理論は、ある種の単純性を帯びてはいる。しかし、それは、科学哲学者マイケル・ポランニーが言うように、訓練された科学者から見れば単純だという、特殊な意味における単純性なのである。彼はこう説明する。

偉大な理論が日常的な意味において単純であることは、稀である。量子力学も相対性理論も、理解するのは非常に難しい。相対性理論が説明する事実を記憶するだけなら数分もあればよいが、その理論を習得し、その理論の文脈において事実を見るようになるには、数年の研究では足りない。ハーマン・ワイルが告白したように「求められる単純性は必ずしも明らかなものではなく、自然との訓練によって真の内的単純性を認識できるようにならなければならない」。言い換えれば、科学における単純性を合理性と同義とみなせるのは、科学者だけが分かる特殊な意味において用いられる場合のみである。*18

では、フリードマンや彼の方法論に従う主流派経済学者たちは、どのような意味において、単純性が仮説の適切性を保証する基準になると主張しているのであろうか。

おそらく、単純化された数学的な形式モデルであれば、検証の際に統計学的な手法を用いることが容易になるというのが、彼らの主張の根拠なのだろうと思われる。

道具主義にとって、理論とは検証可能な予測を生み出すための装置に過ぎないのだから、理論が統計学的な検証を行ないやすい形式モデルになっている方が望ましいということなのであろう。実際、主流派経済学者たちは、経済のデータを統計学的な手法を用いて分析する計量経済学を非常に重視し、信頼している。

しかし、この数学的な形式モデルと予測というフリードマンおよび主流派経済学の方法論には、次に論じるような深刻な問題がなお残っている。

▼不確実性の問題

第三に、フリードマンをはじめとする主流派経済学の論理は、演繹法（deductivism）に基づいている。演繹法とは、「事象Xが起きるときは、（決定論的あるいは確率論的に）事象Yが起きる」という形式の規則性を必要条件とするような論理のことである。もっとも、事象や変数はXとYのように二つとは限らず、複数あってもよい。いずれにせよ、このような規則性があればこそ、一般法則があり得るし予測も可能となる。

そして、このような規則性が存在し得る体系は「閉鎖系（closed system）」と呼ばれる。逆に、そのような規則性があり得ない体系は「開放系（open system）」である。

次章以降においてさらに詳しく検討するが、批判的実在論（≠超越論的実在論）を支持する科学哲学者たちは、この閉鎖系と開放系という区分を非常に重視している。[*19]

数学的な形式モデルと予測、そして統計学的な手法などによる予測の検証という方法論は、事象Xと事象Yの間に規則性が存在する閉鎖系において適用し得るものである。しかし、この方法論は、事象Xと事象Yの間に規則性があり得ないような開放系の分析には適さない。批判的実在論者たちはそう主張するのである。

社会科学が分析の対象とする社会というものは、経済学が扱う経済に限定したとしても、明らかに開放系であって、閉鎖系ではあり得ないのは、言うまでもないであろう。

このことは、ジョン・メイナード・ケインズが強調していたことであった。彼が注目したのは、経済社会の本質は「不確実性」にあるということだった。不確実性とは、事象が（確率論的にすらも）規則的に起きないため、予測不可能であるということである。要するに、経済は開放系であることをケインズは重視したのである。

ケインズは、その主著『雇用・利子・および貨幣の一般理論』が刊行された年の翌年の一九三七年、「雇用の一般理論」という小論を発表し、その中で、自らの理論に対する誤解を避けるために、次のように述べている。

「不確実な」知識ということの意味について、説明させてほしい。私は、ただ蓋然性があることと確実に知り得ることとを区別しているだけなのではない。この意味で、ルーレットのゲームは不確実性には服していない。戦勝債が下落する見通しについても同様である。あるいは、寿命についてもわずかに不確実だというだけだ。天気ですら、ただ穏当に不確実だというに過ぎない。私が「不確実性」という用語を使う際の意味は、ヨーロッパの戦争の見通し、二十年後の銅の価格や金利、新発明が廃《すた》れること、一九七〇年の社会システムにおける民間の富裕層の社会的地位、こういったものが不確実であるという場合と同じである。こうした事柄については、何らかの計算可能な蓋然性を形成するための科学的な根拠が存在しない。我々は、単に知らないのである。*20

ケインズの言う不確実性とは、起こる確率が低い状態なのではない。確率論的に表現することすら不可能な、「単に知らない」状態、さらに言えば、知らないことすら知らないような状態を意味するのである。

▼不確実性と方法論

現実世界はケインズ的な意味における「不確実性」に満ちた「開放系」である。このことを認めることは、特に経済学にとっては、次の二点において極めて重要を持つ。

一点目は、方法論にかかわる問題である。

フリードマンの道具主義は、予測に成功することをもって理論の正しさの基準とした。しかし仮に、ある理論が予測する通りのデータ（事実）が得られたとしても、それは、しょせん過去のデータに過ぎない。

ルーレットや天気のように、「事象Xが起きるときは、（確率論的に）事象Yが起きる」という規則性が認められる閉鎖系の世界であれば、データが過去のものであっても「将来も事象Xが起きたら、ある確率で事象Yが起きる」と断言してもよいであろう。

しかし、事象Xや事象Y以外の、想定不可能な事象Zが新たに起こる開放系の世界では、予測は失敗を運命づけられている。とりわけ、想定外のイノベーションが起こり得る資本主義経済は、近代以前の経済よりもいっそう開放系になっていると言ってよい。こうした場合には、「事象Xが起きるときは、（確率論的に）事象Yが起きる」という過去のデータは、予測の精度を示すのにまるで役に立たない。「事象Xが起きるときは、事象Yが起きる」というデータを膨大に集めたところで、「将来、事象Xが起きたら、事象Zは起きない」という保証は得られない。

要するに、予測の精度によって理論を検証しようにも、開放系の現実世界においては、予測の正しさを示すのに不可欠なデータを入手することすらできないのである。

▼貨幣を捨象した主流派経済学

二点目は、理論の方法というよりは、実質的な内容にかかわる問題である。

経済理論において、「不確実性」を前提とした社会、すなわち開放系を想定することが重要なのは、それが貨幣の概念と深く関係しているからである（なお、貨幣については第九章においても論じる）。というのも、人間は将来の不確実性に備えて、貨幣を保有するからである。「貨幣の重要性は、本質的に、現在と未来の間を連関させることから来ているのである*[21]」とケインズは言う。

このような理解こそが、ケインズの経済理論の中核にあるものである。

将来が予測可能で、不確実性が存在しないのであれば、人間は必要な財をいつでも入手することができるのだから、物々交換をすれば足りる。貨幣は必要ない。しかし、将来の財の入手が不確実であれば、人間はそれに備えて貨幣を保有し、貯蓄しておこうとするだろう。将来の不確実性が高まると、人々は財よりも貨幣をいっそう需要するようになるので、財の需要の不足が生じる。不確実性と貨幣の存在が、需要と供給の均衡を妨げるのである。

あるいはこの単純化された予備的な段階［筆者註：不確実性のない均衡状態］から、現実世界の問題に移ることができる。そこでは、我々の従前の期待は失望に終わりがちであり、将来に関する期待が今日の行動を左右する。この移行を行なった際に、過去と現在の連関という貨幣の固有の性格が計算の中に入ってくるのである。[*22]

貨幣の存在意義は不確実性への備えにある。そうだとするならば、もし現実世界が不確実性のない閉鎖系であったとしたら、貨幣というものは必要なくなるということになろう。要するに、貨幣経済というものは、開放系の世界を前提とした場合においてのみ、意味あるものとなるのである。

しかし、開放系の世界に対して、数学的な形式モデルと予測という主流派経済学の方法論を適用することは、適切ではない。それでもなお、この方法論を維持しようとするなら、主流派経済学は、経済から不確実な要素を取り除くなどの条件を設定して、経済を閉鎖系であるかのように見せるためにモデルを操作するしかないであろう。

確かに、あらゆる理論には一定の抽象化が必要ではある。すでに述べた通り、生《なま》の事実を網羅的に考慮に入れることは認識論的に不可能であるから、ある程度、重要ではない要素は排除せざるを得ない。

では不確実性は、経済を分析する上で、重要ではない要素として排除してよいのであろうか。そんなはずがない。不確実性のない世界では貨幣の存在意義もない。だとするなら、閉鎖系のモデルには貨幣が存在する余地がなくなってしまう。

だが、経済学者が経済を分析する際、理論モデルを構築する上で重要ではない要素として、「貨幣」を排除することを正当化するのはおよそ不可能であろう。それにもかかわらず、すでに述べたように、主流派経済学の基礎にある一般均衡理論には、貨幣が存在していないのである。もっとも、主流派経済学がその理論モデルに貨幣を導入する場合もあるが、第九章において論じるように、その貨幣の概念は根本的に間違っている。

しかも、貨幣の存在を無視したり、貨幣について非現実的な仮定を置いたりといった強引極まりない操作をしてまで、理論モデルを構築したとしても、虚《むな》しいことに、フリードマンの方法論に従ってその妥当性を実証するすべがない。というのも先述したように、現実世界が開放系である以上、理論モデルの妥当性を判定する「予測」は不可能だからである。

▼フリードマンの方法論にすら背く主流派経済学

以上のように、主流派経済学が依拠するフリードマンの方法論は、深刻な欠陥や矛盾に満ちており、しかもそれらを重層的に抱えているのであって、とうてい、容認できるような代物ではない。フリードマンは「経済学は現実の経済問題を扱うのではなく、難解な数学の一部門にますます近づいている」などと嘆いてみせたが、主流派経済学をそのような無惨な姿にした責任の一端は、彼自身にある。

なお最後にもう一つ、主流派経済学が孕《はら》む方法論上の重大な問題点を付け加えておかなければならない。

改めて確認すると、フリードマンの方法論は、理論の妥当性を「予測」の正確性に求め、予測が正確であれば、理論が置く仮定の非現実性は問題ではないとするものであった。

ところが、よく知られているように、主流派経済学者たちは頻繁に経済予測に失敗しているのである。

近年の最も有名かつ重大な失敗は、二〇〇八年の世界金融危機に関する予測であろう。主流派経済学者は二〇〇八年に世界金融危機が起きると予測していなかった。それどころか、ほとんどの主流派経済学者が、金融危機の想定すらしていなかったのである。[*23]

例えば、二〇〇三年、ロバート・ルーカスは、アメリカ経済学会の会長就任記念講演において、「恐慌の抑止という（マクロ経済学の）中心的な問題は解決した」と述べていた。世界恐慌以来と言われる世界金融危機が勃発するのは、それからわずか五年後のことである。もっとも、主流派経済学は閉鎖系の世界を想定し、貨幣の存在しない一般均衡理論を前提としているのだから、金融危機を想定できないのも当然であろう。

二〇〇八年の世界金融危機は、主流派経済学に対する信頼性を大きく揺るがした。特に、非難の対象となったのは、ユージン・ファーマが提唱していた「効率的市場仮説」である。

これは、金融市場における資産価格は、一般的に入手可能な関連情報をすべて反映しているとする理論である。一見して分かるように、この理論の仮定は非現実的であるが、すでに述べた通り、主流派経済学は仮定の非現実性を問題視しない。一九八〇年代以降、推進されてきた金融市場の規制緩和という政策は、この効率的市場仮説の影響を受けていると言われている。

ところが、世界金融危機が勃発すると、金融市場の規制緩和がその主な原因の一つとみなされ、その政策の根拠となった効率的市場仮説にも批判が向けられた。非現実的な科学に基づく政策が、悲惨な現実を引き起こした例の典型と言えるだろう。

それにもかかわらず、二〇〇九年、ルーカスは『エコノミスト』誌において、効率的市場仮説に対する批判に反論し、主流派経済学を擁護したのである。

ルーカスの言い分は次のようなものだった。

効率的市場仮説に対しては、従来より、その単純過ぎる仮定に数多くの批判が向けられてきた。しかし、ファーマは、実際の資産価格を用いて効率的市場仮説の実証分析を行なってきたのであり、仮説の外れ値はあったものの、それらは「マクロ経済分析や予測の目的からすれば問題にならないほど小さいものだった」とルーカスは言うのである。

ところが奇妙なことに、これに続けてルーカスはこう述べたのである。

効率的市場仮説から得るべき主な教訓は、バブルの発生を特定したり、中断したりできる中央銀行や規制当局を見つけ出すことで危機や不況に対処しようとしても無駄だということである。[*24]

どうも、ルーカスは、効率的市場仮説はバブルの発生や金融危機を予測するための仮説ではないと居直ったように見える。

しかし、ルーカス本人は気づいていないのかもしれないが、このように強弁することで「恐慌の抑止という（マクロ経済学の）中心的な問題は解決した」という自らの過去の言説を否定しただけでなく、理論の妥当性を判定する基準は予測にあるとする（フリードマンの）「実証経済学」の方法論をも裏切っているのである。

もっとも、世界金融危機のような異例の大事件を持ち出さずとも、日常的にも、政府や国際機関の経済予測が頻繁に外れ、ＧＤＰ（国内総生産）の成長率ですら、しばしば下方修正されることは周知の事実である。フリードマンの方法論に忠実に従うならば、主流派経済学は、予測を外した以上は、その理論を放棄しなければならないはずであろう。しかし、主流派経済学者たちは、多少の反省をしたり、仮定のいくつかを現実的なものに修正してみせたりすることはあっても、その骨格となる理論、とりわけ貨幣の概念が存在しない一般均衡分析を依然として維持している。

このように、主流派経済学者たちは、フリードマンの道具主義的な方法論に対してすらも、忠実ではないのである。

▼主流派経済学は科学ではない

なお、誤解を避けるために注意を促しておくと、筆者は主流派経済学が予測を外したことを非難しているのではない。もっと根本的に、開放系である経済現象を予測できるものとし、予測の正確さをもって理論の妥当性の判定基準とするような方法論それ自体を否定しているのである。

だから、「主流派経済学は今は未だ正確な経済予測に成功できていないが、経済モデルの改善や統計手法の発達、あるいはデータの蓄積などによる研究の進歩によって、いずれは、より正確な経済予測が可能になる」という言い分は、受け入れられない。現実の経済が開放系である限り、そのようなことはあり得ないからである。

主流派経済学は、もし「予測」という基準を断念するならば、理論が現実を「説明」するものであるという立場をとって、その非現実的な仮定を是正しなければならないはずである。それにもかかわらず、主流派経済学者たちは、一般均衡分析を基礎とする従来の理論的骨格を放棄しようとはしていない。

しかし、予測もできず理論の説明も非現実的なのだとしたら、いったい主流派経済学は、何を根拠に、自らを科学として正当化するのであろうか。

異端派（ポスト・ケインズ派）の経済学者であるアルフレッド・アイクナーは、今から四十年前にこう述べていた。

経済学は一学問分野として、選択を迫られている。その理論の新古典派［筆者註：主流派経済学」的な中核を維持するか、あるいはその代わりに、いつか科学になるか。その両方を選ぶことはできないのである。[*25]

この選択を迫られた主流派経済学は、科学になることの方を放棄したのである！

では、科学としての経済学とは、どのようなものであるのか。それを明らかにするには、そもそも、科学とは何であるかを確認しておかなければならない。それが次章の課題である。

第二章
科学とは何か

▼超越論的実在論

経済学、より広くは社会科学とは何かを議論する前に、そもそも、「科学」とは何かについて、改めて確認する必要がある。特に、「自然科学」について問い直すことが有効であろう。自然科学は、確立された科学として一般に認められているし、主流派経済学が理想とする科学のモデルでもあるからである。

科学哲学という学問では、特に二十世紀以降、さまざまな学説に分かれ活発な論争が行なわれているが、本書が出発点とするのは、ロイ・バスカーの科学哲学、すなわち「超越論的実在論（transcendental realism）」である。

本章では、手始めに、バスカーの記念碑的著作『科学の実在論的理論』[*1]に基づいて、アンドリュー・コリアーによる優れた解説書[*2]も参考にしつつ、バスカーの超越論的実在論を概観しておこう。

バスカーは自然科学について、次のように論じた。

科学とは、「物についての知識」である。知識とは、人間が生み出したものであり、科学者たちによる探究という、ある種の社会的な活動を通じて生産されたものである。その意味において、科学は、人間の活動に依存するものであると言える。

ただし、人間に依存するのは、科学すなわち「物についての知識」のうち、あくまで後半の「知識」の側面についてである。前半の「物」は、人間の活動が生み出したものではない。

先んじて結論を要約すると、科学には、社会的な活動によって生み出された「知識」という次元と、科学的知識から独立した物体や運動といった「実在（reality）」という次元の両方がなければならない。いずれか一方を欠いても、科学は成り立ち得ない。これが、バスカーの科学哲学、「超越論的実在論」である。

科学には、二つの側面がある。人間の活動に依存する「他動的（transitive）」な側面と、人間の活動から独立して存在する「自動的（intransitive）」な側面である。このような科学観は、実のところ、常識的なものである。我々は、科学が存在しなくても自動的な物体の世界が存在するものと思っている。地動説という科学的知識がなくとも、あるいは人間が存在しなくとも、地球は太陽の周りを回っていた。結核菌やコレラ菌は、ロベルト・コッホが発見する前から存在していた。

同時に、人間の活動に依存する他動的なものなしに科学が存在するとは想像できまい。いかなる科学も、何らかの先行する知識あるいは知識のような観念の上に成立し、発展しているのである。

ところで、人間の活動から独立した自動的な世界がなくても、科学は成立し得るのであろうか。

もし、その答えが「否」であるならば、「科学というものが成立し得るには、世界はどのようなものとして存在しなければならないか」という問いを発することが可能になる。このように、「X（という人間の活動）が可能となるためには、何が真理でなければならないか」を問うような議論、言い換えれば、「現象」自体ではなく、その現象を生じさせている条件や背景へと論点を移すような議論を、バスカーは「超越論的議論」と呼んでいる。[*3]

そして、このような超越論的な問いに答えて、世界はどのようなものとして存在しなければならないかを探究する哲学が「存在論」である。バスカーは、科学哲学に超越論的存在論を導入したのである。

▼経験論と観念論への批判

バスカーは、この超越論的実在論を、次の二つの伝統的な科学哲学を批判するものとして提示した。

一つは、デイヴィッド・ヒュームによって代表されると言われている「古典的経験論」である。[*4] 古典的経験論によれば、「Aが起きたら、その後に必ずBが起きる」といったように、ある単独の事象と別の単独の事象との間に「恒常的連接関係(constant conjunction)」が観察されれば、その恒常的連接関係が必然的な自然の因果法則であるということになる。いわゆる「実証主義」はこの古典的経験論の伝統を引き継いでいる。

もう一つは、イマニュエル・カントに始まる「超越論的観念論」である。

古典的経験論が想定するのは、単独の事象と事象との間の恒常的連接関係であった。しかし、事象Aの後に必ず事象Bが起きるということが観察されたというだけでは、普遍的な法則があるとするには不十分である。

そこで、超越論的観念論は、科学とは、単に事象間の恒常的連接関係を観察すれば足りるのではなく、さらに、自然界の秩序や構造に関するモデルや理念といった知識を構築するものだという立場をとる。この立場に立った場合、自然世界の構造は、人間、とりわけ科学者たちによる人工的な構築物だということになる。

これに対して、バスカーが提唱する超越論的実在論は、古典的経験論とも超越論的観念論とも異なる。

先述の通り、科学には、社会的な活動によって生産された知識という「他動的」な次元と、科学的知識から独立した実在という「自動的」な次元の両方が必要である。

ところが、古典的経験論の科学観は、人間が法則として観察したものが自然の法則であると素朴に考える。すなわち、自然の法則を人間の経験に還元してしまうのである。このため、古典的経験論は科学を社会的な構築物として想定していないし、自然の法則が人間の経験から独立して実在するとも考えていない。要するに、科学の他動的な次元も、自動的な次元も欠いているのである。

他方、超越論的観念論による科学観は科学を社会的な構築物とみなしているので、他動的な次元の基準は満たしている。しかし、自然の法則が人間の経験から独立して実在するかどうかという自動的な次元については、何も語っていない。

これに対して、超越論的実在論では次のように考える。

知識の対象は現象を生成する構造やメカニズムである。そして、知識は科学という社会的活動から生み出される。[*5]

科学が探究するのは実在の構造やメカニズムであって、古典的経験論や実証主義とは違って、単なる観察可能な現象ではないし、その構造やメカニズムは、超越論的観念論とは違って、「自動的」なもの、すなわち人間の主観から独立して存在するものである。

古典的経験論と超越論的観念論とに共通する誤りは、「現実の世界とは、どのように存在しているのか」という存在論的な問題と、「現実の世界に関する知識とは、どのようなものであるか」という認識論的な問題とを混同しているところにある。

言い換えれば、古典的経験論も超越論的観念論も、現実の世界に関する知識（認識）について分かりさえすれば、現実の世界（存在）についても分かると思い込んでいる。すなわち、存在論的な問題を認識論的な問題へと還元し、前者を後者の問題として分析しようとしているのである。この従来の科学哲学が犯している誤りを、バスカーは「認識的誤謬《ごびゅう》（epistemic fallacy）」[*6]と呼んでいる。

▼認識的誤謬から生まれた相対主義

この「認識的誤謬」について、コリアーは次のように具体例を挙げて、分かりやすく説明している。

例えば、自分の家の庭に停めておいたはずの自転車がなくなっていたら、自転車泥棒が庭に入ったのだと考えるであろう。そして鍵をかけて閉めていたはずの門がこじ開けられているのを見たら、やはりそうだと考える。しかし、消えた自転車とこじ開けられた門という二つの現象を認識したからといって、自転車を盗んだ者と門をこじ開けた者という二人の不法侵入者が存在したとは普通は考えないであろう。それなのに「不法侵入者は二人いた」という奇妙な結論に至ってしまうのが、認識的誤謬というものである。ところが、哲学の世界ではこのような認識的誤謬を犯すことがよくある。古典的な例で言えば、デカルトは人間には意識があることを認識し、しかる後に、人間には身体があることを認識した。そしてその結果として、心と体とは別に存在するという心身二元論を唱え、心と体を結びついた存在とは考えなかった。デカルトは認識的誤謬を犯したのである。[*7]

この認識的誤謬を回避することは、科学や科学哲学にとって極めて重要な意味を持っている。というのも、「世界はどのようなものであるか」という存在論的な問題を、「世界に関する知識はどのようなものか」という認識論的な問題と混同し、前者を後者に還元するという立場を極端に推し進めると、世界というものは、人間たちが作り出した知識の中にしか存在しないという考えに陥ってしまうからである。それは、「現実などというものは存在せず、すべては人間や社会が生み出した知識に過ぎない。人間や社会が抱く知識が変われば、それに応じて現実も変わるのだ」という「相対主義」と呼ばれる思想である。

もし、この相対主義が正しいのだとしたら、すなわち、現実が人間や社会が作り上げた知識であるとするなら、正しい理論と間違った理論、あるいは科学と偽科学、さらに言えば科学と迷信とをどうやって区別するのであろうか。科学も偽科学も迷信も、人間や社会が創造したものなのである。しかし、正しい科学と間違った科学との区別がつけられなくなったら、科学という営為自体が成立し得なくなってしまうだろう。

このように、存在論的な問題と認識論的な問題を混同する認識的誤謬は、科学というものを否定しかねない深刻な過ちなのである。

この問題を考えると、「科学というものが成立するためには、人間の観念から独立した自動的な世界が存在しなければならない」とする超越論的実在論の重要性が改めて確認できるであろう。

▼知覚と知覚される対象を区別する

バスカーは、人間の主観から独立して存在する自動的な世界があるという超越論的実在論を正当化する上で、科学における実験というものの意義を強調している。

言い換えれば、バスカーが施そうとしているのは、科学実験という活動が理解可能な（intelligible）ものであるためには、自動的な世界が存在していなければならないという「超越論的分析」、すなわち「人間の活動Xが可能となる条件とは何か」を明らかにする分析である。

では、バスカーの超越論的分析を追ってみよう。

科学には、通常、知覚と実験という行為がある。まず、知覚について言えば、科学における知覚が理解可能であるためには、知覚される対象が存在していなければならないであろう。

例えば、科学においては、学説が変わったり批判されたりするのが常であるが、学説の変更や批判が可能であるためには、人間の主観とは別に実在する対象がなければならないはずである。

天動説論者は太陽が動いているとみなすが、地動説論者は地球が動いていると見る。しかし、どちらも、観察している対象は同じである。天体の運動が学説の変更によって変わるわけではない。したがって、知覚（天文学者の観察の結果）と知覚される対象（天文学者が観察した天体の存在）とは、区別されなければならない。

▼開放系と閉鎖系

次に、実験についてであるが、実験という活動は、対象だけではなく因果法則も、人間の主観から独立して実在することを前提としているとバスカーは言う。

ここで重要なのは、「開放系」と「閉鎖系」の区分である。

古典的経験論やそれに基づく実証主義は、「Xが起きたら、必ずYが起きる」という事象の恒常的連接関係が知覚されたら、それが因果法則であるとする。しかし、前章においてすでに指摘したように、通常の世界ではさまざまな因果関係が複雑に交錯しており、「Xが起きたら、必ずYが起きる」という規則性を知覚できるわけではない。

例えば、木の葉は、風が吹けば舞い上がるのであって、常に下に向かって落ちるというわけではない。このように「Xが起きたら、必ずYが起きる」とは限らないような世界が、開放系である。通常、現実の自然界は開放系であるが、社会世界はもっとそうである。なぜなら、社会を構成する人間は、一定の規則性から外れて自由に行動し得るし、社会自体を変えるという意志すらもって行動する存在だからである。

反対に、「Xが起きたら、必ずYが起きる」という規則性が観察できる世界は、閉鎖系である。しかし、「一般に、天文学を除けば、閉鎖系、すなわち恒常的連接が起きるシステムは、実験的に設定されなければならない」[*8] とバスカーは主張する。

実験とは、言わば、開放系である現実世界に対して、人為的に厳しい条件や制約を設定して、閉鎖系としての環境を人工的に作り出すことである。

バスカーによれば、科学実験は次のようなものとして理解すべきものである。

> （科学実験とは）相対的に孤立した環境の中で、開放系の世界における流れに干渉されることなく、ある種のメカニズムや過程が作動する引き金を引くか、開放することで、その作用の詳細を観察するか、その効果の特徴的な様態を記録するか、あるいは、それに関する仮説を検証するという企てである。[*9]

実験において作り出された閉鎖系の環境の下であれば、「Xが起きたら、必ずYが起きる」という事象の恒常的連接関係が観察できる。科学者は、その実験において観察した事象の恒常的連接関係をもって、「因果法則」を確認したと考えるであろう。

この場合、閉鎖的な実験環境の外、つまり開放系である通常の現実世界においては、事象の恒常的連接関係は観察できなくなる。それにもかかわらず、科学者は、実験によって確認された因果法則は、閉鎖的な実験環境の外、すなわち開放的な環境の下でも引き続き作用しているはずだと想定するであろう。

真空落下実験を例にとってみよう。開放系の環境において羽と鉄球を落下させると、鉄球はまっすぐ下に落ちるが、羽の方はひらひらと舞いながら落ち、風が吹けば舞い上がりさえする。しかし、実験室において真空の容器という閉鎖系の環境を作り出し、その容器の中で羽と鉄球を同時に落とせば、同じ速度でまっすぐ下に落ちる。それは、何度やっても確認できるだろう。そして科学者は、この実験という閉鎖系の環境下で確認できた「落体の法則」は、開放系の環境においては観察できないにもかかわらず、存在していると考えるであろう。

このように、科学者が実験というものに意義を見出《みいだ》しているのは、観察可能な事象の恒常的連接関係とは別に、因果法則が存在しているはずだという実在論を暗黙の前提としているからこそなのである。

もし、通常の現実世界が「Xが起きたら、必ずYが起きる」という閉鎖系であって、閉鎖系と開放系の区別がないのだとすると、科学において、わざわざ実験という閉鎖的環境を人工的に作り出すという特殊な活動を行なう意味がなくなってしまうだろう。

したがって、事象の恒常的連接関係を因果関係の必要条件とみなす古典的経験論や実証主義の科学哲学では、実験を行なう意味が理解できなくなってしまうのである。

前章では、「観察の理論負荷性」などの概念を用いて、実証主義の認識論的な欠陥を指摘したが、バスカーは、存在論的にも実証主義を否認したのである。

▼因果関係

因果関係は、観察された事象の恒常的連接関係とは別物である。では、その事象とは独立に存在する「因果関係」とは、いったい何なのか。

超越論的観念論と超越論的実在論は、共に、事象の恒常的連接関係と因果関係とを同一視する古典的経験論を批判し、現象の規則性と必然性とを区別する。

しかし、超越論的観念論では、現象の必然性を、現象の規則性を確認した人間による観念の産物だと解釈する。超越論的観念論は因果関係を観念の産物とみなし、古典的経験論はそれを経験の産物とみなすが、いずれも、人間の産物と解釈している点は共通する。両者とも、「人間中心主義（anthropocentric）」な科学哲学であると[*10]バスカーは言う。

これに対して、超越論的実在論は、現象を必然的に生み出す「生成メカニズム（generative mechanisms）」が実在すると解釈するのである。因果関係は、人間の経験や観念に依《よ》ることなく、「構造」と「メカニズム」として実在するのであり、このような「非人間中心主義的」な解釈が正しくなければ、科学や実験の意義は理解不能になってしまうであろう。

以上の議論は、バスカーによって次のように要約されている。

メカニズムと構造が実在すると言えるかもしれないと認めるならば、因果関係が事象のパターンから独立して存在すると解釈でき、実験という活動に確かな論拠を与えることができる。というのも、この因果関係の独立性の実在的根拠は、自然の生成メカニズムはそれが生み出す事象とは独立して存在するということにあるからだ。そのようなメカニズムは、機能していないときでも維持されているし、介入や対抗的要因が作動したために法則のように言えるような結果が生じなかったときでも、正常に機能しているのである。実験科学者の役割は、そのようなよくある介入を排除して、メカニズムを作動させるスイッチを押すことである。そうすれば、介入されることなく、メカニズムを研究できるようになる。その上で、この作動の特徴的なパターンや様態が因果法則として描写される。閉鎖的な環境の下においてのみ、因果関係と事象の連続性とは一対一対応する。そして通常は実験室の中においてのみ、因果関係として描写される自然の持続するメカニズムが実際に明らかになり、人間がそれに経験的に接近できるようになる。しかし、こうしたメカニズムは、実験環境の外においても通常通り維持され、刺激を受ければ作動し続けるから、開放系においても、それをもって現象を説明し、偽反証に対抗することが合理的に正当化され得るのである。[*11]

実験という閉鎖系の下で確認された現象の規則性が自然の因果法則であるためには、その因果法則が開放系の下においても存在していなければならない。すなわち、他の要因による介入が排除できない開放系の下では、現象の規則性は観察できないけれども、因果法則は存在するはずなのである。

こうして、観察から独立した自動的な世界が実在し、その自動的な世界の中に、因果関係を生み出す構造やメカニズムが実在するはずだという結論が導き出される。

ただし、さまざまな諸要因の介入を受ける開放系においては、因果関係は存在していても、それが「Xが起きたら、必ずYが起きる」といった規則性のあるものとは断定できない。そこで、因果関係はあくまで、Xが起きたらYが起きる潜在可能性、すなわち「傾向（tendencies）」として分析されなければならないとバスカーは指摘している。[*12]

「Xが起きたら、必ずYが起きる」という事実は、実験という他の要因を一切排除した閉鎖系においてのみ確認される。他方、開放系においてはその事実は確認できなくても、「Xが起きたら、必ずYが起きる」というメカニズムが潜在的に作用していると「超事実的（transfactual）」に想定することができる。このように、科学において法則と言われるものは、ある事象が実際には起きていなくても潜在的には起きているはずだという「規範的（normic）」な言明になるとバスカーは論じている。[*13]

▼現実世界の階層構造

さて、現実世界に因果関係を生み出す「生成メカニズム」が人間の経験や主観から独立して存在するということは、人間が認識し得るものよりも深いところに生成メカニズムが存在するということを意味する。つまり、現実世界には階層的な構造があるのである。

まず、その階層構造の表層には、人間が経験的に把握できる事象の世界である「経験の領域(domain of the empirical)」がある。さらに、「経験の領域」の下には、人間が経験していなくとも実際に起きている事象というものがある。その階層が「実際の領域(domain of the actual)」である。

そして、「実際の領域」よりさらに深い階層がある。それは、事象が実際には未だ起きてはいないが、その事象を引き起こし得る生成メカニズムが存在する階層であり、「実在の領域(domain of the real)」である。*14

このように、現実世界は、「経験の領域」「実際の領域」「実在の領域」の三段階の階層構造となっている。その最も深部にあるのが生成メカニズムが潜んでいる「実在の領域」である。

古典的経験論は、現実世界を「経験の領域」に還元してしまっている。超越論的観念論は、「経験の領域」より深くに「実際の領域」があることは理解しているが、そのさらに奥深くに、人間の観念から独立した「実在の領域」が存在することを承認しない。

これに対して、超越論的実在論は、人間からは独立した「自動的」な世界としての「実在の領域」があると考える。

バスカーは、「対象に関する経験が変化し得るものであるならば、対象は、時間的にも空間的にも、対象に関する経験と別個の物であるはず」であり、「それゆえ、科学の変更(そして批判）や科学教育は、経験の対象が対象に関する経験から存在論的に独立していることを前提としている」[*15]と論じている。そう考えなければ、科学という活動が意味あるものとはならないと言うのである。

要するに、科学という営為を理解可能なものにするのは、実在論的存在論だということである。

▼階層と創発

現実の世界は開放系である。それは、現実の世界が複数の生成メカニズムで構成されているということを意味する。バスカーはこのように言う。

「自然的だ」「社会的だ」「人間的だ」「物理的だ」「化学的だ」「空気力学的だ」「生物学的だ」「経済的だ」などの述部は、別種の事象を差別化していると みなすべきではなく、別種のメカニズムを差別化しているとみなすべきである。[*16]

さらにバスカーは、生成メカニズムは複数存在するというだけではなく、階層構造を構成しており序列をなしていると論じている。

人間を例にとって考えてみよう。人間は生命体であり、生命体は人間が存在するはるか以前から存在した。さらに、生命体が誕生する以前から物質的な世界は存在し、生命体は物質で構成されている。その意味において、生命体は人間より基底的（basic）であり、さらに物質は生命体より基底的であると言える。人間、生命体、物質という序列になっているのである。

また、人間の心理を解明するのは心理学であるが、より基底的な生命体を説明するのは生物学である。さらに、生命体を構成する物質やエネルギーを説明するのは、化学や物理学である。生物学は心理学よりも深い層を探究するので、心理学より基底的な科学である。化学や物理学は、生物学よりさらに深い層を探究するものであり、生物学より基底的である。

しかしながら、ここで重要なのは、人間の心理を生物学的な法則に還元して説明することはできないし、生命体を化学や物理学の法則に還元して説明することはできないということである。

例えば、人間の不安という心理を引き起こすメカニズムについて、生物学は神経系の作用について説明できるかもしれないし、さらに化学は、その神経系を伝わる物質について説明できるかもしれない。確かに、人間の不安という心理は、神経系を伝わる物質に依存して引き起こされているのであろう。

しかし、不安という心理を、神経系を伝わる物質と同一視することはできないであろう。化学は確かに心理学や生物学より基底的であるが、不安という心理を理解するのに、化学だけで十分であるというわけではなく、心理現象を扱う心理学という独自の科学が必要になるのである。

このように、より高次の現象（例えば、不安という心理）は、より低次の現象（例えば、神経系の作用）を支配する法則に依存しているにもかかわらず、その法則だけでは説明できないといった場合、より高次の現象はより低次の現象から「創発（emergence）」するとバスカーは言うのである[*17]。

創発の概念を説明する際に、好んで引き合いに出される例は、水（H_2O）である。水は水素（H）と酸素（O）が結びついてできるが、水の性質は水素の性質とも酸素の性質とも異なる（水には火を消せるという性質があるが、水素や酸素を消火に使ってはならないだろう）。このような場合、水は、水素と酸素の化学反応によって創発したと言うのである。

同様に、生命体はさまざまな物質から構成されているが、それらの物質とは別の性質を持つ存在である。生命体はさまざまな物質が有機的に構成されることで、創発したのである。生命体という創発は実在する。同じように理解すれば、人間の心理というものもまた、神経系に関する物質からの創発として実在すると言える。生物学的、化学的あるいは物理学的な物体だけが実在するのではないのである。

次章においても論じるが、この創発という概念は、社会科学というものを考える上で非常に重要である。というのも、社会科学が分析の対象とする「社会」は、個人に依存して存在するものでありながら個人には還元できない自律的なもの、すなわち創発したものであると考えられるからである。

そして、創発したものは実在である。社会は想像の産物ではなく、実在するのである。社会科学の対象は社会という自律的な実在である。

こうして創発の概念は、「社会科学」という自律した科学を可能にするのである。

▼DREIモデルの「遡及」とRRREモデルの「遡源」

ではは科学的発見とはいったい何であろうか。超越論的実在論にとって「科学的発見」とは、「実在の領域」にまで深く到達し「生成メカニズム」を見出すことである。

古典的経験論は「経験の領域」にとどまり、事象の規則性を経験したならば、科学的発見をしたことになると考えている。しかし、超越論的実在論によれば、経験の領域で経験されるのは事象の「規則性」というよりは「結果」である。

他方、超越論的観念論は、経験の領域よりも深く進み、生成メカニズムの理論モデルを想像によって構築しようとする。ここまでは、超越論的実在論も同じである。

ただし、超越論的観念論においては、生成メカニズムは理論として想像されたものであり、観念の産物であると考えている。

これに対して、超越論的実在論では、想像された生成メカニズムは実在するかもしれないものと考える。そして、その生成メカニズムが実在するものであることは実験によって検証されるとするのである。[*18]

実験が重要であるのは、それが経験の領域、実際の領域から実在の領域へと進むための架け橋となるからである。言わば、「実験は、通常は実際に作動していない根底にあるメカニズムの世界の窓である」。[*19]

科学の方法論について、バスカーは『科学的実在論と人間の解放』[*20]の中で、理論的な説明についてはDREIモデル、実践的な科学的説明（開放系における個別具体的な現象についての説明）についてはRRREモデルと呼ばれるものを提唱している。DREIモデルは純粋科学における手順であり、RRREモデルは応用科学における手順であるとも言える。[*21]

理論的な説明（純粋科学）に適用されるDREIモデルとは、

（1）法則的なふるまいの「描写（description）」
（2）既知の現象とのアナロジーを用いて、ふるまいの可能な説明を探究する「遡及（retro-duction）」
（3）他の説明を吟味し、絞り込む「精査（elaboration）」
（4）経験的に操作された因果メカニズムの「同定（identification）」

という手順に従うものである。

他方、開放系における個別具体的な現象についての実践的な科学的説明（応用科学）に適用されるRRREモデルは、

（1）複雑な事象（状況）を諸要素に「分解（resolution）」
（2）それらの諸要素を理論的な用語によって「再記述（redescription）」

(3)独立に妥当性が確認された規範的言明を通じて(via independently validated normic statements)、再記述された諸要素から、それらを生み出した原因へと「遡源(retro-diction)[22]」

(4)説明を一つに絞り込むため、代替となる説明を「消去(elimination)」

という段階を経るものとされている。[23]

▼遡及——深層の構造への移行

DREIモデルの第二段階における「遡及」と、RRREモデルの第三段階における「遡源」とは、重要な概念でありながら、耳慣れない難解な用語である上に表現が似ている。そこで、それぞれの意味するところを、アンドリュー・コリアーの解説[24]に従ってより明確にしておこう。

まず、後者のRRREモデルは、実験によって検証された既知の理論の蓄積を前提とした応用科学の手順であって、「独立に妥当性が確認された規範的言明」とあるのは、先行する純粋科学の理論や概念を意味するものである。要するに、再記述された現象に対して先行する理論を適用して、その因果関係を特定するという操作のことを遡源と言うのである。[25]

これに対して、前者のDREIモデル、すなわち純粋科学における遡及とは、バスカーによれば「何らかの現象を記述することから、その現象を生み出すもの、あるいはその現象の条件を記述することへと移動する」[*26]ような推論である。

コリアーの例によれば、「鶏が先か、卵が先か」という無限に続く議論ではなく、「鶏という存在が可能となる条件は何か」を問うのが遡及である。つまり、「鶏と卵」の関係についての分析から、「鶏と生息環境」の関係についての分析へと移動するのである。この遡及によって、分析の対象は、特定の鶏あるいは卵に関する特定の先行条件ではなく、より広く鶏の生存を可能とする世界の構造となる。[*27]

典型的な遡及の仕方は、認知された素材を利用し、アナロジーやメタファーを用いたモデルを構築して、現象を生み出したメカニズムを説明することだともバスカーは言っている。[*28]

この遡及という推論の方法を、「演繹（deduction）」や「帰納（induction）」と比較すると、次のようになる。

演繹とは、例えば「すべてのカラスは黒い」という一般論から「次に見かけるカラスも黒いであろう」という個別事象を推論する方法である。他方、帰納は、多くの黒いカラスを観察することから、「すべてのカラスは黒い」という一般論を引き出す方法である。これに対して、遡及は、多くの黒いカラスを観察することから、カラスを黒くするメカニズムに関する仮説を形成する。[*29]

演繹が一般から個別への移行であり、帰納が個別から一般への移行であるのに対し、超越論的実在論が重視する遡及は、表面的な現象からより深層の構造への移行なのである。科学とは、現実世界の階層を掘り下げていって、生成メカニズムを見つけ出す活動であると言える。

なお、この遡及の概念は、本書が目指す政策哲学において、極めて重要な役割を果たすのであるが、バスカーの遡及の概念には若干の問題点があり、修正することが必要である。この点は、第六章において議論されることとなるが、とりあえず、それまでの間は、バスカーの理解のままに議論を進めることとする。

▼超越論的実在論の可謬主義

以上のように、従来の古典的経験論や超越論的観念論が知識の階層にとどまっているのに対し、バスカーの超越論的実在論は、知識の階層よりもさらに深いところに、知識に依存しない「実在」の階層があると考えている。そして、実験などの科学は、その実在に接近しようとする活動だとみなされている。つまり、超越論的実在論は、客観的な真理というものがあり得ることを認めているのである。

もっとも、超越論的実在論のように、客観的な真理があり得ることを認める姿勢は、「自分の理論だけが客観的な真理を正しく知っており、一切の批判を受け付けない」という傲慢さの現れであると批判されることがある。

しかし、超越論的実在論には、このような批判は当てはまらない。この点についてコリアーは以下のように論じている。

超越論的実在論は、科学を科学者という人間たちによる社会的な活動だとみなしており、科学的な知識は、その社会的な活動に依存すると考えている。そして、人間というものは、本質的に間違いを犯すことがある存在である。したがって、観察や理論が間違える、つまり客観的な真理をつかむことに失敗することは十分にあり得ることが、超越論的実在論の前提となっている。

要するに、超越論的実在論は、いわゆる「可謬主義（fallibilism）」の立場に立っているのである。自らの理論が間違い得ることを前提とする可謬主義の科学者には、自説に対する批判を受け入れ、修正する用意がある。可謬主義は、批判を通じて科学を進歩させる上で不可欠な姿勢なのである。

これに対して、古典的経験論やその流れを汲《く》む実証主義は、可謬主義であるとは言えない。というのも、実証主義は、理論の妥当性の証明を知覚されたデータに求める立場であるが、そこでは、知覚されたデータは確実で間違いのないものだという前提があるからである。

このような実証主義こそ、批判を受け付けない傲慢な姿勢につながりかねないものである。なぜなら、知覚されたデータによって妥当とされた以上、その理論は確実なものであると確定され、批判される余地のないものとみなされるからである。批判の余地が与えられなければ、科学の進歩は望めない。

このように、実証主義とは、科学の進歩を保証してきたように見えながら、実は科学の進歩を否定する論理に立っていたのである。

▼反基礎付け主義の傲慢

一方、超越論的観念論は、データの知覚が誤る可能性があることを認めている。ここで、もし理論の確からしさを人間の主観に求めているならば、古典的経験論と同様に非可謬主義だということになろう。

ところが、超越論的観念論の流れを汲む近年の非実在論の思想潮流、いわゆる「反基礎付け主義（anti-foundationalism）」は、科学が人間による社会的な活動であり、したがって科学は間違え得るものであり不確実なものであることを認めているのである。その意味では、反基礎付け主義は可謬主義を支持している。

しかし反基礎付け主義は超越論的実在論とは異なり、人間の知識に依存しない実在というものを認めないという立場である。

反基礎付け主義は、客観的真理に到達したと主張する理論は傲慢であると非難する。なぜなら、実在と思われるものは、実は人間が社会的に共有する知識や主観に依存しているに過ぎないからである。社会が共有する主観が異なれば、客観的な実在とされるものも異なる。真理は一つではない。真理は人や社会によってさまざまなのだ。反基礎付け主義者はそう強調する。

このような相対主義的な主張を唱える反基礎付け主義は、いかにも多様性を重んじる寛容な姿勢のように映るであろう。また、絶対的な真理を特権的に主張し、異論を認めない「教条主義（dogmatism）」から自由であるようにも見えるだろう。それゆえ、反基礎付け主義を好んで唱える現代の思想家は少なくない。

一見すると可謬主義を徹底したかに映る反基礎付け主義であるが、しかし、実際には、反基礎付け主義では可謬主義を維持できないとコリアーは論じた。

というのも、反基礎付け主義者は、自分の理論は客観的真理に関するものではなく、自分の主観の産物だと主張する。要するに、自分の理論は自分の個人的な好みによって選んだ結果だというわけである。しかし、自分の好みの問題だとするならば、それを他人にとやかく言われる筋合いはないということになろう。「君には君の好きな理論があるように、私には私の好きな理論がある。どちらが正しいかという問題ではない」。こういった話にしかならない。こんな態度をとられたら、科学的な論争はおろか、対話すら成立しないであろう。

このような反基礎付け主義は、例えば、陰謀説を信じる集団に対してはまったく無力である。その集団が「我々の説が正しいか否かは問題ではない」などと言って批判や反論を拒否する反基礎付け主義に立ったら、どうするのであろうか。このような姿勢は寛容どころか、社会の分断を招くものであろう。

結局のところ、反基礎付け主義者は、自らの理論に対して批判や反論を一切受け入れるつもりはないという唯我独尊に陥ってしまうのである。仮に批判や反論に耳を傾けるような姿勢を示し、自分の理論を修正するようなことがあったとしても、それは、特に客観的な根拠もないままに自分の考えや好みが変わったからという、気まぐれに過ぎないのである。このような姿勢は、いかに寛容ぶったふりをしていようが、傲慢と言わざるを得ない。反基礎付け主義へと堕落した超越論的観念論というものは、実証主義と同様に批判を受け入れる余地がなく、したがって、科学の進歩には何ら貢献し得ないのである。

▼超越論的実在論と客観的真理

これに対して、超越論的実在論は、人間の主観から独立した実在の領域を認め、理論とは客観的真理に関する説明であると主張する。

客観的真理を主張することは、反基礎付け主義者が非難するように、教条主義や知的傲慢さを意味するものではない。むしろその逆である。客観的真理を主張するからこそ、理論は客観的真理ではないと反論される可能性に自らをさらすことになる。コリアーはこのように主張したのである。*30

このコリアーの指摘は重要である。人間の主観から独立した実在というものを想定する超越論的実在論だけが、批判を受けて理論を是正する余地を認めるのである。

重要なので繰り返すが、超越論的実在論は、超越論的観念論と同様に科学を人間の社会的な活動とみなしており、それゆえ可謬主義を支持する。科学者とて人間という不完全な存在であるから、誤った観察をしたり、間違った理論を信じたりするかもしれない。したがって、科学は自動的な次元にあるメカニズムに関する正確な知識、一言で言えば客観的な真理に到達できないかもしれない。

しかしながら、超越論的実在論では、実在は不可知であるとは考えない。理論は確かに不完全ではあるが、他の理論よりも真理により接近した理論というもの、すなわち、より進歩した科学というものはあり得るはずだ。超越論的実在論はこのように考えるのである。

▼認識的相対主義

この論点を明確にするために、バスカーは、「認識的相対主義」と「判断的相対主義」とを区別すべきだと論じている。

「認識的相対主義」とは、「あらゆる信念は社会的に生み出されたものであるから、知識は他動的であり、真理―価値も合理性の基準も、歴史的時間の外部には存在しない」という原則である。超越論的実在論は超越論的観念論とともに、この認識的相対主義を支持している。

これに対して「判断的相対主義」は、「ある信念を他の信念よりも好む上での合理的な根拠が存在しないという意味において、すべての信念は等しく妥当とされる」と主張する教義であり、この教義を信じているのが反基礎付け主義者である。

超越論的実在論は、認識的相対主義は支持しても、判断的相対主義は拒否する。超越論的実在論は、判断の是非を決める合理的な根拠はあるという「判断的合理性」を想定するのである。では、何が判断的合理性の基準となるのであろうか。それこそが実在にほかならない。

反基礎付け論者の誤りは、認識的相対主義から判断的相対主義を導き出してしまったところにある。逆に、認識的絶対主義者（合理主義者）は、判断的相対主義は受け入れ難いので、認識的相対主義まで否定してしまうという過ちを犯している。これに対して、バスカーは「判断的合理性は認識的相対性が必要であり、認識的相対性は存在論的実在論が必要である」と言うのである。[*31]

以上の論証により、古典的経験論とその流れを汲む実証主義、超越論的観念論やその延長にある反基礎付け主義、そしてバスカーの超越論的実在論のうち、科学というものが成立し得る条件を満たしている哲学は超越論的実在論のみであることが明らかとなった。

とりわけ、主流派経済学が理想としている実証主義の「科学」観――それは、通俗的な科学観でもあろうが――は、科学としての条件を満たしていないことが示された。

ただし、これまで概観してきたバスカーの超越論的実在論は、いわゆる自然科学についての哲学であって社会科学についてではない。自然科学における実在は自然であり、社会科学における実在は社会であるが、自然と社会とでは、その存在論的な性格は同じではなさそうである。では、自然科学と社会科学もまた異なるのか。それとも同じなのか。いや、そもそも、社会科学というものは成立し得るのであろうか。

主流派経済学は、自然科学の実証主義を社会科学に適用することを理想とし、自然科学と社会科学の間に違いを見出していない。しかし、これまで見てきたように、超越論的分析は、そもそも実証主義の科学観は科学として不適格だと判定した。では、超越論的実在論は社会科学についてどのように適用されるのであろうか。次章では引き続きバスカーの哲学に依りつつ、この問題を探究する。

第三章

社会科学は可能なのか

▼批判的実在論

ロイ・バスカーは、一九七五年に『科学の実在論的理論』[*1]において、超越論的実在論という画期的な科学哲学を展開した。その四年後には、『自然主義の可能性』[*2]において、「社会について、どの程度、自然と同じように探究できるのか」という問題に挑戦した。これは、バスカー自身が言うように「社会科学哲学における根本的な問い」[*3]であった。

バスカーは、社会科学哲学にも実在論を導入したのである。そして、この社会科学における実在論が、近年「批判的実在論（critical realism）」という名で大きく発展していることは、序論において述べた通りである。

この批判的実在論を理解するにあたり、まずは、その出発点となったバスカーの『自然主義の可能性』の議論を追ってみよう。

自然科学のように、社会を探究する社会科学なるものはあり得るのか。この問題に関してはこれまで二通りの思想潮流があった。

一つは、「実証主義」の伝統である。実証主義は、自然科学の実証主義を社会科学にも適用すべきであるという立場である。社会科学における実証主義は、個人の行動に規則性を経験的に見出し、それを社会の法則とみなす。もちろん、社会現象は自然現象よりも複雑であろうが、実証主義の手法を適用すれば、いずれは社会現象の法則を発見できると実証主義者は信じているのである。

実証主義は、今日もなお、社会科学において大きな影響力を持っている。とりわけ主流派経済学は、実証主義の方法論を経済現象に適用したことで、経済の「科学」を自認している。もっとも第一章で明らかにしたように、主流派経済学は実証主義のふりをしてはいるが、実際には実証主義ではないのであるが。

この実証主義に対する反発として登場した思想潮流が、もう一つの伝統である「解釈学」である。

解釈学は、自然科学と社会科学の研究対象の違いを強調する。すなわち、自然と社会とはその性質が本質的に異なる。自然現象とは異なり、社会における事物とは、例えば貨幣、銀行、労働などのように、人間によって「意味」を付与されたものである。したがって、社会科学の目的は意味を解明することにある。

社会科学における解釈学の伝統は、ヴィルヘルム・ディルタイやマックス・ウェーバーを経由して、カントの超越論的観念論にまで遡ることができる。他方、社会科学における実証主義が古典的経験論の流れを汲んでいることは、言うまでもないであろう。

これに対して、バスカーの実在論は、自然科学において古典的経験論とも超越論的観念論とも異なる立場であったのと同様に、社会科学においても実証主義とも解釈学とも異なる立場をとる。

バスカーは言う。実証主義は、自然科学と同様に社会科学においても、因果法則を観察された事象の規則性へと還元してしまうという過ちを犯している。社会は本質的に「開放系」であり、しかも自然以上にそうなのであって、厳密な「閉鎖系」の環境を人工的に作り出すこと、つまり「実験」も困難である。

他方、解釈学は、社会科学における研究対象は「意味」や「信念」といった主観的なものであり、自然科学とは違って、単なる物理的事物と概念の関係というよりは、概念と概念の関係を探究することが重要になると主張する。このような理解自体は正しく、これこそが社会科学の発展における解釈学の大きな貢献と言えるであろう。バスカーもこの点に関しては受け入れている。

しかし、バスカーは、解釈学が社会科学を単なる概念間の関係の様態を描写することへと還元してしまっていることを問題視する。というのも、もし人々が誤ったイデオロギーを共有している場合、解釈学ではそのイデオロギーの様態を描写することはできても、その誤りを批判することも修正することもできないからである。

これは、解釈学の淵源《えんげん》にある超越論的観念論の問題でもある。前章で論じたように、超越論的観念論は、社会的な活動によって生み出された知識という他動的な次元のみで、知識から独立した実在という自動的な次元を欠いている。自動的な実在の側面がなければ、知識を批判するための根拠もないということになってしまう。

これに対して、バスカーは、社会における意味や信念にも自動的な次元が存在すると主張する。そして、そのような主張を「批判的自然主義（critical naturalism）」と呼ぶのである。[*4]

社会にも自動的な次元が存在するのであるならば、社会の科学は可能となろう。しかし、解釈学が強調するように、社会は意味や信念といった主観的なものから構成されているという側面も色濃くあり、その意味では、確かに自然とは性質が異なる。

では、そのような社会における自動的な次元とは、どのようなものであろうか。以下、バスカーをはじめとする実在論者たちの議論を追っていこう。

▼方法論的個人論の欠陥

社会現象をどのように説明するのか。これに関して従来の社会科学には、伝統的に二つの立場があった。

一つは、「社会的原子論（social atomism）」あるいは「方法論的個人論（methodological individualism）」と呼ばれる立場である。

方法論的個人論は、社会現象や社会制度を個人の意志決定の結果として説明しようとするものであり、社会において個人以外の存在を認めないという立場である。

主流派経済学は、自律的に自己利益を最大化するように計算して行動する合理的個人（「経済人」）の観点から経済現象を説明しなければならないとしている。したがって、主流派経済学は方法論的個人論の典型と言えるであろう。

しかし、この種の原子論的な個人論では、ごくありふれた経済活動すら説明できない。例えば、個人AがＡＴＭ（現金自動預払機）から現金を引き出すという行動を考えてみよう。それは確かに、ＡＴＭから現金を引き出そうという個人Aの意思決定の結果として説明できるのかもしれない。

しかし、この個人Aの行動が意味をなすためには、ＡＴＭや銀行、さらには現金といったものに意味がなければならない。例えば、ＡＴＭはおろか現金の意味すら知らない人がいたとしたら、その人は個人ＡがＡＴＭから現金を引き出している姿を見ても、彼が何をやっているのか理解できないであろう。

ＡＴＭが意味を持つためには、そもそも銀行システムという制度が不可欠であるし、現金が意味を持つためには貨幣制度が不可欠である。銀行システムや貨幣制度の意味が分からなければ、個人Aが銀行のＡＴＭから現金を引き出すという行動の意味を理解することは不可能である。しかし、その銀行システムや貨幣制度は、あらかじめ社会に制度として存在していたものであって、それを個人の意志決定の結果として説明することはできない。つまり、方法論的個人論は破綻しているのである。

この方法論的個人論が抱える深刻な欠陥については、ケネス・アローも認めている。アローは、一般均衡理論の構築など主流派経済学の発展に多大な貢献をなし、一九七二年にはノーベル経済学賞も受賞した人物である。彼もまた、方法論的個人論こそが経済学の柱石であるという教条主義的な姿勢を維持している。

ところが、そのアローでさえも「最も標準的な経済分析ですら、精査すれば、常に社会的範疇を用いており、しかもそれは、必要なら削除してもよい言葉のあやといったようなものではなく、分析に絶対に必要なもののように見えることが分かる」[*5]と認めざるを得なくなっているのである。

例えば、主流派経済学の市場理論においては、価格は個人が決めるのではなく、需要と供給を一致させる市場において決定されるとしているが、その「市場」とは、原子論的な個人ではなく、社会的な制度にほかならない。あるいは、主流派経済学者は、経済分析において知識や情報あるいは技術が果たす役割が重要であると認めている。とりわけ、それらの経済成長における役割は、近年ますます重要なものとなっているだろう。しかし、これらの知識、情報、技術は、交流や教育によって個人に獲得され、伝播するものであるが、交流や教育とは社会的な相互行為であって、原子論的な個人の自律した行動だけでは説明できない。

こうしたことから、アローは次のように結論する。「特定の個人に帰着できない社会的な変数は、経済あるいは他の社会システムを研究する上で不可欠であり、とりわけ、知識や技術的情報は、外すことのできない社会的な要素であり、その重要性は時とともに増している」[*6]。

一方、社会学において方法論的個人論を代表するのは、マックス・ウェーバーであるとされている。もっともウェーバーは、主流派経済学のように自己利益を最大化するよう計算する合理的個人を想定していたわけではなく、むしろそういう想定を置くことに対して批判的であった。ウェーバーが提唱したのは、個人は意図的な行動や意味のある行動を行なうのであり、その個人の行動の意図や意味を理解するという解釈学的な社会学である。しかし、個人を単位として社会現象を説明しようとしているという点において、ウェーバーの方法論は個人論に属するものとみなされるのである。

▼個人論と集合論の止揚

これに対して、社会学にはもう一つの方法論的潮流がある。それは「集合論（collectivism）」であり、その代表的論者は、ウェーバーと並ぶ近代社会学の巨人エミール・デュルケイムであるとされている。[*7] 集合論は社会を個人の外部に「物」として存在するものとみなし（これを「物象化（reification）」と言う）、個人の行動から社会を説明するのではなく、その反対に、社会から個人の行動を説明するという立場である。

社会科学には、一方に個人論の伝統があり、もう一方に集合論の伝統があって、両者の間で論争が繰り返されてきた。多くの方法論はこの両者の間のいずれかに位置していると言ってよい。では社会科学における実在論は、どのような方法論的立場をとっているのであろうか。

結論を先取りするならば、社会科学における実在論は個人論と集合論を止揚するものである。実在論は自然のみならず社会をも実在とみなすものであることから、一見すると社会を物象化する集合論のように見えるかもしれない。しかし実在論は、社会を実在とみなしていながら、その物象化を拒否するのである。

確かに、社会には個人を拘束する構造が存在している。だが社会を形成し、維持しているのは、あくまでも、その社会に所属している人間たちの活動である。社会は個人とは別に存在してはいるのだが、同時に人間の活動に依存して存在しているのである。

したがって、社会は個人の行動を制約するが、個人の行動を完全に決定するものではないし、人間が協力して社会を変革することは不可能ではない。社会は物象ではないが実在するのである[*8]。

▼マクロ経済学のミクロ的基礎は可能なのか

以上の個人論と集合論という社会科学の存在論および方法論の問題は、主流派経済学においても、極めて重大な問題を引き起こしていた。いわゆる「マクロ経済学のミクロ的基礎」と呼ばれる問題である。以下この問題について、主にケヴィン・フーヴァー[*9]や青木泰樹[*10]による批判的議論に依拠しつつ、検討を加えよう。

第二次世界大戦後の主流派経済学は、個別の経済主体の行動を分析する「ミクロ経済学」と、個別の経済主体の行動の総計とされる経済全体（特に国民経済）を分析する「マクロ経済学」に大別される。マクロ経済学という用語こそ使っていないが、それを創始したとされるのはジョン・メイナード・ケインズであると考えられている。

ケインズの理論を受けて、戦後の主流派のマクロ経済学は、ヤン・ティンバーゲンやローレンス・クラインが急速に発達していた計量経済学の手法を駆使して、工学的なマクロ経済モデルを構築した。こうしたマクロ経済モデルは、投資や消費などの因果関係を示す連立方程式から構成されており、その連立方程式を数十、数百、場合によっては数千にまで増やすことで、マクロ経済を計量モデルとして表現しようとするものである。それは、政策担当者がある政策目標を達成するために、どの政策手段を選択すればよいかを分析できるツールとなることを目指すものであった。
もっともケインズ自身は、計量経済学を駆使した工学的なマクロ経済モデルを用いることに対して極めて批判的であった。[*11]

ティンバーゲンの計量的手法に対するケインズの批判は、それが発見や批判の手法にはなっていないことや、定量的に計測不可能な因子については適用できないことなど、多岐にわたる。その中にはケインズの誤解も含まれるようであるが、彼の懐疑の根源を約言するならば、「重相関分析を複雑な経済問題に適用することの主たる明白な異議は、経済環境というものが適度な画一性を明らかに欠いているという点にある」[*12]。

それにもかかわらず、ティンバーゲンやクラインが構築を目指した計量的なマクロ経済モデルは「ケインズ経済学」と称されてしまった。今日でもケインズ経済学とみなされているのは、こうした工学的なマクロ経済学のことである場合が多い。それはケインズ自身が目指した理論とはまったくの別物にもかかわらず、「ケインズ経済学」と呼ばれてきたのである。

▼ルーカスによるケインズ経済学批判

この種の「ケインズ経済学」は、一九五〇年代から一九七〇年代まで、主流派経済学としての地位を謳歌《おうか》していた。ところが、ロバート・ルーカスが一九七六年に発表した論文「経済政策評価——ある批判」[*13]において、この「ケインズ経済学」を批判し、決定的な打撃を与えたとされている。いわゆる「ルーカス批判」である。

ルーカス批判とは、要約すれば次のような議論であった。

マクロ計量経済学者たちがモデル化している総計されたマクロ経済とは、諸個人の志向的(intentional)な行動の産物である。「ケインズ経済学」のモデラーたちは、政策担当者はマクロ経済の外にあって、変数と変数の関係は一定とする因果メカニズムを想定したマクロ経済モデルを構築している。

しかし、もし、経済主体が政策の効果を正確に予測(「合理的期待」)し、その予測に合わせてその行動を調整してしまうのだとしたら、マクロ経済モデルにおける変数と変数の関係は、政策の発動に対して一定ではなくなってしまうであろう。すなわち、政策の発動がマクロ経済モデルの構造そのものを変化させてしまうのである。そのような経済モデルでは、ある政策目標を達成するために、どのような政策手段をとればよいかを評価することができなくなってしまうではないか。

ルーカスはこのように批判したのである。

例えば失業率を下げるために、政策担当者が財政支出を拡張しようとしたとする。しかし、その拡張的な財政政策に対して、労働者たちはインフレーションが起きると予測したとしたらどうなるであろうか。インフレーションは実質賃金の低下を招くことになるが、もし実質賃金が低下するのであれば、合理的な労働者たちはもっと働こうとはしないであろう。すなわち雇用が増えることはないのである。こうなると、政策担当者の期待に反して、拡張的な財政支出は失業率を下げることはなく、単にインフレーションを招くだけに終わるであろう。要するに、ケインズ主義的な積極財政政策は、合理的期待によって無効化されてしまうのである。ルーカスは、自身の論文の結論部分において、その批判の要旨を次のような三段論法として整理している。

計量経済学的モデルの構造が、経済主体の最適意志決定ルールから構成されており、かつ最適意志決定ルールは意志決定者に関連する一連の構造の変化に伴って、体系的に変化するのだとしたら、いかなる政策変更も、計量経済学的モデルの構造を体系的に変化させるだろうということになる。[*14]

このルーカス批判の影響は非常に大きなもので、これによって「ケインズ経済学」は主流派経済学におけるその支配的地位を追われることとなったとすら言われている。

もっとも、再び注意を促しておくが、ルーカス批判が攻撃したのは、計量的な「ケインズ経済学」であって、ケインズ自身が構想した経済理論ではない。それどころか、ティンバーゲンの計量的な手法に対するケインズの批判の中には、それが「期待」（「合理的期待」ではない）のような心理的な要因を考慮していないという点が含まれていたのである。[*15]

このルーカス批判は、ケインズの意図とはまったく逆の方向ではあるが、その後の主流派経済学の方向性を決定づけた。そして、それはもちろん、経済政策のあり方にも多大な影響を与えたのである。

その方向性は次の二点にまとめられる。

第一は、「合理的期待」という概念の導入である。

ルーカス批判は、経済主体が経済政策の結果を予測して行動するという「合理的期待仮説」を持ち込むことで、これまで支配的だった工学的な「ケインズ経済学」の権威を失墜させた。「ケインズ経済学」では、政策担当者はマクロ経済の外に立って、その「裁量（discretion）」によって政策手段を駆使し、マクロ経済を望むように動かすことができるという想定に立っていた。しかし、経済主体が経済政策の結果を合理的に予測して、その行動を調整するのであるならば、マクロ経済の構造そのものが変化してしまい、もはや政策担当者の裁量によるマクロ経済操作は有効性を失うであろう。要するに、ルーカス批判はマクロ経済を調整する政策担当者の裁量を否定したのである。この論点は第五章において検討する。

第二は、「マクロ経済学のミクロ的基礎」という方法論の確立である。

ルーカス批判は、マクロ経済は個人の選好と技術を所与とした上で、個人のミクロレベルでの行動の総計として理解しなければならないと示唆した。これによって、主流派経済学において「ミクロ的基礎を持たない経済モデルは科学ではない」という説が定着したのである。本章ではこの第二の点に焦点を当てる。

▼「ルーカス批判」への批判

この「マクロ経済学のミクロ的基礎」の方法論において、「ミクロ的基礎」とされる個人とは、ミクロ経済学における「経済人」の想定、すなわち自己利益を最大化するよう計算して行動する自律的で合理的な個人のことであった。マクロ経済の現象は、自己利益の最大化を志向する合理的個人の行動に還元して説明されなければならないということである。

このことからも分かるように、マクロ経済学のミクロ的基礎という議論は、マクロ経済学における方法論的個人論の試みの一種である。

ルーカス批判以降、主流派経済学の支配的な方向性は、ミクロ的基礎を持ったマクロ経済学のモデルの構築へと向けられることとなった。今日の主流派経済学においては、ミクロ的基礎を持たないマクロ経済学は、経済理論としては認めないという風潮すら生まれているらしい。

しかし、マクロ経済の現象を原子論的な経済主体に還元して説明しようとしても、実際の経済主体の選好や技術は経済主体によってそれぞれ異なる。そのような異質な諸個人をそれぞれ足し合わせてマクロ経済を構築するのは、はなはだ困難である。そこで、ミクロ的基礎を追求する主流派経済学者たちは、「マクロ経済は原子論的な個人に還元して説明されなければならない」というのは「原則」だとした上で、その原則論によってある特殊な理論的戦略を正当化しようとした。

その理論的戦略とは、次のようなものであった。まず、ある単独の経済主体を「代表的主体(representative agent)」として想定する。そして、その単独の代表的主体がマクロ経済全体の資本や労働といった資源を使って意志決定を行なうものとし、それによる生産や消費の選択が、マクロ経済を構成する諸個人の選択の総計に対応しているものとみなす。

このような「代表的主体モデル」であれば、ミクロ経済学の想定する個人と同じようにマクロ経済現象を説明しているので、第二のルーカス批判から逃れてはいる。

この代表的主体モデルという便法を基礎として、「動学的確率的一般均衡モデル（Dynamic Stochastic General Equilibrium Model）」、いわゆるＤＳＧＥモデルが構築された。

ＤＳＧＥモデルは、代表的主体の選好、技術、資源の分配などに関する初期設定を行なってモデルを構築した後、モデルのシミュレーションによるデータと政府のマクロ経済の統計データが一致するように、モデルを改変して実際のマクロ経済を再現しようとするというものである。このＤＳＧＥモデルが開発されて以降、主流派経済学においてはＤＳＧＥモデルに立脚した経済分析が支配的となったのである。

しかし、ＤＳＧＥモデルでは、統計データと一致するようにモデルを改変すると言っても、青木が指摘するように、その統計データはこれまで蓄積された過去のデータに過ぎない。ルーカス批判によれば、政策の変更はモデルの構造も体系的に変化させる。しかし、統計データは、政策変更以前のものであり、その統計データに一致するように構築されたＤＳＧＥモデルもまた、政策変更以前のものであるから、それによって政策変更後の予測をすることはできないはずである。

「ケインズ経済学」のモデルに対するルーカス批判の第一は、「いかなる政策変更も、計量経済学的モデルの構造を体系的に変化させる」ことを看過しているというものだった。しかし、この批判はＤＳＧＥにも向けられなければならないということである。*16

誤解を避けるために敢えて繰り返すが、ここで私は、予測ができないという点をもってDSGEモデルを批判しているのではない。そうではなく、DSGEモデルがルーカス批判から逃れることに失敗したと指摘しているのである。

そもそも、代表的主体モデルが表現しているのは、現実の経済現象とは程遠い幻想の世界であるのは言うまでもない。代表的主体モデルは現実の経済を何ら説明していないので、DSGEモデルを用いた経済分析は実証主義ではない。実際、当然の結果と言うべきであるが、DSGEモデルは実証的な検証に耐え得ないことも示されている。[*17]

▼終末論的正当化

それにもかかわらず、なぜ、主流派経済学者たちは、DSGEモデル、あるいはその根幹にある「マクロ経済学のミクロ的基礎」という議論に固執し続けているのであろうか。

おそらく、彼らは次のように考えているのである。この「代表的主体モデル」の構築は、経済モデルを異質な諸個人から構成されるマクロ経済へと次第に近づけていくための第一歩であり、これを精緻化していくことで、いずれミクロ的基礎の原則に則った完璧なマクロ経済モデルを構築できる。主流派経済学者たちがマクロ経済学のミクロ的基礎の方法論を正当化するのに用いるこうした論法を、フーヴァーは「終末論的正当化」と呼んでいる。[*18] あらかじめ原則論的な計画があって、その計画に従えばいずれ必ず特定の結果に至ると信じるという、まるで宗教の終末論のような論理だからである。

このように、DSGEモデルは深刻な欠陥をいくつも抱えているにもかかわらず、主流派経済学者たちはそれを終末論的正当化によって誤魔化し、方法論的な問題を改めようとはしてこなかった。

なぜ、主流派経済学はここまで迷走し、終末論的正当化に陥るまでに転落してしまったのであろうか。その大きな理由として考えられるのは、「マクロ経済は、原子論的な個人に還元して説明されなければならない」という方法論的個人論が、主流派経済学の「原則」となっている点にある。

実は、ルーカス批判の攻撃対象となった工学的な「ケインズ経済学」を推進したクラインたちもまた、方法論的個人論の原則を共有しており、マクロ経済の動きとミクロ経済主体の行動が不整合であることが彼らの経済モデルの欠陥であることを認識してはいたらしい。ただクラインたちは、ミクロの経済主体の志向性を考慮しなくても、政策とその結果の因果関係が分析できるような工学的なモデルの構築を目指したのである[*19]。

つまり、ルーカスとその批判の対象となった「ケインズ経済学」の支持者たちは共に、マクロ経済は原子論的な個人に還元されるものと信じていたのである。

「ケインズ経済学」に挑戦してその権威を失墜させ、主流派経済学に革命的な変化を起こしたとして名高いルーカス批判であるが、実のところは、方法論的個人論という同じ穴の狢《むじな》同士の論争に過ぎなかった。主流派経済学にとって方法論的個人論の原則は、それほどまでに強固な信念だったのである。

言い換えれば、主流派経済学においては、社会学のように「個人論」対「集合論」という方法論上の対立は、はじめから存在していなかった。主流派経済学の方法論は、一貫して方法論的個人論だったのである。

ただし、クラインらによる工学的な「ケインズ経済学」は、そこに「マクロ経済」という方法論的個人論では説明できない概念を持ち込んでいた。言わば、木に竹を接《つ》いだような恰好《かっこう》である。ルーカス批判はその弱点を突いた。そして、より方法論的個人論に忠実な理論を提唱した。それが「マクロ経済学のミクロ的基礎」という議論なのである。

しかし、ルーカス批判やそれを受けて構築されたDSGEモデルですら、実際には方法論的個人論の原則から逸脱して、原子論的個人には還元できないはずの変数や仮定を暗に用いているということは、指摘しておかなければならない。それは、先述のアローが指摘した方法論的観点からルーカス批判やDSGEモデルを再検討してみれば、たちどころに明らかになる。

例えば、DSGEモデルは、政府の統計データを使ってそのモデルを操作している。しかし、その統計データは、GDP（国内総生産）であれ、物価であれ、利子率であれ、いずれもマクロ経済を前提とした概念であって、それらをミクロの経済主体単体から入手することはできない。[*20]マクロ経済の統計データとは、原子論的個人に還元してしまっては説明できない社会的なものなのである。

またルーカスは、マクロ経済は個人のミクロレベルでの行動の総計として理解されるべきであると唱えたが、その際、個人の嗜好《しこう》と技術はあらかじめ与えられたものと仮定している。だが、現実の世界においては、個人の嗜好は他者との交流や社会的な影響を受けて形成される部分が少なくないであろうし、技術についてはアローが指摘したように社会的なものである。要するに、個人の嗜好や技術が社会的なものであり、方法論的個人論では説明できないものであるからこそ、それらは「所与」のものと仮定せざるを得なかったということである。したがって、主流派経済学は、マクロ経済のミクロ的基礎ならぬ「ミクロ経済のマクロ的基礎」を欠いていると批判することすらできるかもしれない。

▼経済政策のミクロ的基礎の不在

さらに、本書のテーマとの関係で特に重要なのは、「政策」とは何かという問題である。ルーカス批判の第一は、「いかなる政策変更も、計量経済学的モデルの構造を体系的に変化させる」というものであった。政策変更という行為が経済主体の期待に働きかけて、その行為に影響を与えるというのである。この命題においては、政策変更を行なう主体である政府の存在が前提となっている。

しかし、方法論的個人論の原則を徹底するならば、この政府という存在も原子論的個人に還元して説明しなければならないはずであろう。言わば、「マクロ経済政策のミクロ的基礎」が必要だということである。

例えば、政策を実施する主体である政府を自己利益の最大化を合理的に追求する一つの原子論的な主体とみなして扱うとか、あるいは政府という制度の成立を原子論的個人の合理的な利益追求行動に還元して説明するとかいった操作が考えられる。なお、後者の戦術を選択したのが「公共選択理論」であるが、それについては次章において批判的に検討する。

ところが、ルーカス批判やルーカス批判を踏襲する主流派経済学のモデルは、政府という存在についても、その政府が実行する政策についても、方法論的個人論から逸脱した仮定を置いており、原子論的個人の行動に還元した説明を一切していない。

そもそも、「マクロ経済学のミクロ的基礎」という方法論の発端となったルーカス批判の論文のタイトルは「経済政策評価：ある批判」というものであった。それは政府の経済政策に関する論文だったのである。

にもかかわらず、その肝心の経済政策については何らミクロ的基礎は与えられていない。それも当然であろう。根源的な問題として、マクロの現象にはミクロ的基礎がなければならないという方法論的個人論が破綻しているのである。

▼構造と行為主体

再び、方法論的個人論と方法論的集合論の問題に戻ろう。

この社会科学の方法論上の問題は、「行為主体（agency）」か「構造（structure）」かという存在論上の問題と深く関係している。

例えば社会学の伝統においては、マックス・ウェーバーに代表される方法論的個人論は、社会現象を解明するにあたって、個人や組織といった「行為主体」の意図や行動に焦点を当てる。

これに対して、エミール・デュルケイムに代表される方法論的集合論は「構造」、すなわち社会の内部の関係あるいはそれらの関係の関係に焦点を当てる。

方法論的個人論は、行為主体の意図や行動が社会の構造を形成しているという前提を置いた上で、行為主体の意図や行動の意味の解釈を通じて、社会の構造を説明しようとする。反対に、方法論的集合論は、社会の構造が行為主体の意図や行動を決定していると考えた上で、構造から行為主体の意図や行動を説明しようとするのである。

例えば、労働者が働きたいのに、働く場がないという「非自発的失業」の問題について考えてみよう。この非自発的失業という社会現象をどう説明するのか。

おそらく、方法論的個人論者であれば、個々の労働者の意図や行動を解釈し、例えば、彼らが就業しない理由は希望する賃金水準が得られないからだという結論を得る。そして、賃金水準の低さをもって、非自発的失業という構造問題を説明しようとするであろう。

これに対して、方法論的集合論者は、労働者が働きたくても働けないような状況を生み出すような経済構造に非自発的失業の原因があるに違いないと考えるであろう。そして、例えば、製造業中心の社会からサービス業中心の社会への変化が工場労働者の失業をもたらした、といったような説明をするであろう。

ちなみにルーカスは、ケインズが想定していた非自発的失業という現象は、存在しないと主張した。「難点は、応用経済学に必ず起きる計測の誤りの問題ではない。計測すべき『物』が存在しないことから生じているのである[*21]」。

この議論は主流派経済学の方法論的個人論と関係している。主流派経済学では、自己利益を最大化するよう計算して行動する合理的な個人を前提としている。そのような合理的個人としての労働者による失業を説明しようとしたら、彼は一定の賃金水準以上を希望するから働かないというに過ぎないということになる。

ということは、もし労働者が低賃金を甘受しさえすれば、失業は存在しなくなるはずである。したがって、非自発的失業などという現象は存在しない。ルーカスはこのように論じた。このルーカスの議論の影響により、今日の主流派経済学は、非自発的失業の存在を認めることに躊躇《ちゅうちょ》するようになっている。

ルーカスは次のように述べている。

「なぜ人々は、代わりに取れる他の行動ではなく、私たちが目にするような行動をとることを選ぶのか？」という問いを排除する用語法は、行動について真剣に考えることを一切排除してしまう。*22

しかし、行動について真剣に考えることを排除しているのはルーカスの方である。確かにウェーバー的な社会学における方法論的個人論であれば、働きたいのに働けない労働者の事情や意図について解釈しようとするであろう。これに対して、ルーカスの方法論的個人論は「個人は、効用を最大化するために合理的に計算して行動しているはずだ」という不動の前提から出発している。主流派経済学は、実際の労働者の意図や行動を解釈する余地をあらかじめ排除し、行為主体の意図や行動すらまともに取り扱おうとしないのである。

このように同じ「方法論的個人論」であっても、主流派経済学のそれは、社会学や人類学など他の社会科学と比べて、極めて異様かつ誤謬に満ちたものであり、率直に言って、これ以上論ずるに値しない。したがって以下においては、主流派経済学ではなく、社会学における方法論的個人論を念頭に置いて議論を進めることとする。

▼社会活動の転換モデル

改めて、方法論的個人論は、行為主体の意図や行動から社会現象を説明しようとするものである。それは確かに、真理の一面を表しているように思われる。例えば、労働者は賃金を得たいという意図を持って、働くという行動をとる。消費者は特定の商品が欲しいという意図を持って、貨幣を使ってそれを購入するという行動をとる。

しかし、労働者の労働という行動は、労使関係や賃金労働といった社会的な構造によって決定されているという側面もある。その労使関係や賃金労働という制度は、労働者個人の意図と行動によって作られたものではなく、与えられたものである。

同様に、消費者による商品の購入という行動も、貨幣制度や市場といった社会的な構造があって成立するものであり、貨幣制度も市場も消費者個人が創造したものではない。したがって、方法論的集合論が想定するように、行為主体の行動は、社会的な構造によって制約されている。

その一方で、社会的な構造だけで、行為主体の行動を説明できるわけでもない。労働者がどの企業で働くのかは、労使関係という社会構造が決定しているわけではなく、労働者個人が選んでいる。消費者がどの商品を買うのかまで、貨幣制度や市場が決定しているわけではなく、消費者個人が決定している。その意味において、（社会学的な）方法論的個人論にも正しい側面があるのである。

この方法論的個人論と方法論的集合論の対立をどのように克服するのか。批判的実在論者たちは次のように論じている。

まず、社会構造と行為主体はそれぞれ独立して存在する。そして、社会構造が行為主体より先に存在している。

例えば、我々日本人は、日本社会という社会構造の中に生まれ落ち、日本語という言語構造を与えられ、日本語を学習して話すようになる。同様に、労使関係や賃金労働という構造があって、その下で労働者は働くのであり、貨幣制度や市場という構造があって、その下で消費者は商品を購入するのである。

したがって、社会構造と行為主体とは別物とみなすべきであり、いずれかをいずれかに還元することはできない。

ここで重要なことは、社会構造は行為主体より先に存在するものでありながら、同時に行為主体の行動なしには存在し得ないということである。

日本語という言語構造は、確かに我々日本人が生まれたときに与えられるものである。しかし、我々が誰も日本語を使わなければ、日本語という言語構造は維持されないであろう。さらに言えば、我々が日本語を使いながら新しい言葉を生み出したり、ある言葉を使わなくなったりするので、日本語という言語構造は次第に変化していく。

つまり、行為主体は構造を無から創造するわけではないが、与えられた構造を維持あるいは再生産（reproduce）したり、転換（transform）させたりするのである。そして、再生産あるいは転換された社会構造は、行為主体の意図や行動を条件づける。こうして、社会構造の存在を出発点にしながら、社会構造と行為主体はお互いに影響を及ぼしていく。

この社会構造と行為主体の相互作用の運動を、バスカーは「社会活動の転換モデル（ＴＭＳＡ：transformational model of social activity）」と呼んでいる。[*23]

同じく、批判的実在論を支持する社会学者マーガレット・アーチャーは、社会構造と行為主体とは別物として存在するという「二元論（dualism）」の立場から、社会構造の再生産の運動を「形態維持（morphostasis）」と呼び、社会構造の転換の運動を「形態形成（morphogenesis）」と呼ぶ「ＭＭモデル」を提唱している。[*24]

ここで重要なのは、批判的実在論が社会構造と行為主体とは別に存在し、社会構造を行為主体の行動に還元することはできないとしながら、その一方で、社会構造の再生産や転換は行為主体に依存するものとみなしているという点である。

ところで、「還元」はできないが「依存」はしているというのは、どういうことを意味するのか。これを理解する上で鍵となるのが、第二章において言及した「創発」の概念である（七十二頁参照)。

▼社会における創発

「創発」の概念は、批判的実在論において重要な位置を占めている。前章において述べたことであるが改めて説明すると、創発とは、二あるいはそれ以上の特徴が構成要素として結合して新たな現象を生起させるが、その現象の性質が構成要素に必要ではあっても還元して説明できないような状況のことを指す[*25]。

例えば、心理的な現象は生物学的な現象から創発し、生物学的な現象は化学的な現象や物理学的な現象から創発するが、心理学的な現象を生物学、化学あるいは物理学だけに還元して説明することはできない。

この創発の概念によって、我々は、全体がその部分にはない固有の因果力(causal power)を持ち得ることを説明できるようになる[*26]。

例えば、労働者の間における分業と協業は生産性の向上という現象を創発する。この場合、生産性の向上は個々の労働者の能力に条件づけられ、そして依存しているのは間違いないが、個々の労働者の能力に還元して説明することはできない。分業と協業がなければ、生産性は向上し得なかったからである。このように、分業と協業という「全体」は、それら固有の因果力(生産性の向上)を有していると言えるのである。

また、これも前章において指摘したことであるが、創発の概念は実在の階層性の概念にも関係している。
すなわち、ある階層における実体は、より低次の階層における複数の実体の結合から創発しているのである。実体は、全体として、その中にいくつもの異なる階層を有していて、それぞれの階層が「部分」となっているが、部分もまた、その内部に、より低次の階層にある部分を持っているという入れ子の構造が延々と続いているのである。[*27]
そして、それぞれの階層における実体はより低次の階層から創発しているが、還元することはできない固有の因果力を有しているという意味において、相対的に「自律的（autonomous）」である。[*28]
この「創発」と構造の「自律性」の概念を踏まえることで、「構造（全体）」と「行為主体（部分）」とは密接不可分でありながら、いずれかをいずれかに還元できないという意味において、なお別個の実在であると理解することができる。構造と行為主体は別の階層に属していて、それぞれ固有の性質や因果力を有しているのである。
さらに、実在におけるそれぞれの階層が自律的であり、それぞれ固有の因果力を有しているということは、より高次の階層における実体は、より低次の階層における実体に対して因果的な影響を及ぼすことができるという、いわゆる「下方因果関係（downward causation）」を含意する。例えば、経営者が企業組織の代表者としての権威をもって従業員を自分の指示に従わせることができる場合、企業組織という構造には、従業員という行為主体の行動を決定する下方因果力があると言えるのである。

▼マクロ経済学とミクロ経済学

「構造」「行為主体」そして「創発」という概念は、経済学を科学たらしめる上で、極めて重要な意味を持つ。

すでに述べたように、主流派経済学は方法論的個人論の観点から、マクロ経済学にはミクロ的基礎がないという批判を展開し、マクロ経済学を原子論的個人の行動に還元することでミクロ的基礎を与えようとした。その結果、主流派経済学はその非現実性・非科学性をさらに悪化させるという隘路《あいろ》に陥った。

ちなみに序論において、ノーベル経済学賞受賞者ポール・ローマーがマクロ経済学は過去三十年以上にわたって退歩したと述べたことを紹介したが、その退歩したマクロ経済学とは、DSGEモデルなどのミクロ的基礎を与えられたマクロ経済学を指している。

しかし、経済における行為主体が個人や企業であり、構造がマクロ経済であるとみなし、そこに創発の概念を導入したら、経済学における「マクロ—ミクロ」問題は解決する。

マクロ経済は、確かに個人や企業といったミクロの行為主体の行動から構成されている（もっとも、この場合のミクロの行為主体が原子論的な「経済人」ではないことは言うまでもない）。

だが、マクロ経済をミクロの行為主体の行動に還元することはできない。マクロ経済という構造は、ミクロの行為主体の単純な総計以上の実在である。

というのも、個人の間の取引や協働あるいは競争や対立といった経済的相互行為が無数に行なわれ、そこから、例えば企業などの組織や商慣行が創発される。それらは、さらに「制度」や「産業」といったより上位階層を創発し、最終的にはマクロ経済という構造が立ち現れる。そして、マクロ経済という構造は、より下位の階層に対して「下方因果力」を有し、制度や産業のあり方や、企業や個人の行動に大きな影響を及ぼすのである。

ケインズが『雇用・利子・貨幣の一般理論』の第七章や第二十三章において論じた「節約の逆説（paradox of thrift）」、より広く「合成の誤謬（fallacy of composition）」と呼ばれる現象を例にとって考えてみよう。

国内の各個人が貯蓄を増やそうとして消費を減らすと、国全体の消費需要が減少するため国内総生産の縮小すなわち不況を招く。不況は各個人の所得を減らす。その結果として、国民各人の貯蓄はかえって減ることになる。これが「節約の逆説」あるいは「合成の誤謬」と呼ばれる現象である。

この場合、各個人の消費の減少は無数の需要と供給の相互作用を経て、不況を「創発」する。そして、マクロ経済の不況という「構造」は、その下方因果力によって各個人の所得を減らすのである。

あるいは、経済成長や経済発展といった現象を例にとってみよう。すでに述べたように、労働者の間の分業と協業は、生産性の向上を「創発」する。この生産性の向上は組織的な協働があってはじめて生じるものであるから、個々の労働者の能力の単純な総計ではなく、それ以上である。

この生産性の向上における創発について、これを経済学の用語で言い換えれば「収穫逓増(increasing returns)」となろう。収穫逓増とは、生産要素の投入をn倍にすると、生産量がn倍以上になる現象である。生産要素の投入以上の生産量が得られるのは、生産要素の結合によって創発が起きているからにほかならない。

さらに、批判的実在論の用語を用いて言えば、経済成長とは経済構造の「再生産」であり、経済発展とは経済構造の「転換」である。

「創発」や、構造の「再生産」あるいは「転換」は、方法論的個人論では決して理解できない現象である。それは、すなわち主流派経済学の理論では、国の経済成長や経済発展はもちろんのこと、一企業における生産性の向上すらも理解することはできないということを意味する。

さらに言えば、全体はその部分には還元しきれないという創発の概念があるからこそ、経済の総体、すなわち「マクロ経済」を扱う一つの科学が成立し得る。[*29] 「マクロ経済学」なる科学は、創発の概念を前提としているのである。

主流派経済学の「マクロ経済学のミクロ的基礎」という企ては、マクロ経済学を基礎付けるどころか、むしろその基礎を破壊し、マクロ経済学そのものを否定するものでしかなかったのである。

他方、ケインズを正確に解釈し、その遺産を受け継いできたポスト・ケインズ派経済学は、「マクロ経済学とミクロ経済学は並び立つものであり、相互に影響を与えあうが、相対的に自律的であり、いずれかがいずれかを基礎付けるものではない」[*30]という立場を貫いている。ポスト・ケインズ派経済学は、実在論によって基礎付けられた科学である。

恐るべきことに経済学という学問領域は、科学の名に値しない方法論を主流とし、科学的なポスト・ケインズ派経済学には「異端」の烙印《らくいん》を押しているのである。

第四章

国家とは何か

▼理論と政策

前章において、批判的実在論と呼ばれる社会科学哲学の潮流について概観した。この批判的実在論は、主流派経済学が陰に陽に依拠している存在論的そして方法論的基礎を根本から破壊するものであった。端的に言えば、批判的実在論は主流派経済学が科学ですらないことを容赦なくあぶり出したのである。

もっとも、批判的実在論は主流派経済学を根源的に否定する哲学であるが、経済学という学問それ自体を否定したわけではない。例えば、アダム・スミスなどの古典的な政治経済学やカール・マルクスの理論、ソースタイン・ヴェブレンらの（旧）制度派経済学、ポスト・ケインズ派[*1]と呼ばれる経済理論体系は、批判的実在論と整合的であるとみなされている。[*2]要するに、主流派経済学ではない経済学、いわゆる異端派経済学であれば、批判的実在論は科学として認め得るのである。

異端派のうち、特にポスト・ケインズ派は、国家政策の役割を重視するところにその特徴の一つがある。主流派経済学は基本的に市場原理を重視し、国家政策の役割を必要最小限のものにとどめようとする志向が強いのに対し、ポスト・ケインズ派は国家政策なしで資本主義を安定的に機能させることは不可能だと考えている。ポスト・ケインズ派は国家政策を重視する実在論的な経済学であると言ってよく、したがって、政策哲学を探究する本書の目的からして重要な学派である。

もっとも、国家政策の実在論的な分析についてはこれまでほとんど研究がないようである。批判的実在論は社会科学の理論に現実性を取り戻そうとしたのであるが、国家政策に現実性を取り戻そうとする試みはなされてこなかったのである。

そうだとするならば、社会科学の実在論哲学の次に必要なのは国家政策に現実性を取り戻す「政策の実在論哲学」であろう。それは、「国家政策はいかにして可能となるのか」という問いに答えるということである。

ただし、国家政策を理解するには、その前提として国家を理解しなければならない。そこで本章では、国家政策を論じるための準備作業として、国家に実在論的分析の光を当てていく。

▼批判的実在論・再論——社会的現実をいかにとらえるか

国家の実在論的分析に入る前に、再度、批判的実在論について整理しておこう。

批判的実在論が基礎とするバスカーの超越論的実在論は、実証主義にとって代わろうとするものである。

実証主義の基礎にあるのは、「規則的決定論[*3]」という存在論である。それは、世界が事象の恒常的連接関係（「Aが起きるときは、必ずBが起きる」）から構成されており、この事象のレベルに法則が位置づけられるとする信念である（六十六頁参照）。

これに対して超越論的実在論は、実在する世界を構成するのは、我々が直接経験する事象だけではなく、構造、力、そして実際の事象を支配するメカニズムといった、我々が間接的にしか経験できないようなものもあると主張するのである。

この超越論的実在論を社会理論へと応用したものが批判的実在論である。批判的実在論は、社会的現実（social reality）とは本質的にいかなるものであるかという存在論的な問いから出発する。

社会的現実は次の三つの特徴を有している。

第一に、社会という存在は人間活動に依存している。人間活動のないところに社会は存在しない。

第二に、社会は人間活動に依存しているがゆえに、転換可能であって不変ではない。

第三に、人間は人間活動に依存する社会の影響を受けるので、人間もまた転換可能な存在である。[*4]

社会的現実の有するこれらの特徴ゆえに、社会科学は、前章で述べたような、社会と個人（あるいは集団）、または構造と行為主体の関係を扱わなければならないのである。

にもかかわらず、主流派経済学に代表される方法論的個人論は、社会の事実は個人の行動を支配する原則から演繹して説明されるべきであり、社会現象は個人の行動の総計に還元されるものとする。

これに対してバスカーは、社会科学が扱うべきはあくまで個人（または集団）と個人（または集団）の間の関係や、これらの関係の関係、そしてこれらの関係と自然との関係だとする「関係論的（relational）」な社会観を主張する。[*5]

このような関係論的な社会観は、方法論的個人論はもとより、社会構造を物象化するような集合論も拒否する。社会構造は行為主体には還元できないが、行為主体の活動なしには存在し得ないからである。

この実在論的かつ関係論的な視座は、社会構造というものを組織的な関係とみなす。例えば、階級、市場構造あるいは家父長制といったものが、組織的な関係としての社会構造に該当する。[*6]この構造と行為主体の関係を理解する上で「創発」の概念が重要であることは、これまでの議論においてすでに述べた。また、社会構造は自らを再生産（形態維持）し、または転換（形態形成）するものであることも前章において述べた。

▼「位置」の理論

重要なので繰り返すが、この社会構造の再生産や転換はあくまで行為主体の活動によって引き起こされるのだということである。このため、行為主体と社会構造との間の「接点」が必要になる。[*7]

そのような接点のことを、バスカーは「位置―実践体系（position-practice system）」と呼んでいる。それは、個人が占める「位置（position）」（場所、機能、規則、義務、権利など）と、その位置の占有者を通じて行なわれる「実践（practice）」（活動など）からなる体系である。[*8]

トニー・ローソンは、この位置という概念を権利義務と関連づけている。

位置とは、一連の特殊な権利と義務の所在地であり、位置の占有を認められた者はこれらの権利義務の主体あるいは担い手であって、典型的にはそれらの権利義務に関連する地位あるいはアイデンティティを獲得する。[*9]

さらに、この位置的な権利義務は他者の行動や資源に影響を及ぼす。それはすなわちパワーである。

社会的現実とは、位置的なパワーからなる複雑で創発的な構造[*10]のことである。そして、そのような社会的現実は本質的に「開放系」なのであって、事象の恒常的連接や規則的な連続が発生することは基本的にはあり得ない。

ただし、事象の恒常的連接や規則的な連続が発生することは、実験のために作られた特殊な「閉鎖系」の環境においてであればあり得る。実験においては、特定のメカニズムが人工的に孤立させられ、その効果をテストされる。バスカーは、「実験的活動の対象は、事象やそれらの連接ではなく、構造、生成メカニズムといった（因果法則の実在的な基礎を形成する）ものであり、それらは通常、実際に起きる事象のパターンとは位相がずれている[*11]」のであり、科学実験が「自然の隠れた構造への実践的なアクセスを可能にする[*12]」のだと論じている。

問題は、社会科学においては、実験は不可能であるか、少なくとも非常に稀だということである。というのも、社会現象を実験することは非常に難しいというだけではなく、社会生活において、ある側面だけを孤立させ事象の規則性が確保できる閉鎖系の環境を作り、そこに人間を閉じ込めるような操作は、おそらく倫理的に不適切だからである。

▼半・規則性

社会は本質的に「開放系」であり不確実である。社会現象に対して「事象Xが起きるときには、間違いなく事象Yが起きる」といったような確実な規則性は期待できない。しかしながら社会生活においては、特定の行為の繰り返しや決まりきった行動様式といったものが広く存在している。[*13]

例えば、平日、工場労働者は同じ工場に定時に出勤する。あるいは、自動車は赤信号になると停まる。これらの生活習慣、慣習あるいはルールといったものは、絶対に確実な規則性を有するわけではないが、社会事象や人間行動を相当程度に予測可能で規則的なものとする。

このような社会生活の特徴を、ローソンは「半・規則性（demi-regularity）」と呼んで重視している。

半・規則性とは、「一見すると不定期であるが、普遍的とまではいかないようなメカニズムや、傾向実現を示す特定の時空間における部分的な事象の規則性[*14]」と定義される。言い換えれば、半・規則性は、「事象Xが起きるときは、時々、しかし常にというわけではなく、事象Yが起きる」という形をとる。[*15]

社会は本質的に開放系であるとは言え、もし半・規則性すらもなければ、社会生活は成り立たないであろう。[*16] したがって、人々は開放系である社会を部分的に規制して、半・規則性のあるものにしようとする。

社会生活の半・規則性を求める人間の意志は、社会学者アンソニー・ギデンスが「存在論的安全」[*17]と呼ぶ根源的な欲求によって理解することができる。[*18]すなわち、日常生活における人間というものは個人によって程度の差はあれ、本質的に、予測可能な一定の行動様式や安定的な社会関係を維持することで、自律性を確保しようとする存在である。

日常における挨拶が典型であるが、他者の行動が定型的で予測可能であるからこそ、我々は他者を信頼し安心感を得て、社会生活を営むことができる。この存在論的安全を確保したいがために、人々は一定のルールや慣習に従って行動し、社会生活を完全に規則的なものにはできなくても、半・規則性のあるものにしようとするのである。

このように、半・規則性の概念は、社会構造が相対的に安定的で継続的であるゆえんを的確に説明するものであるように思われる。そして、次章において議論されるように、この半・規則性の概念こそが国家政策の存在論的な分析への道を開くのである。

▼国家は行為主体なのか、社会構造なのか

国家政策は国家の存在がその前提となるものであるから、国家政策の本質について議論する前に、国家とはいかなる存在なのかを明らかにしておかなければならない。

批判的実在論を国際関係論に応用しようとしているコリン・ワイトは、批判的実在論の観点から国家について論じている。

前章において、社会構造と行為主体を巡る批判的実在論の見解について概観したが、問題は、国家というものが社会構造なのか、それとも行為主体なのかということである。これについてワイトは、国家は行為主体ではなく社会構造であると論じている。

社会科学における実証主義者は、国家（state）と政府（government）を混同する傾向にある。なぜなら、実証主義は社会構造などという観察不可能なものの存在を否定するからである。しかし、ワイトは次のように論じている。

実は、我々は国家が発揮する効果によって、そして、政府の具体的な実践や組織やイーストン［筆者註：政治学者］が政治システムと呼ぶものを構成する過程を観察したり解釈したりすることを通じて、国家というものを知ることができるに過ぎない。その一方で、国家の理論的な概念は、経験的でも言語的でも概念的でもない実在の社会構造を指すものである。我々は社会構造としての国家を観察することはできないが、その公務員の活動を通じて、そのパワーを経験することができる。[*19]

ボブ・ジェソップもまた、批判的実在論とマルクス主義国家理論の影響を受けつつ、国家とは何かを論じている。[*20]

ジェソップは、国家のパワーというものが、政治システムの内部で変化する力関係や国家装置を超えた社会的な関係から生じてくることを強調する。そして、国家とは行為主体でも物でもなく、複雑な「社会関係」であると主張する。

ジェソップの言う社会関係は、批判的実在論における「構造」と同じような概念であると考えてもよいであろう。批判的実在論が強調する「階層性」と「創発」の概念を援用するならば、国家とは、各種の社会関係から創発して、階層性をなした一つの「構造」である。

批判的実在論の観点から、国家を複雑な社会関係から構成される構造ととらえることは、国家の本質をとらえる上で非常に有益である。

第一に、国家と呼ばれる社会的現実は、封建国家、市民国家、帝国、国民国家といったように、時代あるいは地域によってさまざまな形態をとるのであり、また、同じ国家であっても、その形態は歴史的経過を通じて変化する。

したがって、例えば、国境によって明確に区分された近代的な国民国家を「国家」として定義すると、国境が曖昧であった中世の国家は国家として認識し得なくなる。しかし、国家を構造としてとらえておけば、時代や地域における形態の差異を超えて国家を認識できるであろう。[*21]

第二に、国家は、行為主体が相互に織りなす複雑な社会関係から創発した実在であると認識することによって、国家を、例えば個人や階級など、特定の行為主体に還元して狭く理解するのではなく、あるいは一枚岩的な個体として物象化するのでもなく、国家を支えるさまざまな行為主体や社会関係を総合的に理解するという視座を得られる。要するに、批判的実在論の創発の概念によって還元主義の陥穽《かんせい》を回避できるということである。[*22]

▼国家行為者

さて、国家が「構造」なのだとすると、国家は、政策の「行為主体」ではあり得ないということになろう。なぜなら、政策とは志向的（intentional）なものであり、そして志向性は、バスカー[*23]が言うように、（個人あるいは組織といった）行為主体を前提とするからである。したがって、政策の主体となるのは、あくまで行為主体であると理解しなければならない。すなわち、政策を立案し実行するのは、国家ではなく、政治家あるいは政府、中央銀行その他の公的機関やそれらに所属する職員たちである。彼らを総称して「国家行為者（state actor）」と呼んでおこう。

要するに、国家は構造であり、国家行為者が行為主体であると存在論的に区分するならば、政策主体は国家ではなく、あくまで国家行為者だということである。

バスカーの用語を用いて言えば、国家行為者とは国家構造との接点となる「位置（position）」の占有者である。そして、国家政策とは国家行為者が行なう「実践（practice）」である。

批判的実在論の観点から言うならば、国家政策とは次のような過程を経るものと理解することができるであろう。

まず、国家行為者は、完全雇用や経済成長といった特定の政策効果を生み出すメカニズムを特定する。そして、そのメカニズムを効果的に作動させるためには、そのメカニズムを他のメカニズムの効果から遮断しなければならない。もちろん、開放的である社会を完全な閉鎖系にすることは不可能であるが、部分的に規制することはできる。すなわち、「半・規則性」の社会環境を構築するのである。

ケインズ主義的なマクロ経済政策を例にとろう。

ケインズ主義者たちは、「有効需要の原理」（労働市場における雇用水準は、財の市場における有効需要によって決定されるという原理）を受け入れている。彼らは、有効需要の原理を経済の「メカニズム」とみなしているということである。財政出動は、財の市場に追加的な需要を創出し、有効需要の原理が支配するメカニズムを通じて、雇用を増加させるというわけである。

しかしながら、本質的に開放系である社会において、国家行為者は、どのようにして有効需要の原理のメカニズムを意図的に作動させるのであろうか。

この点に関して鍵となるのが、通貨である。今日、各国家は、ユーロのような例外を除けば、政府が国民通貨を発行する固有の貨幣システムを有している。政府は国民通貨の発行権を独占しており、政府によるすべての支出や課税が国民通貨によって行なわれている。その結果として、国民通貨は国内において、貨幣として支配的に用いられ流通するのが一般的となっている。ユーロ、あるいはいくつかの開発途上国内で流通する米ドルなどは、あくまで例外である[*24]。

批判的実在論の概念を用いて言うならば、政府は、国境内における貨幣の流通を国民通貨に限定することによって、国民経済を半・規則的なシステムとして構築し維持する。この半・規則的な貨幣システムにおいては、外国の通貨や偽造通貨、あるいはプライベート・マネーが引き起こす問題は未然に排除される。そのおかげで、政府の支出は効果的に有効需要のメカニズムを刺激し、雇用を創出することができるのである。

さらに言えば、海外からの経済的影響から国内経済を部分的に遮断する必要もある。実際、ポスト・ケインズ派の中には、輸入規制や資本規制を導入しなければ、国際収支の制約により中央銀行が政府の政策に適合するように国内金利を調整できなくなり、完全雇用政策は放棄せざるを得なくなるだろうと論じる者がいるが[*25]、その通りであろう。

このように、国家行為者は開放系の社会を部分的に規制して、特定の政策効果を生成するメカニズムを作動させる。これが国家政策というものである。

▼下部構造的パワー

次の論点は、「国家行為者は、どのようにして開放系の社会を部分的に規制するパワーを持ち得るのか」である。

この問いに答えるにあたっては、国家理論を発展させてきた分野である「歴史社会学」の蓄積が有益なものとなろう。

歴史社会学は、社会学的に社会関係に着目すると同時に、歴史学的に歴史上の事象の偶発性をも重視するアプローチであり、国家の形態が時代や地域によって異なり、また変化するという視座を与えるものである[*26]。そういう歴史社会学が前提とする存在論は、批判的実在論とも整合的である[*27]。

卓越した歴史社会学者であるマイケル・マンは、パワーには二つの次元があると論じている。「専制的パワー（despotic power）」と「下部構造的パワー（infrastructural power）」である。

マンによれば、専制的パワーとは、「国家エリートの市民社会に対する分配的パワーである。それは、国家エリートが市民社会集団との日常的な交渉なしに行動する範囲に由来する」[*28]。下部構造的パワーとは、「専制的か否かにかかわらず、中央国家がその領土内に浸透させ、決定を合理的に実行できる制度的な能力である。これは、国家のインフラを通じて社会生活を調整する集合的パワー、社会を貫くパワーである。国家は領土内に浸透する集権的で根本的な一連の制度として認識される」[*29]。

マンは、この「専制的パワー」と「下部構造的パワー」という概念を用いて、歴史上の国家形態を次の四つの理念型に分類している[*30]。

専制的パワーも下部構造的パワーも弱い国家は、封建国家である。

専制的パワーは強いが、下部構造的パワーは弱い国家は、絶対主義国家や帝国である。

専制的パワーも下部構造的パワーも強い国家は、権威主義国家である。

専制的パワーは弱いが、下部構造的パワーは強い国家は、官僚制的・民主的国家である。なお、マンの言う「官僚制的・民主的国家」とはいわゆる近代民主国家のことであると解してよい。

さらにマンは、次のように論じている。

国家行為者は政治的管理の合理的技術を駆使して、例えば、政府内の分業と連携、教育、通貨、度量衡、情報通信、人員や資源の輸送などを含む下部構造的パワーを増大させる[*31]。

彼の議論が意味するのは、社会関係としての国家という社会構造は、行為主体を制約するだけではなく、行為主体、とりわけ国家行為者が国家を再生産し、転換するための戦略的な機会を与えるものでもあるということである[*32]。

言い換えれば、国家行為者が行なう政策の実現可能性は、国家が有する下部構造的パワーに依存するということである。したがって、先ほどの国家の四類型で言えば、政策の実現能力が高い国家は、権威主義国家と近代民主国家であると言えるであろう。

▼国家の下部構造的パワーの前提条件①――機能の多様性と自律性

マンによれば、この下部構造的パワーを国家が享受するには、次の三つの前提条件が必要になる[*33]。その三つとは、国家の「機能の多様性」「必要性」「領土化された集権性」である。これらの前提条件を批判的実在論の観点から再解釈してみよう。

まず、国家の「機能の多様性」についてであるが、国家のルールと機能は多種多様であり、国内秩序の維持、国防あるいは侵略、通信インフラの維持、希少経済資源の配分などが含まれる。

このため国家行為者は、さまざまな利益集団との重層的な力関係に巻き込まれることになるが、それゆえに国家行為者は、かえってその力関係の合間を縫って泳ぐ余地、いわゆる「マヌーバー」を確保することができる。これが国家に相対的に自律的なパワーを保証するのだとマンは論じている[*34]。

優れた歴史社会学者であるシーダ・スコッチポルもまた、同じような議論を展開して国家の自律性を強調する。国家の自律性とは、「社会集団、階級あるいは社会の要求や利益を反映しただけのものではない目標を設定し、追求する」国家能力と定義される。[*35] 国家が立っている位置は「一方に国際的な条件と圧力があり、他方に階級構造の経済と政治的に組織化された利益がある中で、その交差点である。国家の行政官たちはまさにこの交差点にあって、マヌーバーを見つけて資源を動員し、行政的・強制的組織を構築するであろう」。[*36]

こうした国家の歴史社会学の基本命題は、国家の「自律的なパワー」は、国家行為者が市民社会集団と日常的に交渉するときにこそ、強化されるということである。[*37] ピーター・エヴァンスは、これを「埋め込まれた自律性（embedded autonomy）」と呼んでいる。[*38]

したがって、国家の自律的なパワーという概念は、エリート主義を意味するものであると誤解してはならない。実は国家のパワーは、自由民主的な体制においてこそ、より自律的たり得るのである。というのも、自由民主的な体制においては、国家行為者と市民社会集団との日常的な交渉が制度化されているからである。国家のパワーの源泉は、「埋め込まれた自律性」にあると言ってもよい。

▼創発するパワー

歴史社会学の要諦は、「社会とは、重層的で相互作用的なパワーの社会空間的ネットワークから構成されている」[*39] ととらえている点にある。歴史社会学が否定するのは、すべての社会現象を単一のパワーの源泉によって説明しようとする還元主義である。

この「多面的因果関係[*40]（multi-causality）」の概念は、批判的実在論も共有するものである。バスカーが論じるように、開放系としての現実における実際の事象の原因は多面的であり、ほとんどの場合、単独の事象Xではなく、X_1、X_2、…、X_nといった一連の複雑な条件である[*41]。「おそらく根本的に異なる種類の二つ以上のメカニズムが結びついて効果を生み出すことこそが、開放系の特徴である[*42]」。事象の因果力を単独のメカニズムに帰する還元主義は、ここでもまた拒否されるのである。

そして、この多面的因果関係の概念は、自然世界だけではなく社会世界にも適用される。実在物の多面的な因果力が相互に作用しているのが社会的現実というものなのである[*43]。

実在物の因果力は、「ある種の全体というものが存在する場合にのみ存在するものであり、その部分ではなく全体の因果力である[*44]」ことから、創発的な性質を帯びていると言える。

この批判的実在論の概念を国家の歴史社会学と関連づければ、歴史社会学における国家の「マヌーバー」や「自律的なパワー」というものが、パワーの重層的で相互作用的な関係から創発したものであると理解することができるであろう。

▼国家の下部構造的パワーの前提条件②——国家の「必要性」

次に、国家の下部構造的パワーの第二の前提条件である「必要性」について議論しよう。

社会は、生命と財産を守るために、国家行為者の活動と国家構造を必要とするとマンは言う[*45]。

そして、人間は本質的に「存在論的安全」を必要とするが、アンソニー・ギデンスが論じるように、存在論的安全は予測可能なルーティンを設定し維持する「保護装置[*46]」によって守られる。国家は相対的に安定的で持続的な社会構造であり、したがって、存在論的安全の最も強力な保護装置であると言うことができる。加えて、国家の内的あるいは外的な危機から国民の存在論的安全を保障するために、国家行為者は開放系である社会を部分的に規制することができる。そのために用いられるのが、国民の権利義務にアクセスして、それらを維持したり、転換したりする志向的な実践としての「政策」である。この点は次章においてより深く議論する。

▼国家の下部構造的パワーの前提条件③——領土化された集権性

最後に、国家の下部構造的パワーの第三の前提条件である「領土化された集権性」を検証しよう。

領土化された集権性は近代国家の社会空間的・組織的構造に特有のものである。ギデンスが論じるように、近代国家は、物理的な環境によって表示された国境が明確化する領土内を、集権化された行政機関により管理するパワーを持っている。領土内に直接的・間接的な監視の目を行き渡らせる近代国家とは、「境界線によって区分けされたパワーの容器[*47]」にほかならない。

領土の本質は、批判的実在論の「位置」の理論によって理解することができる。社会的現実において非生物的物体は大きな割合を占めていることから、人間だけではなく物体に対しても、位置によって社会的アイデンティティが割り当てられ得る。社会的に位置づけられた個人の権利義務が位置的なパワーを定義するのと同様に、個人を特定の位置の占有者として、あるいは特定のパワーの保有者として同定する機能を物体が果たす場合もある。そういう場合の物体は、「位置づけられた個人や集団のパワー（権利義務）を促進し、維持し、拡大する」[*48]。このような機能を果たす物体について、敢えて卑近な例を挙げるならば、身分証明書、運転免許証、紙幣や硬貨、あるいは結婚指輪などがある。

領土とは、まさに「位置づけられた物体」の典型と言えるであろう。国境とは、国家のパワー（権利義務）の範囲を決定するために物理的な環境の上に引かれた境界線にほかならない。

さらに言えば、国家行為者は、領土内における個人、集団、資源を管理するだけではなく、監視や国境管理を通じて国際的な圧力を軽減し、開放系の社会を部分的に規制し、国民の存在論的安全に関する不確実性を低減する。こうして、領土は近代国家の安定的で持続的な構造の基盤として機能するのである。

しかしながら、社会的現実は本質的に開放系である以上、国家構造を規制し得たとしても部分的にしかできず、国家を完璧に規制することは不可能である。

一方では、国境を越えた資源や知識の流出や流入を完全に阻止したり管理したりすることはできない。グローバリゼーションが、国家の国境管理の能力を制限し、安定的な国家構造の基盤を揺るがせているということは、しばしば論じられてきたことである。

他方で、強力な国家とりわけ覇権国家は、国境を越えてそのパワーを積極的に行使するであろう。

よって、国境とは何をも通さぬ鉄壁ではなく、言わばポーラス状になっているものと理解すべきである。[49]

▼「社会的創発」の理論

マンが論じたように、国家が下部構造的パワーを享受するための前提条件は、「機能の多様性」「必要性」「領土化された集権性」である。ここで注目すべきは、このうち「機能の多様性」は国家が創発的な性格を有し、開放系であることを含意する一方で、「必要性」「領土化された集権性」は「半・規則性」の必要性を反映しているということである。

このような国家構造の性質を理解する上で有用と思われるのは、R・キース・ソーヤーによる「社会的創発」の理論である。[50]

ソーヤーは次のような議論を展開している。

社会集団の現象は諸個人の間の複雑な相互作用の過程から創発するのであり、社会的現実はその創発の階層構造をなしている。「個人」（レベルA）、「個人間の相互作用」（レベルB）、「一時的創発物」（レベルC）、「安定的創発物」（レベルD）、そして「社会構造」（レベルE）である。

このうち、例えば「安定的創発物」（レベルD）は、「一時的創発物」（レベルC）とは異なり、一度きりではなく継続的な遭遇を伴う協働的な創発物であり、例えば、文化や言語などがこれに該当する。

ソーヤーは、レベルEについては「物質的な客体に固定された安定的創発物」[51]であるとしている。それは、例えば、通信ネットワーク、交通ネットワーク、居住空間、都市設計、財やサ

社会的創発

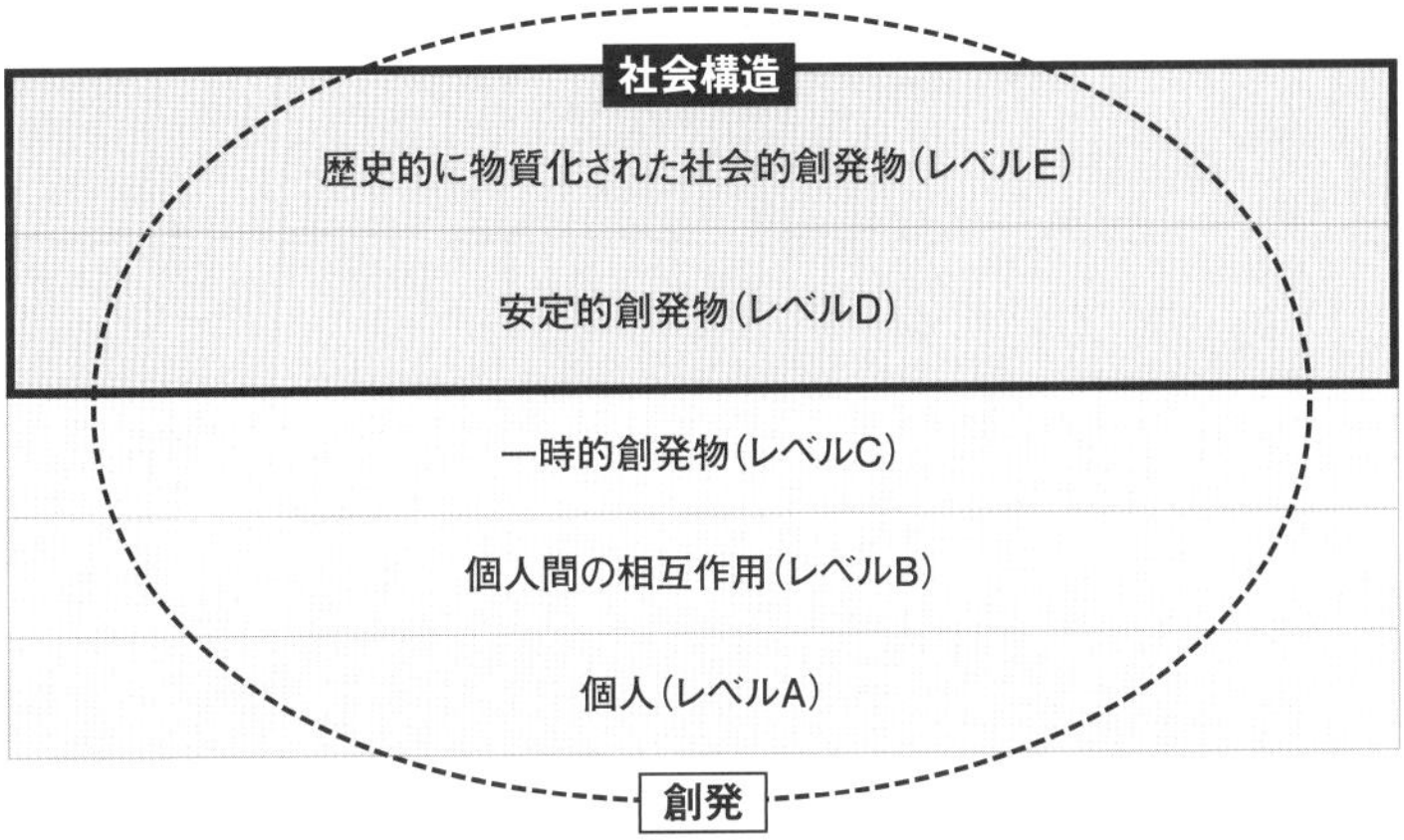

Sawyer (2005, Figure 10.4) を筆者改変

ービスの物理的な配置、そして法規制のような文書などを含む、社会の技術的あるいは物質的なシステムのことを指している。

　このレベルEの創発物は、物理的な世界に根を下ろしているがゆえに、レベルDの創発物よりもさらに安定的である。加えて、「レベルEの現象は歴史的な過程から社会的に創発するのが通例である」[*52]。ソーヤーはこのレベルEの現象を「社会構造」と呼んでいるが、本書ではそれを「歴史的に物質化された社会的創発物」と呼び、「社会構造」はレベルEとレベルDの両方から構成されるものとみなすこととする。おそらく、その方が、バスカーら批判的実在論者の用語法に合致していると思われるからである。

　さて、領土が属するのはレベルEの「歴史的に物質化された社会的創発物」であろう。そして、文化や言語を含むレベルDと、法規制や物理的インフラを含むレベルEは、近代国家の構造と深く関連している。社会的創発の概念は確かに開放系を含意するのであるが、レベルDやレベルEが有する相対的安定性が国家の半・規則性を可能にするのである。社会的創発は因果力を有しているので、社会的創発物が個人や個人間の相互作用に影響を与えるという「下方因果関係」が存在する。

政府や中央銀行といった国家行為者は、このレベルDとレベルEの社会的創発物が有する下方因果関係を利用し、情報、法規制、通貨、通信インフラや交通インフラなどを通じて、個人の行動や個人間の相互作用を管理するのである。

言い換えれば、国家行為者はその与えられた「位置」を通じて、国家構造から生まれる自律的なパワーにアクセスし、それを行使することで、開放系たる国家を部分的に規制し、国民の存在論的安全を保障する。これこそが国家政策と呼ばれる実践である。

▼グローバリゼーション

これまで、批判的実在論の観点から国家という社会的現実について論じてきたが、批判的実在論は当然のことながら、国際社会のような国家を超えた社会的現実の分析にも適用できる。[*53]

それについて議論する前に、マイケル・マンに従って国家を超えた社会的現実の区分を明確にしておこう。その区分とは、「国際的（international）ネットワーク」「超国家的（trans-national）ネットワーク」そして「グローバル・ネットワーク」である。

国際的ネットワークとは国家間の関係である。それには、戦争、和平、同盟などの「ハードな地政学」のみならず、租税条約や貿易協定の締結あるいは大気汚染の越境といった「ソフトな地政学」も含まれる。

超国家的ネットワークとは、国境を越え、国境にとらわれずに形成されるネットワークである。グローバル・ネットワークとは、世界全体、あるいは少なくともその大半に及ぶネットワークである。

グローバル・ネットワークには、単一の普遍的なネットワークと、特定の集団によるネットワークとがあり、例えばフェミニズムの運動などは後者に該当する。*54

批判的実在論の観点から言えば、国際的ネットワークは「国家」(より厳密には、国家の構造から生じるパワーを行使する「政府」)間の相互行為から「創発」した「構造」である。したがって、「国際社会」という構造は実在する。なお、国際連合、欧州連合(EU)、世界銀行といった国際機関は多国間条約によって存立していることから、超国家的でもグローバルでもなく、国際的ネットワークの一種を構成しているものとみなされる。

また、超国家的ネットワークやグローバル・ネットワークは、企業、非営利団体、場合によっては個人といった政府以外の行為主体が、国境を越えて他の行為主体との間で相互行為をなすことで、構造として創発するものと考えられる。

そして、国際的、超国家的、グローバルのそれぞれのネットワークは構造であるから、「下方因果力」を有し、国家という構造、あるいは国内の企業や個人などの行為主体に影響を及ぼす。実際、歴史社会学者たちは、地政学的な国際社会の構造が国内の行為主体に大きな影響を与え、国家の構造を大きく変化させてきたことを明らかにしてきた。[*55] 近年「グローバリゼーション」と称されている現象も、国家を超えて創発した構造が発する下方因果力の拡大として理解できるであろう。

▼国民国家の歴史社会学

これまで見たように、歴史社会学の成果を批判的実在論と融合することによって、国家一般について分析することが可能になる。他方、近代国家は「国民国家（nation-state）」の形態を志向する傾向があり、今日では、ほとんどの国家が国民国家となっている。そこで、再びマイケル・マンの歴史社会学的国家理論を参照しつつ、国民国家に対して実在論的分析を施してみよう。

マンは、自らの国家理論を「多形的結晶体モデル（polymorphous crystallization model）」と呼んでいる。それを要約するならば次の通りである。

実際の近代国家は一枚岩のパワーによって構成されるものではなく、また、資本家階級など特定の階級のパワーのみによって支配されるものでもない。近代国家は多元的な行為主体のパワーによって構成されているのである。

他方で、近代国家のパワーの源泉を、多元的な民主政治だけに帰して説明するのも不十分である。非民主的なパワーの影響も無視できないからである。要するに、近代国家を一つのパワーに還元することはできないということである。

近代国家は、確かに「資本主義的」「政党民主政的」「君主制的」「軍国主義的」「カソリック的」など、理論家たちによってさまざまな形態に分類されてきたが、どれも近代国家の全体像をとらえきれていない。実際の近代国家は、例えば「資本主義的」であると同時に「君主制的」であるなど、異なるパワーがその対立を止揚されることなく共存しており、なおかつ、一つのパワーの中心を持って成立している。したがって、近代国家は「無数のパワーのネットワークを中心として（ただし、どこが中心となるのかは場合によって異なる）結晶化している」[*56]ものとして理解すべきである。だから、近代国家のモデルは多形的結晶体なのだとマンは言うのである。

近代国家が、パワーのネットワークのいずれを中心として結晶化するのかは、時と場所によってさまざまである。それゆえ、近代国家の本質を理解するには多形的結晶体モデルを基礎としつつ、時代と地域による相違を個別に分析する歴史社会学的なアプローチが最も適切だということになる。

国民国家という国家形態の成立過程も、時代と地域によってさまざまである。国民国家、とりわけ「ネイション（国民）」の歴史的な起源については、研究者たちの間で今もなお論争中である。しかし、「十九世紀後半から二十世紀初頭にかけての間に、資本主義の産業化局面、その階級闘争、そしてその国家への影響がネイションの創発を強化した」[*57]ことについては合意があると言ってよいであろう。

十九世紀後半から二十世紀初頭にかけての国家においては、資本家階級のみならず、軍事的な要請や国家エリートたちの希求に応じて、産業化が大規模に推し進められた。産業化のためには、人的資源を大規模に動員して協力行動をさせる必要がある。そこで各国政府は、道路、運河、鉄道、郵便制度、電信、そして標準語や標準知識を普及する学校など、大規模な協力行動に不可欠なコミュニケーションのシステムの構築に邁進《まいしん》した。そして、政府が用意したコミュニケーション・システムを通じた人々の協力行動は、彼らの間に共同体意識を芽生えさせた。ただし、政府が用意したコミュニケーション・システムの多く（特に、標準語や標準文化を教授する学校）は領土という境界内に限定されるので、共同体意識も国家の領土の範囲内に限定される。国民意識すなわちナショナリズムは、こうして形成される、あるいは強化されるのである。[*58]

▼国民国家の実在論的分析

このマンの国民国家の理論は社会的創発の実在論的理論と整合的である。

すでに述べたように、近代国家の領土、物理的インフラ、法規制はレベルE（「歴史的に物質化された社会的創発物」）である。国家と同様、ネイションもまた「社会構造」とみなすことができるが、ネイションが属するのは言語や文化などのレベルD（「安定的創発物」）であると考えてよいであろう。

レベルDは、その下位のレベルC以下から創発すると同時に、レベルEからの下方因果力の影響も受ける。ネイションとは、まさに人々のコミュニケーションや協力行動といった相互行為から創発したものであると同時に、国家の領土、物理的インフラ、法規制による制限を受けて強化されるものである。

歴史上、ネイションの中には国家を有しないものが存在したし、現在も存在する。ネイションが何らかの歴史的な経緯によって、レベルEの国家とは無関係にレベルCから創発することはあり得る。

しかし一般的には、ネイションの維持と発展を重視するナショナリストは、「国民国家」の創設を強く希求する傾向にある。それは、国家という社会構造は、レベルEすなわち物理的な世界に根を下ろした安定的な社会的創発物であると同時に、「半・規則性」を可能にする強力な下方因果力を有する存在であるがゆえに、国家に内包された方がネイションという社会創発物をより安定的なものとし得るからであろう。

また、国家の中には、それに対応するネイションを持たない非国民国家（市民国家や帝国など）が歴史上も存在したし、わずかとはいえ現在もなお存在する。

しかし近代以降、国家行為者たちはネイションの建設に乗り出す場合が多い。それは、レベルEにある国家は、レベルDのネイションが創発する強力なパワーによって支えられた国民国家となった方が、より強固な存在であり得るからである。特に、国家の領土的境界が他国からの侵略など地政学的な脅威に曝《さら》されている場合は、なおさら、境界の防衛のためにネイションのパワーを希求するであろう。

ここで、ネイションのパワーと表現したものは「国力（national power）」と呼ぶべきものである。それは、マンが提示した重要な概念である「下部構造的パワー」のことを指していると言ってよい。「国家のインフラを通じて社会生活を調整する集合的パワー」である下部構造的パワーとは、まさに国家とネイションの相互作用から発生したものにほかならないからである。

しかし、「創発」の概念は上位の現象がそれを構成する下位の現象に還元し得ないというものであり、上位の現象と下位の現象とは一対一で対応し得ない。それと同様に、国家という社会的創発物がネイションという社会的創発物と完全に一致するというわけではない。特に、国家もネイションも歴史的な過程から社会的に創発された存在であり、両者はそもそも一致するように設計されたものではない。国家とネイションとの間には、ずれが必ず生じるのである。

このため、国民国家の建設の過程で国家とネイションと合致させるためには、国家を変形あるいは分断したり、あるいは拡張したりする必要が生じる。しかも、マンが論じたように、国家は「多形的結晶体」すなわち複数の入り組んだパワーのネットワークで構成されているから、国家とネイションを一致させようとする運動は対立や混乱を招くことも少なくない。歴史上、国民国家の形成過程では内戦や侵略など戦争を伴うことが多く、今日もなお、ナショナリズムに伴う紛争が絶えないのはそのためである。

とは言うものの、いったん国民国家の成立に首尾よく成功すれば、それは国力という下部構造的パワーを得て非常に安定的な秩序となる。同時に、国家行為者が政策の実行のために利用するパワーも極めて強力なものとなる。すなわち、国民国家は公共政策の可能性を最も高め得る社会構造であると言えるのである。

おそらく国民国家は、今日、現実に考えられ得る政体の中で最も強力なものと言ってよいであろう。近年、グローバリゼーションによって国民国家という存在は後退しているなどと言われてきたが、実際にはその数はかつてないほど増えている。

ＥＵという新たな政体の試みもなされてはいるが、ＥＵという仕組みを支え、それに加盟しているのはあくまで国民国家である。ＥＵは国民国家を完全に代替しているわけではないし、今のところそうなる見込みもない。それどころか、二〇一〇年代初頭のユーロ危機、二〇一六年のブレグジット（イギリスのＥＵ離脱）、ヨーロッパ各地での反ＥＵポピュリズムの台頭など、ＥＵの政策実行力に対する不安の方が高まっている有様である。

ダニ・ロドリックが言うように、国民国家は「顕著な強靭《きょうじん》性を証明しており、グローバルな所得配分の主たる決定要因、市場制度の主要な場、個人的な愛着や帰属感の主な対象であり続けている」[*59]。そうである主な理由の一つは、国民国家が最も強力に政策を実行し得る政体だからである。批判的実在論と歴史社会学を融合した「国家の実在論的理論」によって、そのように理解することができる。

▼ハーヴェイ・ロードの前提

以上のように、本章では「国家の実在論的理論」を展開してきた。この国家哲学を踏まえて、いよいよ次章以降において、政策哲学の構築に着手する。

その前に、国家の実在論的理論の意義を際立たせるために、それを主流派経済学の国家理論と比較しておこう。

その国家理論とは、ジェームズ・ブキャナンらが率いるヴァージニア学派が発展させた「公共選択理論」である。公共選択理論とは、主流派経済学における方法論的個人論と合理的選択理論（原子論的個人が自分の効用を最大化するよう合理的に行動するという仮定に基づく理論）を政治分析に応用したものである。

ブキャナンは、市場も国家も原子論的個人による協力行動を可能にする「装置」であるとし、主流派経済学の市場理論と同様に国家理論も可能であると主張した。

経済関係も政治関係も、二人あるいはそれ以上の個人による協力を表象する。市場と国家は共に、協力を組織し、それを可能にする装置である。人間は組織化された市場で財やサービスを交換することで協力し、その協力は相互利益を含意する（中略）。基本的に、個人主義的国家間の下における政治的あるいは集合的行動もまったく同じである。二人あるいはそれ以上の個人は、ある共通目的を達成するために協力することに相互利益を見出す（中略）。代表的あるいは平均的個人は、市場活動や政治活動に参加する際、同じ総合的な価値尺度を基礎にして行動する。[*60]

こうした理解に基づき、ブキャナンはケインズ主義に挑戦した。ケインズ主義者は、いわゆる「ハーヴェイ・ロードの前提」に立っているのと批判したのである。「ハーヴェイ・ロードの前提」とは、経済政策の立案や実行は少数の優秀で公平な政策担当者たちが自己利益よりも公共利益を優先して行なっているという前提である。そういう彼らが、いつ誰の課税を増やし（あるいは減らし）、いつ何に対して公共支出を行なうか（あるいは引き上げるか）を決定して、マクロ経済全体を適切に運営するのがケインズ主義だと言うのである。

しかし、「経済を運営しているのは、ハーヴェイ・ロードの賢人ではなく、政治的地位を巡って争い続けている政治家たちである」[*61]とブキャナンは強調する。

そういう政治家たちは、国民全体の利益ではなく自分の利益になるような法律を通し、政策を推進するのである。また、有権者たちは、自分たちの利益となる福祉政策を追求する。政治家たちは選挙で当選するために、福祉政策を求める有権者たちの声に応えようとする。そうすることが、政治的地位を得ようとする政治家たちの合理的選択だからである。

その結果、政府の支出規模は大きくなり、財政赤字は拡大の一途をたどることとなる。財政赤字の拡大は金利の上昇を招き、財政破綻のリスクを高める。将来世代は財政破綻を回避するため、より重い税負担を課せられることとなるであろう[*62]。

このブキャナンらの公共選択理論は非常に大きな影響力を持った。そして、ケインズ主義の権威を失墜させ、政策担当者たちが積極財政を忌避し、財政規律を重視するようになる上で大きな役割を果たしたのである。

今日、積極的な財政政策を求める声に対しては、「ハーヴェイ・ロードの前提に立っている」だの「政府は万能ではない」だのといった批判によって黙らせようとするのが主流派経済学者の常套《じょうとう》手段となっている。そういう風潮が生まれたのは、ブキャナンらヴァージニア学派の貢献に依るところが大きい。

▼公共選択理論の欠陥

しかし、ヴァージニア学派の公共選択理論には、深刻な理論的欠陥があることがこれまで数多く指摘されてきている。[*63]

例えば、財政赤字の拡大が金利の上昇を招き、将来世代の負担を増やすという議論は、（実在論的な経済理論である）ポスト・ケインズ派によって否定されている。もっとも、この点に関する検討は第九章に譲る。本章の目的からして批判を向けるべきは、公共選択理論の背景にある存在論と方法論である。

公共選択理論は、政治家など政策担当者は自己利益を追求して合理的に行動するという仮定を置き、ハーヴェイ・ロードの前提を否定した。しかし、そもそもの問題として政府の積極的な役割を是とする議論は、ハーヴェイ・ロードの前提に立っているわけでは必ずしもない。[*64]また、実際の政治家や官僚といった政策担当者たちは、ハーヴェイ・ロードの前提が想定するほどの賢人ではないにせよ、公共利益よりも自己利益を優先して行動するというわけではないのであり、それを具体的に示した研究も複数ある。[*65]

もちろん、実際の経済政策が、有権者の意志やその支持を得ようとする政治家たちの行動によって左右されるというのは、その通りではある。

しかし、公共選択理論の致命的な欠陥は、国家政策の決定を原子論的個人の行動の集合へと還元し、政府の自律性を認めない点にある。歴史社会学の知見を借りた「国家の実在論的理論」が明らかにしたように、国家は自律的であり、民主的な過程の中に埋め込まれることで、むしろその自律的なパワーを高める。そして政府内の政策担当者たちは、国家の自律的なパワーを利用して、政策の立案と実行をある程度自律的に行なう能力を得ているのである。

ブキャナンは、市場も国家も原子論的個人による協力行動を可能にする「装置」であると述べた。しかし、この装置が何を指すのかも、どこから生じたのかも、不明である。ブキャナンは方法論的個人論に基づいて、社会契約論的に国家理論を構築しようとしているのだが、市場や国家といった装置は方法論的個人論によって説明されておらず、恣意的に与えられているに過ぎない。

これに対して、「国家の実在論的理論」は、行為主体には還元され得ない「構造」の実在を認めた上で、国家を構造とみなすのである。

▼公共選択理論の害

さらに、公共選択理論には次のような深刻な欠陥もある。

ブキャナンは、政策担当者たちが自己利益を追求して行動するという仮定が非現実的であるという批判を想定して、次のように論じていた。

これらの仮定の制限された性質、その「非現実主義」は、我々の結論と現実世界における政治制度との関連性を厳しく制限するように見えるに違いない。しかしながら、そのような制限は実に表面的なものであって、根本的には、我々の結論はさまざまな集合的な制度に一般的に適用可能であり、多くの現実世界の現象を理解し、説明するのに役に立つものであると主張したい。[*66]

理論の仮定は非現実的であっても、その結論が現実を説明できてさえいればよい。ブキャナンはそう主張している。理論の妥当性の基準を「予測」ではなく「説明」「理解」としているので、ブキャナンの方法論はフリードマンのそれとは若干異なる。とはいえ、理論を説明や理解を助ける道具とみなしつつ、その非現実的な仮定を容認するという点において、それは「道具主義」の一種と解することができる。

しかしながら、どうして、非現実的な仮定に基づく理論によって、現実世界を説明したり、理解したりすることができるというのであろうか。

例えば、古代人たちは、日食という現象を太陽が龍に食べられたという非現実的な理論によって説明し理解するかもしれない。言うまでもなく、そのような理論は、たとえ日食を「説明」できたとしても、単なる迷信であって科学ではない。しかし、非現実的な仮定に基づく公共選択理論は、非現実的な仮定に基づく迷信とどこが違うのであろうか。要するに、ブキャナンの社会科学哲学では科学と迷信とを区別することができないのである。

しかも、ブキャナンの公共選択理論は現実世界の説明や理解にも失敗している。例えば、政治家が、有権者に不人気で落選の危険性すらあるにもかかわらず、増税に賛成することが現実にはある。実際、二〇一〇年代の日本では、デフレーションであるにもかかわらず、消費税率を二倍に引き上げることに過半数の国会議員が賛成した。この現実は公共選択理論では説明できない。

また、公共選択理論は、一九六〇年代から一九七〇年代前半にかけての社会政策関連支出の増大について、その支出で得をする利益集団の自己利益追求行動（レント・シーキング）によって説明しようとする。そこで社会政策関連支出の恩恵を被るのは貧困層であるが、しかし実際には、そうした貧困層が大挙して利益集団を組織化し、政治に強力な圧力をかけているというわけではない。[*67]

公共選択理論によれば、有権者は福祉政策を求め、政治家は選挙で勝つためにそれに応えるので、「大きな政府」になるはずである。しかし実際には、GDP比の政府支出はどの民主国家においても一方的に大きくなっているというわけでは必ずしもない。

それどころか、一九八〇年代以降、アメリカのロナルド・レーガン大統領、イギリスのマーガレット・サッチャー首相、日本の小泉純一郎首相など、「小さな政府」や「財政赤字の削減」を唱道した新自由主義的な政治家の方が、有権者からより多くの支持を勝ち得てきたのである。これらの現象は公共選択理論の説明に反するものと言えるであろう。[*68][*69] そうであるならば、公共選択理論は道具主義の立場に立ったとしても、棄却されなければならないはずである。いったい、公共選択理論はどこで道を誤ったのであろうか。

スティーヴン・プレスマンは、端的に「問題は、公共選択理論がイデオロギー的な反政府の姿勢と宗教的な市場崇拝から始まっていることである」と結論している。[*70] すなわち、はじめから科学の体をなしていなかったということである。

プレスマンは皮肉を込めてこう述べている。

もし公共選択理論が正しいというのであれば、同様の分析を公共選択理論自身にも適用しなければならない。その仮定によれば、公共選択の理論家たちは、自己利益を追求する合理的な経済人というパラダイムを信じ、主張することが自己利益になるのでそうしているという、レント・シーキング学者のはずである。彼らは政府を憎悪し、政府の規制によって不利益を被る民間企業や保守系の機関に追随しているのである。そうした組織は当然ながら、政府の政策の弊害を強調するような研究を支援するだろう。

しかし、公共選択理論の経済学者たちによるこのような利己的行動は、誰にとっても悪い結果をもたらしている。そのせいで、政府がどのように経済に良い影響や悪い影響を及ぼしているのかについて、ほとんど理解できなくなっているのである。[*71]

要するに、公共選択理論は科学ではないだけではなく、科学の発展の邪魔をしていたということであり、政策にとって有害無益と言わざるを得ない。

次章では引き続き批判的実在論の観点から、国家行為者の裁量を擁護する議論を展開する。それがハーヴェイ・ロードの前提に立つものではないのは言うまでもない。

第五章 政策とは何か

▼「公共政策の実在論的理論」

前章において強調したことは、国家は「構造」であって、「行為主体」ではないということであった。国家政策の行為主体は、あくまで、政治家あるいは政府、中央銀行その他の公的機関、そしてこれらに所属する職員といった「国家行為者」である。そして、国家行為者は国家構造から生じる自律的なパワーを利用して、開放系である社会を部分的に規制することができる。

この国家に関する実在論的分析から、国家政策が可能となる条件は、次の二つであると言うことができる。一つは、国家とは実在する構造であるということ、そしてもう一つは、国家行為者が社会を部分的に規制できるということである。前章の議論において示されたように、前者は批判的実在論によって証明することができ、後者については国家の歴史社会学を実在論的に解釈することで明らかにし得た。

このような理解を「公共政策の実在論的理論」と呼ぶことにしよう。本章では、この「公共政策の実在論的理論」を、批判的実在論によってさらに補強していく。ただし、ここで展開されるのはあくまで暫定的な結論である。というのも、批判的実在論には若干の弱点があり、その弱点は次章および第七章において克服され、本章の議論が補正される予定だからである。その結果、「公共政策の実在論的理論」はその完成度を高めることとなるのだが、本章では引き続き批判的実在論に依拠しつつ、議論を進めていくこととする。

本論に入る前に、あらかじめ付言しておくと、前章の分析は国家による政策に焦点を当てたが、「公共政策の実在論的理論」は、例えばＥＵのような非国家的政治組織にも適用することが可能である。

ＥＵは国家ではないが、領土的な社会構造であり、そのパワーは加盟国のパワーに依存はしていても、還元することはできない。ＥＵのエリートたちは、例えば共通通貨ユーロのような「歴史的に物質化された社会的創発物」を利用して、開放系である社会システムを部分的に規制する自律的なパワーを有している。したがって、ＥＵの政策というものは可能である。ただし、ＥＵは国民国家ではないがゆえに、その公共政策の実行力は国民国家に劣るのではあるが。

地方自治体もまた公共政策を実行する。もっとも地方自治体は、国家の中において公共政策を実行する権利義務という「位置」を与えられているのであり、しかもそのパワーは国家政策に比べれば限定的である。要するに、地方自治体の公共政策は国家のパワーに支えられているのである。

これに対して、同じ国家であっても封建国家では、その国家政策の可能性は極めて低いものとなろう。なぜなら、封建国家のパワーは専制的なものであれ下部構造的なものであれ、自律的であるには弱過ぎたし、封建国家のエリートたちには、領主や寺社といった他の社会集団を支配して国家を規制することがほとんど不可能であったからである。

このように、国家でなくとも公共政策が可能である場合があるし、逆に、国家であっても公共政策が困難な場合もある。その公共政策が可能となる条件を明らかにするのが、前章で展開された理論であり、我々はこれを「公共政策の実在論的理論」と呼ぶのである。

▼存在論と政策手法

なお、この「公共政策の実在論的理論」は存在論的な分析であって、特定の政策を導き出し得るものではない。新自由主義的な政策であれ、ケインズ主義的な政策であれ、あるいは社会主義的な政策であれ、いかなる政策であっても、その可能性を担保する存在論的な条件を示すのが、「公共政策の実在論的理論」である。

とはいえ、存在論的な議論は政策の設計手法と重要な関係にあるのも事実である。

第三章において、社会的な存在論には、個人論と集合論という二つの説があることを見てきた。個人論は社会現象を個人の行動に還元できると信じている。反対に、集合論は社会が個人の行動を決定するとみなす。

個人論者は、主流派経済学者が典型であるが、国家によるあらゆる社会計画に反対し、自由放任主義を好む傾向にある。個人の行動が社会全体のあり方を決定するのだから、個人の行動を可能な限り自由にするしかないと考えるからであろう。

集合論者は、トップダウンの意志決定による社会計画を好み、全体主義的な政策設計を支持する傾向にある。社会が個人のあり方を決定するのだから、社会全体に責任を持つ国家指導者が望ましい社会を計画すれば、望ましい個人が形成されると考えるのであろう。

これに対して、批判的実在論の存在論は個人論でも集合論でもない。確かに、社会は下方因果的に一個人の行動を条件づける構造である。しかし、その社会を形成し維持するのは、あくまでも、その社会に所属している諸個人の相互行為である。社会は個人の行動に依存して存在するが、個人の行動に還元できるものではない。社会とは諸個人の協働や相互交流から「創発」する固有の実在なのである。

哲学者マリオ・ブンゲは、このような実在論的見解（彼はこれを「システム主義」と呼ぶ）に基づく政策設計の手法は、自由放任主義的でも全体主義的でもなく、政策決定過程に利益集団を巻き込み、個人の福利が改善するような社会システムを設計し、社会情勢の変化に応じて計画を柔軟に修正するものとなると論じている[*1]。

このブンゲの見解は、我々の「公共政策の実在論的理論」とよく合致している。国家政策の実現可能性は国家行為者が自律的なパワーを有していることを条件とするが、歴史社会学の国家理論が強調するように、自律的な下部構造的パワーは国家行為者と市民社会集団との日常的な交渉から創発し得るものだからである。

個人論、集合論、実在論の相違についてより端的に言えば、個人論は「行為主体」のみの理論であり、集合論は「構造」のみの理論である。これに対して実在論は「構造」と「行為主体」の両方とも存在するとみなし、いずれかをいずれかに還元することはできないとする理論である。

「公共政策の実在論的理論」が明らかにしたのは、国家政策が可能となるためには、国家という構造と、政策を遂行する国家行為者という行為主体の両方が存在しなければならないということであった。そうだとすると、厳密に言えば、個人論や集合論が想定する世界には、「政策」というものは存在し得ないということになるであろう。政策哲学が実在論でなければならないゆえんである。

▼国家政策と実験

以降の議論においては、「公共政策の実在論的理論」を批判的実在論の観点から補強するために、国家政策と科学実験を比較しつつさらに議論を深めていく。

第二章において述べたように、科学実験の超越論的分析は、バスカーの実在論的科学哲学において大きな位置を占めている。これに対して社会科学においては、実験は不可能であるか、少なくとも難しいと考えられている。しかし、バスカーは、「我々の関係論的限界そして存在論的限界に関する分析が、発見における実験的実践の役割のアナロジーそして補正を生じさせる」と論じている。[*2]

ここで、バスカーが言う「関係論的限界」とは、社会科学が自然科学とは異なり、その研究対象の内部に含まれてしまうことを意味している。[*3] また「存在論的限界」とは、社会構造が自然構造とは異なり、その構造が支配する行為主体の活動や、行為主体が自らの活動目的に関して抱く概念から独立しては存在し得ないという意味である。[*4]

このバスカーの議論は分かりにくいので、もう少し詳しく見てみよう。

もっとも、関係論的限界が実験の代わりとなる「アナロジー」を生み出すということが何を意味しているのかについて、残念ながらバスカーはほとんど説明していない。とはいえ、実験の代わりとされるアナロジーの例として、バスカーが危機的状況に触れている点は注目に値する。[*5]

移行期や危機においては、以前には不透明であった生成構造が行為主体にはっきり見えるようになると推測し得る。そして危機は、(行為主体が自覚的にその実存の社会的状況を転換させようとしているときでさえ)閉鎖系の認識的可能性を決して生じさせないにもかかわらず、自然科学において実験が果たすのと部分的に類似する役割を与える。新たな社会科学理論が出現するための条件は、もちろん、その後の発展の条件や、それが経験の生活世界(Lebenswelt)に浸透する条件とは区別されなければならないが、にもかかわらず、危機と新たな社会科学理論との間には明らかな(そして互恵的な)連関が存在する。[*6]

さらに興味深いことに、バスカーは右記の引用箇所の脚注において、ケインズ主義経済理論に言及している。

例えば一九三〇年代の大量失業が、ケインズ主義的な革新に理論的な原動力を与えただけではなく、関連する科学共同体によって受け入れられる準備を促進したことを考慮せよ。[*7]

危機的状況において新たな社会科学が誕生する場合があるというのは、確かに重要な現象ではある。しかしながら、ここでバスカーはいわゆる「範疇誤認（category mistake）」を犯しているように思われる。なぜなら、一九三〇年代の大量失業のような危機は、社会科学の研究対象となるべき社会現象なのであって、実験のような科学的実践ではないからである。

さらに言えば、危機とは開放系に典型的な兆候なのであって、実験における閉鎖系とはむしろ対照的である。したがって、危機が発見における実験のアナロジーとしての役割を演じると主張するのは適切ではない。

こう考えると、社会科学において実験のアナロジーとなる役割を果たしているのは、危機ではなく、むしろ国家政策だと言うべきである。自然科学における実験が自然に介入してそのメカニズムを作動させることであるならば、国家政策もまた社会に介入してそのメカニズムを作動させるのである。

もっとも、科学実験とは違って、国家政策の主目的は科学的発見ではない。とはいえ、両者の実践的な類似性は明らかであろう。科学実験が潜在的な自然の構造への実践的なアクセスを可能とするものであるのと同様に、国家政策は潜在的な社会構造への実践的なアクセスを、部分的にではあるが可能とするものだからである。

よって、バスカーが実験について述べた際の表現を借りれば、国家政策の対象は「事象やその連関ではなく、（因果法則の基礎を形成する）構造や生成メカニズムといったものであり、それらは実際に起きている事象のパターンから通例は位相がずれているのである」[*8]。

例えば、恐慌時における経済政策の対象は、国民所得の低下、デフレーション、あるいは大量失業といった事象それ自体ではなく、それらの事象を生成する「メカニズム」であるべきなのである。

これに関連して、社会科学はその探究分野である社会の一部をなすという関係論的限界について、再度参照する価値がある。というのも、国家政策もまたその対象である国家の一部だからである。国家構造を規制する国家行為者の活動は国家構造に条件づけられている。しかしながら、前章においてマイケル・マンの歴史社会学によって明らかにしたように、国家行為者が日常的に市民社会集団と交渉しているような特定の国家構造においては、国家行為者が自律的に政策を立案し遂行することは可能なのである。

▼社会科学における遡及的推論

次に、バスカーの言う社会科学における実験の不在に対する「補正」(百六十二頁の引用部＊2参照)の意味について検討しよう。

バスカーは、社会活動は本質的に概念依存的であるから、社会実践には科学の原型となる一連の思想が存在しており、社会科学者はそれらの原型となる思想を社会科学理論へと変換するのだと述べている。[*9]

この理論への変換の過程には、第二章において参照した「遡及(retroduction)」[*10]が含まれている。バスカーによれば、遡及とは「ある現象についての描写から、その現象を生み出すもの、あるいは、その現象の条件についての描写」[*11]へと移動する超越論的な議論である。「遡及」あるいは「仮説発想（abduction）」とは、哲学者チャールズ・サンダース・パースが発展させたもので、実験による検証が可能な仮説を形成する手法[*12]である。パースは遡及を以下のような推論として定式化している。

驚くべき事実Cが観察される。
しかし、もしAが真であれば、Cは当然のこととなるだろう。
よって、Aは真であると考える理由があるということになる。

したがって、Aの全体的な内容が「もしAが真であれば、Cは当然のこととなるだろう」という前提の中に現れるまでは、Aが仮説発想的に推論（abductively inferred）されない、あるいは、仮説発想的に憶測（abductively conjectured）されないと言ってもいい[*13]。

この定式に鑑みれば、バスカーが言及した「危機」というものは、社会科学におけるC、すなわち驚くべき事実にほかならず、社会のメカニズムに関する新たな社会科学の仮説はAだということになろう。危機においては、従前であれば不透明であった生成メカニズムが、遡及的推論によってより明確になるであろう[*14]。しかも、危機というものは存在論的安全に対する深刻な脅威であるから、我々は危機の原因となるメカニズムの遡及的推論になおさら駆り立てられることとなるに違いない。

この遡及的推論は、社会科学者が研究において行なうだけではなく、国家行為者が政策を立案する際にも行なわれるであろう。[*15]

国家行為者は、危機的状況に直面すると、その背後にある社会的なメカニズムを遡及的に推論するか、あるいはそれについて遡及的推論を行なう社会科学者から学ぶことで、新たな社会科学的知見を得て、それを実践的に応用することで新たな国家政策を実行するのである。

このように社会科学においては、自然科学における実験は不可能あるいは困難であるが、国家政策が自然科学における実験と類似の役割を果たすのである。

国家行為者や社会科学者は社会現象に直面すると、遡及的推論によってそのメカニズムに関する仮説を立て、その仮説に基づいて立案された国家政策を実行する。その国家政策が成功すれば、あたかも仮説が検証されたかのような恰好になる。このことは、危機になると新たな社会科学理論が生まれる傾向にある理由をよく説明しているように思われる。

▼バスカーと複雑系理論との親和性

前章から本章にかけて展開してきた「公共政策の実在論的理論」は、近年、社会システム論において発展しつつある「複雑系（complexity）」の理論と親和性が高く、それによって補強することが可能である。複雑系理論の発展について、「社会的創発」の理論を提唱するR・キース・ソーヤーの解説を参照しておこう。[*16]

ソーヤーによれば、社会システム論にはこれまで三つの波があった。

第一波は、二十世紀半ばにタルコット・パーソンズによって主導された「構造的機能主義」である。構造的機能主義は、社会システムは階層的な構造をしており、独立した分解可能な構成要素によって構成されているという前提に立っていた。言わば、モジュラー型のシステムを想定していたのである。

また、構造的機能主義は社会システムはそれぞれの機能によって定義できると考えていた。パーソンズは、ＡＧＩＬ（適応（adaptation）、目的達成（goal attainment）、統合（integration）、潜在性（latency））の四機能を提唱している。また、構造的機能主義は、こうした社会システムの「機能」が、より低次の階層の構成要素である「役割」を定義するものとしていた。社会システムにおける役割と機能の関係として、生命体における器官とその機能のような関係を想定していたのである。

第二波は、一九六〇年代から一九七〇年代に始まり、一九八〇年代から一九九〇年代にかけて発展した「一般システム理論」や「カオス理論」である。この第二波は、第一波のような統合された社会理論体系というよりは、物理学や生物学を含むさまざまな分野からインスピレーションを得て発展したものである。第二波の発展に貢献した重要な理論家あるいは研究集団として言及される名前には、ウォルター・バックレー、ルードヴィッヒ・フォン・ベルトランフィー、サンタフェ研究所、イリヤ・プリゴジンなどが含まれる。

第二波の社会システム論の特徴は次の通りである。

第一に、第二波の社会システム論は、第一波が構造と安定性を重視したのとは対照的に、動態と変化に焦点を当てた。

第二に、第二波の社会システム論は、「非線形性（nonlinearity）」を重視した。非線形のシステムでは原因と結果が不均等であり、初期の小さな変化が、後々巨大な変動を引き起こす、いわゆる「バタフライ」効果が起き得る。現実の社会の動態は、線形性よりむしろ非線形性によって特徴づけられると第二波の論者たちは主張したのである。

第三に、第二波の社会システム論は、システムの「開放系」を強調した。第二波の理論家たちは、第一波の社会システム論は周囲の環境から隔絶された「閉鎖系」においてのみ成り立つと批判した。そして、プリゴジンが提唱する非平衡熱力学の散逸構造の理論の影響を受けつつ、社会システムはその外部環境からエネルギー、物質、情報などが絶えず流入してきて、より複雑に変化するものであると主張したのである。

これに対して、ソーヤーが社会システム論の第三波とみなし、自らもそれに属するとしているのは「創発」と「複雑系」の理論である。

複雑系理論は社会の動態の非線形性や開放系を想定する点など、第二波のカオス理論と共通するところが多い。それゆえ、デイヴィッド・バーンはカオス理論と複雑系理論を同一視している。[*17] しかしソーヤーは、カオスと複雑系とは別の概念だと主張する。

「カオス」とは、初期状態の小さな変化を増幅させ、一定期間を超えると実践におけるシステムの行動が予測不可能になるような、低次元（自由度の低い）システムにおける乱流を指す。「複雑系」とは、システムの構成要素の間の大規模な相互行為から創発する、高次元（自由度の高い）のシステムにおける秩序立った現象のことを指す。*18

また、カオス理論をはじめとする第二波の社会システム論は、自然システムと社会システムとの間には大きな質的相違はなく、自然の複雑系の法則は社会の複雑系にも適用し得ると考えている。そして、主に物理学において発展したような形式主義的な数理モデルを、社会科学においても構築しようと試みるのである。

これに対して、第三波の複雑系理論は、自然科学における数理モデルで使用される概念や構成要素の多くは、社会の分析には適用できないと考えている。

例えば、社会過程の分析においては、主観を持った個人、個人間のコミュニケーション、社会的に創発された制度などを考慮しなければならない。社会には自然にはない別種の複雑系があるのである。確かに、サンタフェ研究所による研究のように、第二波の社会システム論による経済分析の試みもあるが、そういった試みは方法論的個人論に立脚しているという弱点を克服できていない。

この第二波と第三波の存在論的な相違に関して、ソーヤーは興味深い指摘をしている。

第二波のカオス理論はプリゴジンの散逸構造の理論を強調する。散逸構造においては、システムは自らを維持するために、その外部からエネルギーが絶え間なく流入していることが必要であるとされる。確かに物質的に言えば、社会というシステムもまた自らを維持するために、例えば食料や原料といった形で、外部環境からエネルギーを取り込む必要がある。しかし、社会システムを維持する上では、物質的なものよりも、情報、権力、貨幣といった社会的なもの、すなわち社会システムの外部環境から取り込まれたものよりも、その内部から創発されたものの方が、はるかに重要であるのが一般的である。

その一例として、ソーヤーは興味深いことに国家を挙げる。

国民からの支持を得られない国家は、超大国の属国となって、大規模かつ継続的な経済的あるいは軍事的な支援を受けて、自らを維持するといった例外はあるとはいえ、たいていの国家は、内的に自己を組織し、維持し続けていて、非平衡的というよりはむしろ平衡的である。[*19]

この第三波の複雑系理論は、すでに前章においてソーヤーの社会的創発の概念を導入したことからも明らかなように、本書が構築を進めている「公共政策の実在論的理論」との親和性が非常に高い。特に重要なのは、行為主体と構造との関係と創発に関する共通理解である。

▼カオス理論との相違

デイヴィッド・バーンは第二波のカオス理論について、それを複雑系理論と同一視した上で、批判的実在論と整合的であることを強調している。[*20]

しかし、カオス理論には、「創発」の理解に限りなく近づいているにもかかわらず、依然として方法論的個人論に固執しているという限界がある。その意味では、批判的実在論により整合的なのは、第二波のカオス理論よりはむしろ、第三波の複雑系理論であると考えてよい。実際、代表的な批判的実在論者であるマーガレット・アーチャーは、第二波に属するウォルター・バックレーが展開する「形態維持／形態形成」の議論が方法論的個人論から抜け切れていないと批判している。[*21]

バスカーが論じたように、社会構造には、その構造に支配される行為主体の活動や、行為主体が自らの活動目的に関して抱く概念から独立して存在し得ないという「存在論的限界」が課せられている。そこに自然と社会との相違がある。したがって、カオス理論のような、自然の分析に用いられる形式主義的な数理モデルを社会の分析に適用しようとすると、存在論的限界に衝突するであろう。

むしろ、我々はこの存在論的限界を敷衍《ふえん》することで、国家という社会構造は国家行為者の遡及的推論に基づく活動から独立して存在し得ないと論じることができる。国家行為者は、社会構造の制約下にありながらも、例えば危機のような複雑系の問題に直面すると、その問題を生成するメカニズムを遡及的に推論し、その遡及的推論に基づいて国家政策を遂行し、社会構造を維持したり、転換したりするのである。そして、国家政策による社会構造の維持や転換が可能であるのは、複雑系理論が示すように、社会の内部から創発された制度を操作することによる社会システムの自己組織化や自己保存が可能だからである。

逆に言えば、社会が複雑系であることは、国家政策というものを可能にする存在論的な条件なのである。

▼ルール vs. 裁量

さて、我々はバスカーの批判的実在論を応用して、国家政策が社会世界において、自然科学における実験に類似する役割を果たすものと理解した。そして、国家政策とは社会の事象ではなく、その事象を生成するメカニズムを社会構造の中に「遡及」し、そうして得た生成メカニズムの仮説を実践に移すことであるという結論を得た。

この「公共政策の実在論的理論」が、実際の政策実践において持つ意味について、近年の経済政策の動向を例にとって論じておこう。

主流派経済学は、過去三十年以上にわたって、マクロ経済政策は裁量によるのではなくルールに基づくべきであるという主張を強力に推進してきた。この主張の淵源は第三章において言及した一九七六年の「ルーカス批判」にまで遡ることができる。

この主張の論旨を簡潔にまとめると次のようになる。経済主体の現在の意志決定は将来の政策に対する合理的な予想に依存している。しかし、裁量的な政策決定はその将来を予想することを困難にするので、経済主体は予測不能な行動をとることになり、結果として経済は不安定化する。*22

こうしたことから、主流派経済学は「政策を、経済主体がよく理解できる安定的な『ゲームのルール』の選択の問題とみなす必要性[*23]」を唱えたのである。そして、政策ルールの選択肢を評価し、最適のルールを選び出すために経済理論が利用されるのである。

この「ルールに基づく政策（rule-based policy）」について、どう考えるべきであろうか。第一章で論じたように、経済主体の予想が合理的であるという仮定が現実的であるか否かという問題はあるが、ここではその問題を横に置いておく。その上で考えると、一定の政策ルールがある方が確かに望ましいとは言える。なぜなら、予測不可能な政策決定は、我々の存在論的安全の維持に不可欠な社会生活の相対的な安定性や確実性を脅かしかねないからである。

しかしながら問題は、主流派経済学の理論によって選択された政策ルールが、極端に単純で硬直的であるということである。それは「事象Aが起きたら、必ず政策Bを実行せよ」という形式になる。なぜなら、実証主義を標榜する主流派経済学は、経済現象は原子論的個人の画一的な行動の恒常的連結によって説明できるし、そうすべきだという「規則的決定論（regulatory determinism）」に根を下ろしているからである。主流派経済学の理論モデルは経済を閉鎖系と仮定し、不確実性を無視している[*24]。

しかし、複雑系理論を俟つまでもなく、複数の原因を持つ事象や予測できない事象が避けられないのが現実世界というものであるのは明白である。規則的決定論に基づく単純な政策ルールの定式では、複雑系の事象にはまったく対処できないであろう。もっともそのことは、二〇〇八年の世界金融危機によって、主流派経済学者ですら思い知ったはずである。

それにもかかわらず、主流派経済学は依然として、ルールに基づく政策を理想視しているようである。

例えば、二〇二一年以降、およそ四十年ぶりに世界的なインフレーションが発生すると、ジョン・B・テイラーは、今こそルールに基づく金融政策に戻るべきだとして、利上げを主張したのである。[*25]

テイラーは、「ルールに基づく政策」の主唱者の一人であり、「テイラー・ルール」を提唱したことで知られている。テイラー・ルールとは、簡単に言えば、現在の物価上昇率と長期的な目標値、需給ギャップと均衡値との乖離《かいり》に応じて、政策金利の変更を行なっていくという金融政策のルールである。

あらかじめ設定された金融政策のルールによれば、物価上昇率が上がったならば政策金利を引き上げるべきである。また、この政策ルールを知っている経済主体は、インフレーションになれば利上げが行なわれるものと合理的に予想している。その予想に反して利上げを行なわなければ、経済はかえって不安定化してしまうだろう。したがって、今回のインフレーションにおいても利上げを行なうべきだというわけである。

しかし、国連貿易開発機関（UNCTAD）が二〇二二年の報告書において述べたように、「今日のインフレーションは、グローバル・サプライチェーンの寸断、コンテナ輸送費の高騰、戦争が重要産業に与えた衝撃、マークアップ率の上昇、商品市場における投機、そして変異するパンデミックの不確実性といった要因の複合が引き起こしたものである。こういう状況下では、中央銀行には、犠牲を社会的に許容可能な範囲内に収めたまま、インフレーションを抑制することは不可能である」[26]。

このように、二〇二一年以降のインフレーションの原因は複合的であり、それを一律に利上げによって対処しようとするのは不適切であろう。このインフレーションの複合的な要因の中に含まれるロシアによるウクライナ侵攻、サプライチェーンの寸断、新型コロナウイルス感染症のパンデミックなどは、いずれも利上げによって克服できるようなものではない。

では、どのような政策があり得るのか。UNCTADは次のように続けている。「その代わりに、サプライチェーンの寸断や労働力不足が要請するのは、中期的に重要な財の供給を増やすための適切な産業政策である」[27]。寸断したサプライチェーンを回復するために、中央銀行の金融政策にできることはほとんどない。それは、サプライチェーンの再構築を目的とした産業政策で対処すべきものである。

このように、複合的な要因によるインフレーションに対しては、複合的な要因を特定し、それぞれの要因に固有の対策を個別具体的に講じていくしかない。しかも、このような複雑系の事象はほとんど予測不可能であるから、固定的な政策ルールを事前に設定することは困難である。予測不可能な事象に対しては、柔軟な政策ルールの下で事後的に対処するしかないのである。

「公共政策の実在論的理論」が明らかにしたのは、国家行為者は予測不可能な事象や複合的な要因による複雑な事象に直面した際、その原因となるメカニズムを特定する遡及的推論を行ない、それらの事象に柔軟に対処し、適切な政策を打ち出すことができるということである。二〇二一年以降のインフレーションの問題について言えば、その複合的なメカニズムを遡及的推論によって特定した上で、それぞれのメカニズムに作用する産業政策を講じるのである。

仮に、この国家行為者によるメカニズムの遡及的推論を「裁量」と呼ぶのであるならば、この開放系の現実世界において必要なのは、ルールに基づく政策よりもむしろ、裁量的政策であると言うべきである。

裁量的政策を支持すると、主に主流派経済学者から「しかし、国家行為者は間違えるかもしれない」「政府は万能ではないのだ」といった反論がなされることが容易に予想される。前章において指摘した、ハーヴェイ・ロードの前提に対する批判である。

もちろん、国家行為者が遡及的判断を間違えることはある。しかし、それは主流派経済学あるいは科学一般についても言えることである。むしろ、「公共政策の実在論的理論」が基礎とする批判的実在論は、知るという行為とは独立した「自動的」な世界が実在するものとしており、したがって、その世界に関する知識が正しいとは限らないという「可謬主義」の立場をとっている。[*28]「公共政策の実在論的理論」は、政府の可謬性を前提とした理論なのである。

これに対して、ルールに基づく政策を提唱する主流派経済学の方が「事象Xが起きるときには、必ず事象Yが起きる」という規則的決定論を前提とし、不確実性を考慮せず、間違いのない政策ルールを事前に設定できるものと信じている。政府の可謬性を排除しているのはむしろ主流派経済学の方である。

もっと根本的な問題がある。それは、主流派経済学が前提としている存在論では、国家政策の可能性を示すことができないということである。なぜなら前章において論じたように、国家政策の可能性は、原子論的個人の活動には還元不可能な国家という社会構造の存在を前提としているからである。主流派経済学は、その規則的決定論と方法論的個人論を放棄しない限り、「経済政策はいかにして可能となるか」という問いに答えることはできないのである。

要するに、主流派経済学がルールに基づく政策として提唱しているものは、厳密に言えば、経済政策の一様式ではなく、単なる経済政策の放棄に過ぎないということである。

第六章 ポスト批判的実在論

▼バスカーとポランニー

第二章以降、我々はロイ・バスカーの批判的実在論を参照してきた。そして前章では、批判的実在論を基礎にして「公共政策の実在論的理論」を構築し、公共政策を担当する国家行為者には遡及的判断としての裁量が不可欠であることを明らかにした。

しかし、ここからは一転して、バスカーの批判的実在論が孕んでいる問題点を浮き彫りにしていく。実はその問題点とは、バスカーの「遡及」の理解にあった。本章では、バスカーの遡及の概念の欠陥を克服するものが、マイケル・ポランニーの科学哲学であることを明らかにしようとするのである。

ただし、それは「公共政策の実在論的理論」を否定するものではない。むしろ、バスカーの実在論的理論の欠陥をポランニーの科学哲学によって是正することができれば、我々の「公共政策の実在論的理論」は、いっそう強固な哲学的基盤を得ることとなると考えているのである。

ポランニーは元々は物理化学者としてそのキャリアをスタートさせたが、二十世紀半ば以降は科学哲学や社会理論を探究し、一九七六年に他界した。バスカーが『科学の実在論的理論』を著した年の翌年である。しかし、ポランニーの科学哲学は、バスカーに先んじて実証主義を批判するものであった。そして、エスター・L・ミークが明らかにしたように[*1]、ポランニーは実在論者であった。しかし、残念ながら今日、ポランニーの科学哲学がバスカーの先駆者として高く評価されているとは言い難い。

ただし、二人とも実証主義を批判する実在論者でありながら、彼らの社会理論には大きな隔たりがあった。バスカーは社会主義者であったが、ポランニーは社会主義には強硬に反対していたのである。本章および次章では、この社会主義に対する対照的な立場が、二人の「遡及」を巡る理解の相違に由来していることも明らかにする。

その前に、まずはバスカーとポランニーの科学哲学を比較しつつ、その類似性を明確にしておこう。

▼二人の類似性

バスカーは、自らの科学哲学、すなわち超越論的実在論を次のように要約している。

それは、知識の対象を現象を生成する構造やメカニズムとみなし、その知識は科学という社会活動の中から生み出されるものとみなす。これらの対象は現象（経験論）でもなければ、現象に課された人間の構築物（観念論）でもなく、我々の知識、経験、そして、それらへのアクセスを可能にする条件からは独立して存続し、作用する実在の構造である。[*2]

ここでバスカーは次の二つの主張を総合している。第一に、世界は知識から独立して存在するということ、そして第二に、世界の知識は科学という社会活動の中から生み出されるということである。

しかしながら、バスカーは、第一の主張をより強調しているように思われる。そして、第二の主張に貢献した者として、クーン、ポッパー、ラカトシュ、ファイヤアーベント、トゥールミン、ラヴェッツと並んで、ポランニーを挙げるのである。*3

それでは、まずバスカーの第一の主張から、ポランニーの議論との比較を始めてみよう。

バスカーは、知識の対象が「自動的」、すなわち人間の活動に依存せずに存在するものでなければ、科学という活動は理解可能なものにはならないだろうという議論を展開した。自動的な知識の対象として存在する構造やメカニズムが、経験的に観察可能な事象を生成する因果的な力を持っているということが前提となっているのである。

さもなくば、経験論者、実証主義者、あるいは超越論的観念論者のように、「認識的誤謬」――「現実の世界はどのように存在しているのか」という存在論的な問題を、「現実の世界に関する知識はどのようなものか」という認識論的な問題に還元すること――を犯すことになるであろう。

バスカーの実在論的存在論は「閉鎖系」と「開放系」の区別を強調した。閉鎖系とは、事象の恒常的連接性があるシステムのことである。経験論や実証主義は閉鎖系を仮定するが、閉鎖系は、宇宙空間を除けば、実験室の外ではほぼ存在しない。その結果、経験論も実証主義も、科学実験という、敢えて人工的に閉鎖系環境を構築する活動の意味を理解可能なものとすることができなくなっている。科学実験が意味ある活動であるためには、現実は開放系であるという存在論的理解が必要になるのである。

また、バスカーは、存在論的な領域を「経験的」「実際的」「実在的」に区分した。経験的な領域は経験される事象だけで構成されているが、あらゆる事象が経験され得るわけではない。実際的な領域は経験される事象と経験され得ない事象を含むが、あらゆるメカニズムが実現されているわけではない。そして、実在的な領域には構造やメカニズムが属している。したがって、我々の経験の対象になり得るのは、実在的な領域の構造やメカニズムによって生成された実際的な事象の氷山の一角に過ぎない。

ポランニーもまた、世界がその知識からは独立して存在し得ると確信する実在論者であった。*4例えば、彼は明示的にこう述べている。

> 経験的な言明が真であるのは、それが実在の一側面を示す程度においてである。実在はその大半が我々からは隠れているのであり、したがって、実在に関する知識からは独立して存在している。*5

ポランニーは認識的誤謬には陥っていないのである。

もっともポランニーの実在論は、その著作を通じて体系的に扱われることはなく、数行から窺《うかが》い知るのみである。*6 しかし、ポランニーは実在論が科学を理解可能なものにするというバスカーの主たる主張に賛成するであろう。「科学は、科学の事実と価値は未だ示されていない実在にあると信じることによってのみ、規律と独自性を兼ね備えることができる」*7と彼は記している。

さらにポランニーは、経験の対象は実在的な領域の氷山の一角に過ぎず、そして実在の世界は本質的に開放系であるという存在論もバスカーと共有していた。

私は、未だ示し尽くされていないかもしれないものとして実在を定義するが、それが含意するのは、実在に関する知識の期待に関する範囲は未確定だということである。[*8]

一方、バスカーは自然のメカニズムは階層的であると論じた。より高次のメカニズムの作用は、より低次を支配する法則に根差してはいるが、還元され得ない。例えば、化学はDNAが複製され得るのかを説明するかもしれないが、生物学の法則を化学の法則だけで説明できるわけではない。

このような実在の階層的な性質を、バスカーは「創発」の概念と関連づけた。より高次の複雑な対象は、より低次の対象の相互作用から創発するのである。[*9]

さらにバスカーは、例えば生命体のように、より高次にある複雑な物は「それを形成した材料に反作用を及ぼし得る」[*10]、すなわち「下方因果関係」の存在を認めていた(百十三頁参照)。

ちなみに、バスカーは階層と創発について議論する中で、ポランニーの『暗黙知の次元』について脚注で言及しているが[*11]、確かにポランニーは[*12]、その著作の一章分を階層と創発の分析に充てていた。その中でポランニーは、ロイド・モーガンとサミュエル・アレクサンダーという創発理論の創始者の名に言及しつつ、こう論じている。

童謡「大きな古時計」やシェイクスピアのソネットを物理学や化学の観点から解釈するのが無意味であるのと同様に、生命を物理学や化学の観点から表すのは無意味である。同様に、機械や神経モデルの観点から心を表すのも無意味である。より低次のレベルは、より高次のレベルと無関係というわけではない。前者は後者の成功の条件を定義し、その失敗の理由を説明するものではあるが、後者の成功を説明はできないし、定義することすらできない。[*13]

これに加えて、ポランニーは「より高次のレベルの組織的な原則は、そのより低次のレベルを形成する個々の物を制御する」と述べ、それを「境界制御の原則[*14]」と呼んでいるが、これは要するに下方因果関係のことである。

このように、バスカーとポランニーは共に、実在は人間の活動とは独立に存在するという第一の存在論的主張を支持しているのみならず、開放系、階層、創発、下方因果関係といった重要な概念も共有していたのである。

▼科学の社会性

次に、知識は科学という社会活動から生み出されるという第二の主張の観点から、バスカーとポランニーを比較してみよう。

バスカーは、いかなる科学的理論も科学の社会的な性格を前提とするという考えを受け入れていた[15]。彼は、「知識は先行知識なしには考えられない[16]」と明言している。知識は無から創造されるのではなく、社会的生産物として与えられ、再生産され、転換されるのである。科学は、知識の「材料的原因(material causes)[17]」とバスカーが呼ぶものの上に成り立っている。それは、「既存の理論、先行して確立された事実という所与の材料に加えて、(旧《ふる》いパラダイム、モデル、メタファー、そしてアナロジーといったものを含む)一連の知的・技術的道具によって新しい理論や事実を生み出す所与の材料[18]」のことである。

バスカーは、科学を「特定の世代の科学者や特定の意識の契機の前から継続している社会的活動[19]」として理解している。ただし、科学的知識に必要な材料を与え、継承し、そしてその品質を管理するためには、ある種の社会的な制度が必要となる[20]。

要するに、科学的知識は、「我々の世界に存在し、科学共同体に埋め込まれている[21]」のである。

この科学の共同体的な構造についての理解に関しては、ポランニーはまさに先駆者の一人であり、バスカーもそれを認めている。科学共同体において、科学者たちはお互いに評価しあい、批判しあっているのであって、この「相互制御の原則」を通じて、「科学における基準を設定し、就職の機会の配分を制御する」科学的な見解が形成されるのである[22]。

ポランニーは、この相互制御の原則に従っている科学の共同体的構造を「信託的枠組み

（fiduciary framework）」とも呼んでいる。

我々は、今一度、信条がすべての知識の源泉であると認識しなければならない。暗黙の財産と知的な情熱、語彙や文化的遺産の共有、同じ仲間への帰属。それらは、我々が事物に精通するために必要な、事物の本質についてのヴィジョンを形成する勢いとなる。批判的であれ独創的であれ、知性というものは、このような信託的枠組みなしには作用しないのである。*[23]

我々は、信託的枠組みの中においてのみ、事実、知識、そして真理について語ることができる。なぜなら、ある人が「pは真である」と言うことは、その人にとっては「私はpを信じている」ということにほかならないからである。*[24] 信じてもいない真理について語ったり、存在しない現実について語ったりするなどというのは、自己矛盾である。*[25] 聖アウグスティヌスの格言「信じなければ、理解することはできない（nisi credideritis non intelligitis）」*[26] に言及しつつ、ポランニーは「真理とは、それを信じることによってのみ理解することができる何かである」*[27] と主張する。

こうしたことから、真理を追究する科学とは「我々が関与（commit）する信条の体系であり、したがって、非関与的な用語によっては示すことのできないもの」*[28] であると言うことができる。「特定の信条への関与」などというと、科学的というよりは教条主義的な姿勢を意味するように見えるかもしれない。しかしながら、教条主義者というものは、自ら思考することを放棄して、単に、頑《かたく》なに特定の思想に固執しているに過ぎない。それは、ポランニー的な意味における「関与」をしていない。むしろ、教条主義者は個人として責任を持って、実在に真に関与することから逃げているというべきなのである。[*29]

ここで注意すべきは、ポランニーの信託的枠組みは、何ら主観主義を意味するものではないということである。そのような誤解を避けるために、ポランニーは、「個人的（the personal）」と「主観的（the subjective）」とを区別している。[*30]

普遍的に妥当な事実についての我々の信条は「個人的」であるが、信条への関与を欠いた単なる感情は「主観的」であり、「個人的」とは別物である。もっとも、我々の信条は個人的な情熱に導かれるものであるから、「個人的」なるものは「客観的」であるとも言えない。要するに、「個人的」なるものは、「主観的」なるものと「客観的」なるものの区分を超越しているのである。

▼解釈とは内在化である

この点に関して、グレーンは次のように述べている。「ポランニーはデカルト的二元論を克服し、経験論と合理主義の貧相な伝統の外側で哲学するために、適切な概念を見出した今世紀の数少ない思想家の一人である」[*31]。

さて、主観と客観の区分に先行する概念の一つが「内在化（indwelling）」[*32]である。これについて、ポランニーは次のように述べている。

> 私は、我々が杖を使って感じるとき、我々の身体の従属的感知（subsidiary awareness）が拡張して、杖を内包することを明らかにしてきた。発言や読み書きにおいて言語を使うことは、我々の身体的な装置を拡張し、知的な人間となるということである。我々は、言語、探針、道具を使うことを学び、それらが身体の一部のように感知するとき、これらの物を内面化（interiorize）し、それらの中に我々自身を内在化（dwell）させていると言えるだろう。[*33]

要するに、ある実体を理解するということは「その部分を内面化（interiorize）し、それらの中に我々自身を内在化（dwell）させている」[*34]ということである。

ここでポランニーは、ヴィルヘルム・ディルタイが「内在化あるいは同感が、人間や人文諸学を知る上で適切な手段である」[*35]と主張したことに言及している。ポランニーはまた、彼の内在化の理論について、フッサールとメルロ＝ポンティを参照しつつ、「科学と知識の現象学」[*36]と呼べるかもしれないとも述べている。

もっとも、ポランニーの科学哲学はすでに論証したように実在論なのであって、現象学的分析と連想されがちな「社会的構築主義（social constructionism）」[*37]のような非実在論哲学とは異なることには注意が必要である。

さらにミークは、ポランニーの内在化の概念は、ハイデッガーの「世界・内・存在」の概念と同一視できると指摘している。[*38] こうした現象学・解釈学との近接性から、ポランニーが内在化と呼ぶものは、いわゆる「解釈（Vestehen）」のことだと考えてもよいであろう。

しかしながら、ディルタイが、人文科学と自然科学を明確に分け、解釈あるいは内在化は人文科学に固有の方法だと主張したのに対し、ポランニーは、内在化（＝解釈）は自然科学と社会科学の双方に必要な方法だと主張している。[*39]

バスカーの著作を注意深く読むと、彼がポランニーと同様の考えを持っていることが窺える箇所がある。例えば、ポランニーは懐疑を批判することで信託的枠組みを正当化している。「何らかの明示的な言明を懐疑することは、その言明が表現している信条を否定し、当面の間は懐疑されていない別の信条を支持する企図を意味するに過ぎない」[*40]。これと同様に、バスカーは次のように述べている。

> ある理論を棄却することは、その反対の観察言明の受け入れを前提としている（中略）。もちろん、科学者が特定の信条に関して間違いを犯すことは常にあり得る（中略）。しかし、間違っていることを示すためには、何らかの命題を主張しなければならない（ある理論が受け入れられ、枠組みが機能していなければならない）[*41]。

また、バスカーは、探究が認知的活動の前提に依存すること、すなわち「探究の解釈学的循環」[42]について言及し、それが自然科学と社会科学の両方に適用されると論じているが、これなどはポランニーの内在化の議論に非常に近い理解である。もっとも、バスカーは、自然科学と社会科学との違いをポランニーよりも強調するのであるが[43]。

▼ポランニーのポスト批判的実在論

以上の論証により、バスカーとポランニーは、確かに科学哲学の二つの基本的な主張――世界はその知識とは独立して存在し、そして知識は科学の社会的活動から生み出される――を共有していることが明らかとなった。

ただし、バスカーは前者をより強調し、科学における信条の重要性をポランニーほど重視しているわけではない。この二人のニュアンスの違いは、批判哲学（critical philosophy）に対する彼らの対照的な姿勢に根差しているように思われる。

バスカーは、自らの科学の実在論的理論をカント以来の批判哲学の伝統の中に位置づけ、それを「批判的実在論」と呼ぶことを承認している。

> まず、カントが彼の超越論的観念論を「批判哲学」として整理した。超越論的実在論は批判的実在論という名称にふさわしい（中略）。さらに、「超越論的」よりむしろ「批判的」という形容詞の用法は、その哲学が強い意味において批判的、すなわち他の哲学だけではなく、潜在的には科学的実践、一般的な信条、そしてそれらを支える実践依存的な構造あ

るいは環境に対しても批判的であるという意味を引き出す[*44]。

これに対して、批判し得ぬ信条こそがあらゆる知識の根本的な源泉であると確信するポランニーは、バスカーとは対照的に、自らの認識論を西洋の知的伝統が「批判哲学」から「ポスト批判哲学」へと向かう転換点に位置づけていた[*45]。それは彼の大著『個人的知識―ポスト批判哲学に向けて』の副題が端的に示している。

ポランニーの実在論は「ポスト批判的実在論[*46]」なのである。

▼遡及と暗黙知

これまでの議論で、バスカーとポランニーは、科学研究の対象は観察可能な事象を生成する観察不可能な構造やメカニズムにある、という実在論的科学哲学を共有していることが明らかとなったであろう。

ところで、観察不可能な構造やメカニズムというものは、どのようにして発見すべきなのであろうか。

この問いに答えるべくバスカーが持ち出したのが、第二章において論じたように、「遡及」であった[*47](七十五頁参照)。

さらに、これも第二章において論じたが、バスカーは理論的説明の構築を描くにあたり、DREIモデルと呼ぶモデルを使っている。それは、法則的なふるまいの「描写(description)」、既知の現象とのアナロジーを用いてふるまいの可能な説明を探究する「遡及（retroduction）」、他の説明を吟味し絞り込む「精査（elaboration）」、経験的に操作された因果メカニズムの「同定（identification）」[*48]から構成される。遡及はＤＲＥＩモデルの第二段階に位置づけられている。

しかしながら、遡及に関するバスカーの理解は問題を孕むものであった。

まず、バスカーは超越論的議論を「遡及的議論というより広い属の一種」[*49]であるとし、「遡及的議論は、ある現象の描写から、それを生む、あるいはその条件となっている何かの描写への移動」[*50]であると指摘している。しかしながら、トゥーカ・カイデソヤが指摘するように、「前者［筆者註：超越論的議論］はアプリオリに妥当とみなされる拡張的推論を基礎としているのに対し、後者［筆者註：遡及的議論］の拡張的推論の妥当性は、究極的には経験的な問題である」[*51]。

実際、遡及の論理を発展させたチャールズ・サンダース・パースは、科学的方法とアプリオリな論理とを対照させていた。ちなみに、パースの科学哲学は実在論であった。パースはこう記している。「そのようなものが科学の方法である。その基本的な仮説について、より馴染《なじ》みのある言葉で言い直せば、こうだ。実在の物が存在し、その性質はそれに関する我々の見解からは完全に独立している」[*52]。

しかし、バスカーと同様に実在論者であったパースだが、アプリオリな論理には批判的であった。

そして、アプリオリな方法に関して、である。その本質は自分が考えたいように考えるということである（中略）。しかし、科学的方法に関しては異なってくる。私は既知の観察された事実から始まって、未知のものへと進むのかもしれない。しかし、そうするために私が従っているルールは、探究自体が立証するようなものではないのかもしれない。[*53]

したがって、アプリオリな真理が確かなもので、例外がなく、そして正確であるとどうやって知るのかを問う。それを論証によって知ることはできない。というのも、それは不確実性と不正確性にさらされるだろう。それは結局、アプリオリに知っているというのと同じことにならざるを得ない。つまり、批判も証明もなく、アプリオリな判断そのものを受け入れるということである。それは探究の門を閉ざすということである。

ああ！　しかし、直接経験を忘れていると言わざるを得ないであろう。[*54]

バスカーのDREIモデルにおいては、法則的なふるまいの描写が最初であり、遡及は二番目であった。しかし、パースにとって、描写と遡及は明確に区別されないのである。というのも、描写に先行する知覚が遡及的だからである。[*55]　つまり、理論構築の第一段階である現象の描写は、すでに遡及を含んでいるのである。

　ところで、DREIモデルの第一段階である法則的なふるまいの描写は、どのようにして可能になるとバスカーは考えているのであろうか。彼はそれを説明してはいないが、科学実験が法則的なふるまいの描写を可能とするのかもしれない。というのも、実験的な閉鎖環境の外側では、法則的なふるまいはほとんど観察できないというのがバスカーの主張であったからである。

しかし、そうだとすると、おかしなことになる。遡及とは仮説形成の方法であるが、通常、仮説形成は実験より先に行なわれるものであって、その逆ではあるまい。それに加えて、法則的なふるまいの描写に必要な実験的閉鎖環境は、例えば、地理学や進化生物学といった歴史的な自然科学では不可能であるというベントン[*56]の鋭い指摘もある。

他方、パースは、法則的なふるまいではなく、その逆に「驚くべき事実」すなわち異常の観察から始まるものとして、遡及を定式化している。前章でも参照したが再掲しておこう。

驚くべき事実Cが観察される。
しかし、もしAが真であれば、Cは当然のこととなるだろう。
よって、Aは真であると考える理由があるということになる。

したがって、Aの全体的な内容が「もしAが真であれば、Cは当然のこととなるだろう」という前提の中に現れるまでは、Aが仮説発想的に推論されない、あるいは、仮説発想的に憶測されないと言ってもいい[*57]。

バスカーは遡及という用語を、パースではなく、ノーウッド・R・ハンソンの科学哲学と結びつけている。[58] しかし、ハンソンにとっての遡及は超越論的な概念ではなかった。ハンソンは、パースの理解とゲシュタルト心理学の経験的成果に依拠して、遡及の議論を展開していたのである。

> 理論は観察された諸現象をつなぎ合わせてできるものではない。理論はむしろ、一定の形として、そして他の現象につなげるように、ある現象を観察するのを可能にするものである。理論は現象を体系化する。理論は「逆から」——遡及的に構築されるのである。[59]

ハンソンは、Xの観察は先行するXに関する理論によって遡及的に形成される、つまり「見るということは、『理論負荷的』に受け止めるということである」[60]と主張する。ポランニーも観察の理論負荷性というハンソンの見解を支持している。[61][62]

それでは、ポランニーの暗黙知の理論を見てみよう。「我々は、言うことができる以上に知っている」[63]という事実を起点にして、暗黙知の次元、すなわち明示できない知識の存在を明らかにしたのが、ポランニーの重要な貢献である。

ハンソン同様、ポランニーもまた、ゲシュタルト心理学の経験的成果に刺激を受けている。ゲシュタルト心理学が明らかにしたのは、「我々は、あるもの個々の特徴を、それらを特定できないままに感知して統合することで、その外形を認識している」[64]ということであった。ポランニーによれば、この知識の追求における経験の統合こそが思考の「暗黙の力」である。

暗黙に知るという行為において、我々はあるものに注意を向けるために、あるものから注意を逸らしている。つまり、暗黙の関係の第一条件から第二条件に注意を向けるということである。多くの場合、この関係の第一条件は我々により近しく、第二条件の方がより遠い。解剖学の用語を用いて言うならば、第一条件が「近位（proximal）」であり、第二条件が「遠位（distal）」である。我々が言うことはできないが知っている知識というのは、近位の条件の方である。[*65]

例えば、我々が人相から人を判断するとき、目鼻立ちという顔の諸部分（近位）を感知しながら、それを介して人相という顔の全体構造（遠位）に注意を払う。この場合、顔の諸部分の細かい動きや形（近位）について個別にはっきりと説明できなくても、顔全体が表す意味（遠位）を理解できる。[*66]

このような「A（近位）からB（遠位）へ」という暗黙知の構造は、遡及の構造であるとも言える。我々は、ある現象の描写（近位条件）から、それを生み出す、あるいはそれの条件となるあるものの描写（遠位条件）へと注意を向けるというわけである。

ポランニーは、この「AからBへ」という暗黙知あるいは遡及の構造の分析は、視覚にも応用できると指摘する。我々はある対象に関する身体的な経験を転位して、その視覚を形成する。[*67]

ポランニーは、知覚とは遡及的であるという理解をパースと共有しているのである。

思考の暗黙の力は、日常における知覚のみならず、科学的発見においても必要である。[68] ポランニーは、彼の暗黙知の理論がプラトンが提起したメノンの逆説を解決すると論じている。もし我々が何を探しているのかを知っているのであるならば、そもそも問題などというものは存在しないはずである。しかし、もし我々が何を探しているのかを知らないのであるならば、そもそも何かを見つけることすら期待できまい。これがメノンの逆説である。しかし、「もし我々が、未だ見つかっていないものについて、暗黙の前知識を持つことができると認めるならば、意味は通じることになる[69]」。

批判的実在論の用語を用いて言えばこうなる。我々が「構造」や事象を生成する「メカニズム」の発見に成功するのは、あらかじめ、「実在」の領域に隠れた構造やメカニズムに関する暗黙の前知識を持っていたからなのである。

興味深いことに、バスカーもまた探究の解釈学的循環に言及する中で、「ソクラテスがメノンの逆説を再定式化する中でたどったのが、まさにこの循環である[70]」と指摘している。すなわち、バスカーの言う「探究の解釈学的循環」とは暗黙知のことなのである。しかしながら、以降で論じていくように、バスカーの超越論的な遡及の理解は、ポランニーの暗黙知の理論とは矛盾していた。

▼遡及についての相違

バスカーのＤＲＥＩモデルは「描写」「遡及」「精査」「同定」から構成されていた。

これに対して、ポランニーは、問題解決の過程を「準備（Preparation）」「潜伏（Incubation）」「解明（Illumination）」「立証（Verification）」として描いている。[*71]

問題解決を試行する行為には、第一に準備段階があり、第二に潜伏段階があるが、ここまでは意識のレベルには何も浮上してこない。しかし、これらの初期段階における行為を経て、ある「幸福な思考（a happy thought）」[*72]が突如として訪れるのが、第三の解明の段階である。

要するに、準備段階と潜伏段階を通じて、我々は未発見の物に関する暗黙知を獲得し、そして、解明段階において偶然にそれを発見するのである。そして最終的には、それを立証段階においてテストする。もっとも、ポランニーは実証主義者とは異なり、立証について「究極的には、何らかの決まったルールの適用を超えた精神力に依存するものである」[*73]と考えていた。

このように、バスカーのＤＲＥＩモデルが法則的なふるまいの明示的な描写から始まっているのに対し、ポランニーの場合、明示的な知識が登場するのは問題解決の過程の後半部分なのである。

ポランニーは、「真の発見は厳密な論理の結果」ではなく「論理的な懸隔《けんかく》」であり、解明は「この論理的な懸隔を横切る跳躍」[*74]であると論じている。この「跳躍」とは、「ある現象の描写から、それを生む、あるいはその条件となっている何かの描写への移動」[*75]という、遡及的議論の動きと同じである。

しかし、ポランニーの言う解明は超越論的ではなく、（パース的な意味において）科学的である。なぜなら、ポランニーは、我々が発見へと至るために必要な暗黙の前知識は準備と潜伏の段階で形成されるが、その準備と潜伏は「実在との接触（contact with reality）」を通じて行なわれると考えていたからである。実在との接触とはポランニーの理論の中核にある概念であるが、[*76]それはパースが「直接経験[*77]」と呼んだものと同じであろう。

ちなみに、ポランニーは、発見とは「しばしば、休息と気晴らしの期間の後に、閃光《せんこう》のように訪れるもの[*78]」であると指摘しているが、興味深いことに、パースもまた「仮説発想的な示唆は、閃光のように訪れる[*79]」と述べている。

ポランニーは、「我々は外的な実在と確かに接触していると信じるなら、言うことができる以上に知る能力を説明することができる[*80]」と結論している。これを言い換えるならば、ある現象を描写する前に、我々は実在と接触していなければならず、そして、現象を生む、あるいは現象の条件となる構造やメカニズムを暗黙のうちに知っていなければならないということである。実在との接触こそが、科学的探究に不可欠な出発点となるのである。

カイデソヤは、自然主義的な観点から、批判的実在論の超越論的議論は、認知活動や科学実践に関する経験的な分析を欠いているがために、科学がどのように行なわれるべきかを正当化する認識論的および方法論的な規範が不十分であるという批判を加えている[*81]。

もっとも、バスカーは、科学実践の経験的分析をまったく無視していたというわけではない。しかしながら不幸なことに、遡及を超越論的なものとみなしたことによって、バスカーは、科学者がどのようにして良き科学的仮説を形成すべきかについての説明に失敗したことは否めない。

反対に、ポランニーの暗黙知（すなわちパース的な遡及）の概念は、実際の認知活動と科学実践の経験的な分析から導き出されたものである。したがって、ポスト批判的実在論は自然主義の観点からの批判を回避できていると言えるであろう。

以上のように、バスカーの批判的実在論とポランニーのポスト批判的実在論とでは、同じ実在論であっても若干の違いがある。問題解決の手法である遡及について、バスカーはそれを超越論的なものとみなしていたが、ポランニーは実在との接触を起点とする経験的なものとみなしていたのである。

次章の議論では、このわずかに見える違いが、二人の経済思想、とりわけ社会主義に対する姿勢の大きな違いをもたらしていることを示しつつ、ポスト批判的実在論に基づく政策哲学を探究していく。

第七章
政策はどのように実行されるのか

▼批判的実在論はなぜ社会主義と結びつきやすいのか

批判的実在論について、バスカーは、特定の実質的な理論や政策にお墨付きを与えるものではなく、どのように実在を理解するのかについての視座を提供するものであると論じている。[*1] それにもかかわらず、バスカー、あるいはアンドリュー・コリアー、その他の批判的実在論者は、批判的実在論の観点から、社会主義を擁護するような理論的あるいは実践的主張を熱心に展開している。

例えば、バスカーは次のように宣言している。「批判的実在論の視座から言えば、社会主義的な解放とは、今日の社会民主主義の伝統に反して、現状の改善ではなく、構造の転換によるものである[*2]」。

制度派経済学者のジェフリー・ホジソンは、批判的実在論者が主張する実質的理論には経験的分析による論拠が不十分なものがあることを指摘しつつ、主要な批判的実在論者の多くには急進的社会主義やマルクス主義の傾向が見られると述べ、その原因はどこにあるのだろうかと問うている。[*3] その原因についてのあり得べき説明の一つは、方法論的なものであるように思われる。

例えば、バスカーは、社会科学における超越論的議論を支持した上で、「『資本論』におけるマルクスの分析は、超越論的手続きの実質的な使用方法を示している[*4]」と明言している。さらにコリアーは、超越論的方法を導入したことこそが、社会科学の方法論に対するバスカーの

「主たる積極的貢献」であると評価している。[*5]

しかし、ポランニーにしてみれば、「実在との接触」を超越するような科学者の推論は、「うろうろして、ランダムに仮説を立てて検証する」[*6]だけに終わるだろう。

トゥーカ・カイデソヤもまた、超越論的方法を採用することで、ある特定の社会現象を生み出すメカニズムを適切に推論できるかどうかを疑問視している。また彼は、超越論的議論には「社会科学者をして、安楽椅子での理論化に耽《ふけ》ったり、自分の好みの理論にそぐわない経験的証拠を無視したりといった安易な方へと走らせる危険性がある」[*7]と指摘している。パースが超越論的方法について「その本質は自分が考えたいように考えるということである」と断じていたことが思い起こされる。

そう考えると、バスカーは、自らが好む理論である社会主義を正当化するために、超越論的遡及という方法論的概念を利用しているようにも疑われるのである。

バスカーは、実在論を志向する社会科学の任務は、既存の望ましくない抑圧的な権力構造に関する知識を提供することで、そうした構造から我々を解放することにあると信じていた。そして彼は、「自由」という概念を社会主義的な「解放（emancipation）」と結びつけつつ、次のように宣言したのである。

> 解放、すなわち、決定因子を望みもせず必要ともしないものから、望み必要とするものへと転換すること、つまり行為主体による自らの解放を構成する特殊な自由は、説明的理論

によって因果的に予告されると同時に、論理的に必然的であるが実践においてのみ効果を発揮するということ。これが私の主張である。[*8]

▼人間の能力の限界

これに対して、ポランニーはバスカーとは対照的に、社会主義的解放を実現するための構造転換に反対した。そのような抜本的な構造転換を成功させるほど、人間の能力は完全ではないからだというのが、その主な理由である。

その際の論拠となったのは実在の階層性であった。

より高次のメカニズムの作用は低次の法則には確かに還元されないのであるが、しかし、それに根差し、制限を受けている。機械の作動がその部品に関する物理的な法則に制約されているように、我々の精神は我々の身体を制御する生体的な法則に制約されている。

それと同じように道徳の領域は、権力の領域（政治システム）や利益の領域（経済システム）から独立して存在しているのではなく、それらの制約を受けている。これはつまり、我々の知的あるいは道徳的な能力というものには限界があって、我々の道徳的な理想を完全な形で実現するには不十分であるということを意味する。[*9]

よって、完璧な理想社会を構築しようとする企ては失敗に終わるであろう。ポランニーは言う。

完全な社会を構築する能力に必然的な制約が課されていることを十分に理解したならば、正義や友愛の完全な達成を目指すあらゆる種類の急進的な行動を控えることになるだろう。我々は不正な特権を減らすことはできるが、漸進的にできるだけであって、決して完全にではないと認識するだろう（中略）。あらゆる権力構造を一度に改革しようとする試みは、そのプロジェクトに必要な権力構造自体をなくしてしまう。いずれにしても、絶対的な道徳の刷新は絶対的な権力によってのみ企図されるのであり、そのような専制的な暴力は人間の道徳的な生のすべてを刷新するのではなく、破壊するに違いないことが分かるであろう。[*10]

人間の能力の限界を重視するポランニーは、個人的な創造的衝動は科学の進歩に必要であることは認めつつも、科学者の自己決定権の範囲は科学共同体の伝統に規律されるべきであると強調している。なぜなら、科学者の際限なき自己決定は、科学的知識が埋め込まれている科学共同体それ自体を破壊することまで許容するかもしれないからである。[*11]

科学は伝統を破壊することで進歩するという通俗的な科学観に反して、ポランニーは科学的発見は伝統なしには不可能であると強調した。科学者に価値基準を与え、科学的探究の能力を獲得すべく訓練を施すのは、科学共同体の伝統だからである。

よって、科学的価値の基準は世代から世代へと継承されるべきもののように見える（中略）。

したがって、科学的価値の評価も、次の世代が受け入れ、科学的見解として発展させる伝統を基盤としているのだと結論できるかもしれない。この結論は科学的探究の方法が明示的に定式化できず、したがって、芸術と同じように、師匠の徒弟となることでしか継承できないという事実によって強力に裏付けられている。科学の権威は必然的に伝統的である[*12]。

ポランニーは、この科学の実践には科学共同体の伝統が不可欠であるという考えを、社会一般にも応用している。

天職が文学であろうが芸術であろうが、あるいは道徳や社会の改革であったとしても、最も革命的な精神を持っている者でさえ、周囲の世界の変革を起こすには、自分の天職として小さな責任範囲を選ぶ必要があり、彼自身が周囲の世界に依存せざるを得ないことを前提としている。思想の全体や社会全体を転換する完全主義は、破壊のプログラムであり、良くて見せかけの世界を作るに終わるのである[*13]。

自由は重要であるが、あくまで伝統に規律された自由でなければ、自由社会自体を破壊する自由まで認められてしまう。このような伝統に規律された自由の概念を、ポランニーは「公的自由（public liberty）」と呼んで支持している[*14]。

ポランニーの公的自由という保守的な自由観は、彼のポスト批判的実在論を基礎としているのである。[*15] 対照的にバスカーは、解放としての自由という急進的な自由観を、彼の批判的実在論から引き出している。

▼社会主義とケインズ主義

もっとも、ポランニーが批判しているのは、彼の時代のスターリニズムのような集合論的な社会主義であるのに対して、バスカーが主張する社会主義は集合論的ではない。

第三章において確認した通り、批判的実在論は集合論を否定するものである。実際、バスカーは、社会構造は社会関係から構成され、社会関係に依存しているのであり、こうした社会関係に参入する行為主体の活動が社会構造を再生産したり、転換したりすると考えており、スターリニズムなどの集合論的社会主義を明示的に否定している。[*16]

さらに言えば、前章において確認したように、バスカーは実在の階層性や科学活動の共同体構造を認めており、しかも、既存の理論、確立された事実、先行パラダイムといった「材料的原因」なしには知識は不可能であることも承知していたが、この材料的原因とは、ポランニーに言わせれば「伝統」にほかならない。

それにもかかわらず、バスカーの批判的実在論は、ポランニーのポスト批判的実在論とは反対に、社会構造の社会主義的な転換を要求するのである。

しかしながら、批判的実在論者が支持する実践的主張は社会主義だけではない。ローソンなどは、ジョン・メイナード・ケインズの経済理論やポスト・ケインズ派経済学は、批判的実在論と整合的であると論じている。[17]

実は、ポランニーは、後述するように、フリードリヒ・ハイエク同様、自生的秩序（spontaneous order）という自由主義的な秩序観を持ち、社会主義には強硬に反対したが、その一方で、ハイエクとは異なり、ケインズの理論を非常に高く評価していたのである。[18]

そこで以降の議論では、ポランニーがポスト批判的実在論の観点から、ケインズの理論をどのように理解していたのかについて、光を当ててみよう。もっとも、ポランニーが経済学に関心を寄せたのは一九四七年までのことで、哲学や社会理論を探究するようになったのはそれ以降のことになる。[19] しかし、この後に展開される検討は、ポランニーの経済思想が後年の哲学や社会理論と整合したものであることを明らかにするであろう。

そして、このポランニーの経済社会理論の再解釈という作業を通じて、「公共政策の（ポスト批判的）実在論的理論」という、本書が目指す政策哲学がその姿を現していくであろう。

▼コロンブスの卵

ポランニーは一九四五年に発表した『完全雇用と自由貿易』の中で、ケインズが「雇用水準を決定するメカニズム」[20] を発見したと論じている。そのメカニズムとはいわゆる「有効需要の原理」である。

ポランニーは次のように述べている。有効需要の原理は、ケインズが『雇用・利子・貨幣の一般理論』を著した一九三六年に至るまでの一世紀以上にもわたって、認識されてこなかった。

それにもかかわらず、

ケインズ主義的理論は実際のところ極めて単純である――おそらく最初は理解するのが難しいが、いったん理解できれば、それを扱い、念頭に置いておくのは極めて容易なのである。それは答えをいったん分かってしまえば二度と忘れない謎解きのようなものである。まさにコロンブスの卵である。[*21]

これをポランニーが問題解決の試行行為を描写する際に用いた表現で言えば、ケインズ主義的理論とは、「紛失した万年筆やよく知っているのに忘れた名前と同じようなものである。我々はそれを、あたかも以前からそこにあったかのように感じて、探し回るのである」[*22]と言える。

興味深いことに、ポランニーは問題解決の四段階――「準備」「潜伏」「解明」「立証」――について論じる際にも、「コロンブスの卵」という表現を使っていた。

これら創造的推測のすべてに共通するのは、はじめからそこにあり、見つけられるのを待っているかのように感じられる、ある実在に接触したいという衝動に導かれているということである。だから、コロンブスの卵というのは偉大な発見の諺《ことわざ》的象徴になっているのである。それが示唆するのは、偉大な発見というものが何か明白なもの――目の前に突き付けられていて、我々が目を開いてみるのを待っているかのような存在の実現であるということである。[*23]

コロンブスが信念に導かれて、アメリカ大陸を発見したように[*24]、ケインズもまた、信念に導かれて「有効需要の原理」のメカニズムを発見した。要するに、ケインズの理論は典型的な暗黙知の産物であるとポランニーは理解したのである。

▼ポスト批判的実在論とケインズ主義

もっとも、ポスト批判的実在論が必ずケインズ主義へと至ると断定できるわけではない。ここで言っているのは、ただ、ポランニーのポスト批判的実在論的なケインズ主義解釈を明らかにしたというに過ぎない。暗黙知は可謬的であるから、ポランニーが発見されたと思っているケインズ主義的なメカニズムが実は間違いであったという可能性は否定できない。あるいは、暗黙知は個人的（personal）なものであるから、別の人間による暗黙的推論は、別の資本主義経済のメカニズムを発見するかもしれない。

しかしながら、ポランニーがケインズの理論を高く評価するのは、それが資本主義システムに関するより優れた分析であるというだけではなく、社会全体を転換することなく、不況という経済問題を解決する方法を示すものだったからである。「正しいケインズ主義的政策は、自由競争を再生させ、資本主義を新たな基盤の上に再構築すべきものである[*25]」。

ポスト批判的実在論は実在を理解する視座を与えるだけではなく、政策の選択範囲に規範的な制約を課すものでもある。すなわち、社会全体の転換を引き起こすような政策は除外されるのである。

要するに、ポスト批判的実在論者は、カイデソヤ[*26]が自然主義者とみなした実在論者マリオ・ブンゲと同様に、「漸進的であるが統合的な変化を好む[*27]」のである。

以上のような理由により、ポスト批判的実在論者ポランニーは、急進的な思想である社会主義を拒否し、漸進的なケインズ主義を受け入れたのである。

これに対して、批判的実在論者は社会主義もケインズ主義も支持している。ただし、ローソンはこう述べている。「ケインズの政策志向の発言の大半が、事象の改善にではなく、既存の投資市場を支配する基本的な制度的構造を極めて革命的に再組織化する必要性に向けられているのは、驚くべきことではない[*28]」。

これは、ポランニーの保守的なケインズ解釈とは矛盾している。ローソンとポランニーのいずれがケインズをより正しく理解しているのであろうか。これについては議論が必要であろう。

確かにケインズの理論は、自由放任を是とした従来の経済理論と比べれば、ローソンが評するように「革命的」であると言えなくもない。

しかしながら、ケインズ自身は自らの理論を「適度に保守的（moderately conservative）[*29]」なものとみなし、自身が擁護する政府の機能の拡大は、「既存の経済システムの全体的な破壊を回避するための唯一の実践的手段であり、個人の主導権がうまく機能するための条件[*30]」であると主張していた。このケインズの証言はポランニーの解釈の方に合致するようにも思える。いずれにせよ、少なくとも言えることは、ローソンとポランニーの対照的なケインズ解釈は、批判的実在論とポスト批判的実在論の懸隔を反映しているということである。

▼特別に訓練された直観的裁量

バスカーの批判的実在論とポランニーのポスト批判的実在論は共に、世界が知識とは独立して存在すること、そして、世界の知識は科学の社会的活動の産物であることを承認するものであった。しかし、バスカーの超越論的遡及の概念はパースの遡及の概念と一致しないというだけではなく、どのように良き仮説を形成するのかについて適切に説明するのに失敗している。これに対して、ポランニーの暗黙知の概念はパースの遡及の概念に近く、超越論的遡及が孕む難点を回避できているのである。

他方で、バスカーの著作を丹念に読むと、信条、知識の材料的原因あるいは伝統、内在化あるいは解釈といった、ポスト批判的実在論の重要な要素が含まれていることが窺える。したがって、もしバスカーがその科学および社会科学の実在論的理論の中から超越論的遡及の概念を除外し、代わりに暗黙知の概念を導入していれば、批判哲学に内在する弱点を克服し、その実在論をより一貫したものとすることができたであろう。もっともその代償として、社会主義的解放の理想を放棄することを余儀なくされるであろうが。

ポランニーは、批判的実在論者と同様にケインズ主義的理論を支持したが、その理由は批判的実在論者とは異なっていた。

第一に、ポランニーにとってケインズ主義のメカニズムは、超越論的にではなく、実在との接触と暗黙知を通じて発見されたものである。

第二に、ケインズ主義的政策は、自由な社会を破壊する恐れのある社会構造の転換を引き起こすことなく、資本主義システムをより良きものへと改革し得るものである。

第五章において、国家行為者が政策を立案する際には、遡及的推論が重要な役割を果たすと論じた。また、その遡及的推論は、国家行為者の政策における「裁量」の一種であるとも主張した。そして、第六章における検討を通じて明らかになったのは、ポランニーの暗黙知はパース的な意味における遡及と同じであるということであった。

さらに先に述べたように、ポランニーは、ケインズ主義的政策の中に構造やメカニズムを推論する遡及あるいは暗黙知の作用を見出していた。これらを総合的に勘案するならば、ポランニーは、政策担当者に遡及的推論としての裁量を認め得るだろうということになる。

実際、ポランニーは、ケインズ主義を擁護した『完全雇用と自由貿易』の中で、次のように述べている。

> 政府の新たな責任。本書が提案する政策によって貨幣循環を望ましい水準に維持することは、不可避的に、政府に雇用される専門的な経済学者たちに相応の責任を負わせることになろう。それは、職業的な判断の観点からのみ説明可能な決定に加えて、個人的な技能に

本質的に依存し、特別に訓練された直観的裁量（a specially trained intuitive discretion）の光に照らされた決定を含むであろう。[*31]

ここで言う「特別に訓練された直観的裁量」を、後にポランニーが「暗黙知」と呼んだパース的な「遡及」と同一視することは決して不自然ではない。

科学者は科学共同体の中にいて、技能や芸術と同様に徒弟制を通じて特別に訓練され、科学共同体の伝統を内在化することで暗黙知を体得していく。こうして科学者は、「実在」の領域に隠された構造やメカニズムを発見する能力を身につける。

これを国家政策に適用するならば、国家行為者は政策担当者として特別に訓練されることで、実在の領域の中から個別の事象を生成する構造やメカニズムを遡及的に推論し、判断する能力を獲得するということになる。その遡及の能力こそ、特別に訓練された直観的裁量にほかならない。

ただし、前章におけるバスカーとの比較検討が明らかにした通り、ポランニーにとって遡及とは、あくまで実在との接触を出発点としなければならないものなのであって、決して超越論的であってはならない。実在との接触から遊離し実在の制約から逃れた超越論的議論は、国家行為者を「安楽椅子での理論化に耽ったり、自分の好みの理論にそぐわない経験的証拠を無視したりといった安易な方[*32]」へと誘惑するであろう。それは、社会全体を転換せんとする「破壊のプログラム[*33]」となる危険性を孕んでいる。

第五章において展開された「公共政策の実在論的理論」は、批判的実在論を哲学的基礎として構築されたものであった。しかし、この哲学的基礎をポスト批判的実在論に差し替え、超越論的な遡及を、パース的な「遡及」＝「暗黙知」＝「特別に訓練された直観的裁量」と入れ替えることで、「公共政策の実在論的理論」はよりいっそう強固に実在論的なものとなるのである。

▼ロウの道具的推論

ポスト批判的実在論を哲学的基礎とした政策について、より深く理解する上で有益なのが、アドルフ・ロウの政治経済学（political economics）である。

というのも、第一に、ロウは、自らが提案する政治経済学がポランニーのポスト批判哲学を基礎としていると明確に述べているからである。[*34]

第二に、ロウは、自らの政治経済学を伝統的な経済理論（今日の主流派経済学）と対比させている。伝統的な経済理論はミクロ単位の主体（個人や企業）の行動を前提とし、市場などの制度を修正するものに過ぎない。これに対し、政治経済学は主体の行動を変容させたり、システムの構造を再組織化したりする「管理（Control）」に関する科学である。ロウは、管理とは「公共政策」のことであると言う。[*35]

すなわち、ロウの政治経済学とは、まさにポスト批判的実在論を基礎とした公共政策の理論と言えるのである。

ロウの議論を要約するならば、次の通りとなる。

まずロウの政治経済学において重要なのは、「道具的推論（instrumental inference）」の概念である。ただし、この道具的推論を、第一章において批判したフリードマンの道具主義と混同してはならない。むしろ、ロウはフリードマンの実証経済学に対して批判的であった。[*36] しかもロウは、道具的推論を、パースの「遡及」やポランニーの「論理的跳躍」と同様のものであるとはっきり述べているのである。[*37]

ロウは道具的推論について、次のように説明している。

伝統的な経済理論は「仮説—演繹的方法」に則っている。この方法では高次の仮説が命題としてあらかじめ設定されていて、その命題から説明や予測が三段論法的に演繹されるのである。例えば、「比較優位の原理」という既知の命題から、貿易の自由化が貿易当事国に互恵的な利益をもたらすという結果が推論されるのである。

このように主流派経済学の仮説—演繹的方法とは、理論を当てはめさえすれば、先行する既知の原因から未知の結果が推論できるという論理形式となっている。しかし実際には、原因は既知ではなく未知であろう。我々は原因について何も知らず、それを発見しようとするのである。

むしろ、我々は結果の方を知っている。その結果とは、政策について言えば、例えば完全雇用であるとか、あるいは最近の例で言えば脱炭素社会であるとかいった、いわゆる政策目標である。そして、そうした完全雇用や脱炭素社会といった結果を出すために、その原因を見つけ出し、経済政策や環境政策を講じるのである。

したがって、推論の方法は伝統的な経済理論の仮説─演繹的方法とは逆方向となる。すなわち、「既知の原因から未知の結果を推論する」のではなく、「既知の結果（あるいは設定された目標）から未知の原因を推論する」という「退行推論（regressive inference）」になるのである。

言い換えれば、仮説─演繹的方法では結果が目的（end）であり、原因が推論の出発点であり、そして手段（means）であるのに対し、退行推論では手段と目的が逆転して、結果が推論の出発点であり、手段なのである。それゆえ、退行推論は道具的推論なのである。

まず政策目標が設定され、実際の状態の中から、その政策目標を達成するための手段が道具的推論によって導き出される。「実際の状態と目標適合的な状態との連結」[*38]、これが管理すなわち公共政策の定義である。

さらにロウは、この道具的推論は「科学から実践へ」という一方向だけではないと指摘する。有効な理論を構築するためには、「改革された実践からより包括的な科学的知識への逆向きの連関」[*39]も重要となる。この点は、我々の「公共政策の実在論的理論」が政策を実験との類比でとらえたことと合致している。ロウの政治経済学は本質的に政策志向なのであり、そして、知識の発展は政策に依存している。政策が実践され目標が達成されたかどうかによって、知識の真偽がテストされるのである。[*40]

第五章において取り上げた二〇二〇年代初頭のインフレーションを例にとってみよう。主流派経済学者のジョン・テイラーは、このインフレーションを抑制するために利上げを主張した。

主流派経済学の仮説―演繹的方法では、例えば、インフレーションの原因は貨幣の過剰供給にあるという仮説が与えられ、それに従って利上げという政策が演繹的に導かれるのである。これに対して道具的推論では、物価の安定という結果、すなわち政策目標があり、そこから、物価を安定させる未知の原因あるいは「生成メカニズム」が、退行的に推論あるいは遡及される。そして、そうして推論された原因あるいは生成メカニズムに働きかけるような公共政策が実行されるのである。

▼道具的推論と暗黙知

なお、すでに述べたように、ロウは自らの議論をポランニーのポスト批判哲学の中に位置づけているが、その観点から若干の補足が必要である。

第一に、ロウは、道具的推論によって既知の結果から未知の原因を探究すると述べているが、ポランニーと共通するバスカーの実在論に照らして言うならば、この場合の「原因」とは「実在の領域」に存在するということである。すなわち、既知の結果を生成する「構造」と「メカニズム」を探究する「遡及」が、「道具的推論」だと理解されるのである。

第二に、ロウの道具的推論によれば、既知であるのは結果すなわち政策目標であり、政策目標から出発する退行推論によって、未知の原因を探究するというものであった。

しかし、とうてい達成不可能である荒唐無稽な政策目標が設定された場合は、いかに道具的推論といえども、実在の領域の中に原因を見出すことは不可能であろう。なぜなら、そのような原因は実在しないからである。

それでは、政策目標が「既知」である、言い換えれば、実現可能な政策目標を設定し得るというのはどういう意味なのであろうか。あり得べき解釈は、政策担当者は政策目標が実現可能であることに関する「暗黙知」を得ているということである。

これは「メノンの逆説」の解法と同じである。政策担当者は、未だ見つかっていない原因について暗黙の前知識を持っている場合に、政策目標を設定できるのである。そして、その暗黙知は「実在との接触」の経験を蓄積することによって獲得される。それこそが、ポランニーが「特別に訓練された直観的裁量」と呼んだものにほかならない。

▼一次的管理と二次的管理

ロウは、先進国における公共政策の主目的を、マクロ均衡(macro-equilibrium)あるいは安定化(stabilisation)と成長均斉化(balancing of growth)とした。「安定化」とは、需要刺激策による乗数効果を含めた需要によって、資本や労働の遊休(要するに過剰設備や失業)がなくなる状態を指す。[*41]「成長均斉化」とは、より動態的に経済システムの構造が変化する中で、新たに発生する資本や労働といった資源を持続的かつ効率的に吸収することを意味する。[*42]
現代の産業経済は不安定に変動するものであり、安定化と成長均斉化のために、常に「管理」が必要となる。経済の変動により需要が不足し、資本や労働の遊休が発生した場合には、ケインズが明らかにしたように、公共投資や減税によって需要を追加することが有効である。

ただし、ここでロウは、管理の手法について興味深い議論を展開している。政府が需要刺激策を講じ、それが乗数効果を経て有効に需要を拡大するためには、個人や企業といったミクロの経済主体が市場が拡大するという積極的な「期待」を持って、消費や投資などの経済行動を活発化させる必要がある。ミクロの経済主体が積極的な期待を持ち得なかった場合、政府による需要刺激策は奏功しない。それゆえに、期待の役割を考慮するならば、経済政策の効果を事前に予測することは困難である。

そこでロウは、政府支出の増減、課税の増減、利子率の上下、関税の増減によって、客観的な需要の状態を変化させることで間接的に期待に影響を与える「一次的管理」に加えて、それを補完するものとして直接的に人々の「期待」に訴える「二次的管理」という政策手法を提案している。

要するに二次的管理とは、一次的管理の機能を理解するように人々を啓蒙《けいもう》することである。その二次的管理の主たる責任者は経済学者であり、マスメディア、産業団体、労働団体、政治家の発言、経済ジャーナリズムもまた大きな役割を果たす[*43]。

▼期待

このロウの「二次的管理」の議論を、第三章において論じた「ルーカス批判」の先駆とみなす向きもあるかもしれない。実際、ロウは、「期待」の効果を有効に発揮させるためにはルールが必要であるとも指摘している。

しかし、ルーカスとその追随者たちが財政政策を否定し、金融政策のルールに偏重したのに対して、ロウはチャールズ・リンドブロムが提唱した「漸変主義《ぜんぺん》（incrementalism）」のルールに基づく公共支出を推奨している。[*44] ロウの言う「ルール」とは、主流派経済学のように「裁量」を否定するものではなく、漸変主義という裁量の方法に関するルールなのである。

政治学者であるリンドブロムの理論については次章において議論するが、漸変主義が望ましいとロウが考える理由は、小幅な修正の方が行為主体の予測可能性を高めることができるからである。ただし、ロウは、経済の停滞から脱出するために最初に大規模な需要刺激策を講じることや、より包括的な「一次的管理」を実施することを否定はしていない。[*45]

また、ロウはルーカスとは違って、期待を「合理的期待」とはみなしていないし、ケインズ主義的な需要管理を否定するためではなく、それを補完するために期待を導入している。

むしろ、二次的管理の主たる責任を経済学者に帰したロウの議論を援用するならば、ルーカス批判それ自体が、ケインズ主義的政策に対する消極的な期待を持たせ、それを無効化するという、負の二次的管理であったと言わなければなるまい。

なお、ロウは、人々が経済政策を正しく理解するように啓蒙する二次的管理について論じたが、ポランニーもまた同様の主張をしている。世界恐慌の最中であり、ケインズの『雇用・利子・貨幣の一般理論』が出版された年の翌年にあたる一九三七年、ポランニーは「経済学の大衆教育について」という小論の中で次のように論じている。

独裁政権の精神的な強みは、経済生活についての考え方を強制することにある。民主政治は経済問題に対する大衆の理解を生み出すことによって、経済意識への渇望を満たすことができる。それが思想の自由を守りながら経済意識を獲得する唯一の方法である。

さらに私は、知的な力が容易に、そしてほぼ必然的に政治的な力に変換されると主張したい。経済生活に関する適切な見解が広まることで、無益な問題にからめとられている社会的な力が解放され、合理的な目標に向かうと私は期待しているのだ。これらの社会的な力がひとたび合理的なものを志向し始めれば、それに反対するような少数派の既得権益を容易に克服できると私は信じている。実際、啓蒙された公衆は、自らの経済生活を方向づける完全な力を有していると私は信じているのだ。

（中略）

だから、政治に対する私のアプローチは、新しい経済思想を練り上げると同時に、その概要を簡略化して、知的な一般人にも理解できるようにすることである。そうなれば、その思想は人々の間にさらに広まり、人々の社会的な力を再編成する手引きとなるであろう。[*46]

こう書いた後、ポランニーは実際に、『完全雇用と自由貿易』を著すまでの六年間、ケインズの理論に基づいた貨幣循環の図を映像化し、放映するという活動を続けた。[*47]ポランニーにとってその教育的活動は、二次的管理としての政策の一環だったのである。

第八章

複雑系の世界における政策

▼リンドブロムの漸変主義

前章ではポスト批判的実在論に基づく「公共政策の実在論的理論」を展開したが、本章では主にその政策分析の成果を取り入れながら、それをさらに発展させていく。

前章において論じたように、アドルフ・ロウは、チャールズ・リンドブロムの漸変主義を支持したが、漸変主義はポランニーの保守的自由主義との親和性が高い。そこで、まずはリンドブロムの政策分析について検討しよう。

リンドブロムは、漸変主義を「公共政策を小さく変更することで生じ得る、新しい諸状況と現状との結果の違いの検証によって、漸変的な変化の効果を単独で扱えるようにする」ことであり、「いくつかの異なる可能性のある政策の結果を、それぞれをまったく変更しない場合と比較する」ことであると定義している。[*1]

なぜ、政策の立案と実行に関して漸変主義の方が望ましいのか。リンドブロムの見解は次のように簡潔明瞭に要約されている。

政策形成は、良く言っても、非常に大雑把な過程である。社会科学者も政治家も行政官も、政策の動きがもたらす結果の予測に繰り返し失敗するのを避けられるほど、社会世界について十分に知らないのである。結果として、賢明な政策担当者であれば、自らの政策が自身の願望のほんの一部しか達成しないであろうし、同時に、避けたいと思う予測不可能な結果が生じるであろうことを予期しているものである。もし、政策担当者が、漸変的な変化の連続を続けていれば、さまざまな方法で起きる深刻な誤りの連続を回避するのである。[*2]

このリンドブロムの議論を、実在論的分析の観点を交えつつ解釈してみよう。

すでに見たように、現実世界は、「経験の領域」「実際の領域」「実在の領域」から構成されており、また、物理、化学、生物、自然、社会、経済、政治、文化、道徳など、相互に重複した階層構造をなしている。加えて、社会的現実に限定しても、政治の権力構造、経済の利害関係、さらには価値観やイデオロギーの相違などが多元的に錯綜し、かつ、その関係は不断に変動している。それは不確実性の高い「開放系」である。

しかも、民主国家においては一般的に、人々の間に基本的な価値観や望ましい社会変化のおおよその方向性と性格についての広範な合意があり、そして予測困難なほど急進的な社会変化は好まれないという傾向にある。[*3] そうでなければ、民主国家の秩序は相対的に安定したものにはなり得ないからである。

現実は不確実性に満ちた開放系であっても、その中で「存在論的安全」を求める。それが人間という存在である。

そういう現実を踏まえるならば、例えば、主流派経済学の理論を現実に適用し、経済厚生という一元的な価値基準に基づいて、資源配分の最適化を実現しようとするようなやり方は、適切ではない。

なぜなら、それは人々の価値観の多元性を無視し、一元的な価値観を押し付ける強権的な手法にならざるを得ないし、また、社会を白紙から作り直すような手法は、予測不能な混乱と無秩序を引き起こし、人々の存在論的安全を脅かすからである。

しかも、政策担当者は可謬的であってその認知能力には限界があるから、現実にある無数の変数を網羅的に把握することも不可能である。

この複雑、多元的かつ動態的な社会において、人々が共有する基本的な価値観や社会制度の枠組みをおおむね維持しつつ、予測可能な形で社会を変化させようとしたら、政策担当者はどうすべきであろうか。

それは、リンドブロムが言うように、急進的・抜本的ではなく、漸変的な手法を採用するしかない。

漸変主義的な政策決定過程では、政党や利益集団などの政治集団は、多元的な利害関係や価値観を反映して、多元的に存在することとなる。また、行政府は所管ごとの縦割り構造となる。複雑な政治的駆け引きや縦割り行政はその弊害ばかりが指摘されがちである。しかし、リンドブロムは、そういう断片化の弊害について承知しつつも、特定の政策が特定の主体によって継続されることや、多様な主体の多様な見解による相互監視が可能になることといった積極的な意義をより強調する。

理想的な最善は、調整のための単一の複雑な政策決定を計算したり制御したりする能力が不十分であっても、漸変的分析と政治的断片化の関係が、政策の要素を相互に調整する手法を構成するということである。[*4]

漸変主義的な改革では動きが遅過ぎるという批判がある。しかしリンドブロムは、急進的・抜本的な改革の方がむしろ動きが遅いのだと反論する。

速く小刻みな変化の連続は、稀にしか起きない大きな政策転換よりも、現状の大変革をより速く達成できる。もし変化の速度が変化の規模と頻度の掛け算であるならば、漸変的な変化の様式は、通常の環境下では可能な限り最も速い変化の方法である。[*5]

極めて興味深いことに、リンドブロムは、漸変主義や相互調整による政策形成についての懐疑的な見解に対して、科学活動においても漸変主義的な改良や相互調整が行なわれていると反論したが、その際、彼はポランニーの名に言及していた。

とりわけマイケル・ポランニー、ラカトシュ、そしてクーンが彼らの科学研究の中で示してきたことは、科学共同体自身がその特質として、漸変主義と党派的相互調整の両方を別の名前において実践しているということである。[*6]

要するに、漸変主義による政策形成の方が、真の意味において「科学的」だということである。

なお、リンドブロムの漸変主義の政策形成については、ポスト批判的実在論の観点からは、再び若干の補足が必要である。

政策形成は確かに漸変主義の方が望ましいが、この場合の「政策」とは、あくまで実在の領域に存在するメカニズムを探究しそれを作動させるものである。

言い換えれば、メカニズムを作動させるという実現においては、漸変主義的に行なわれるべきであるが、メカニズムの探究それ自体は、社会構造全体に対する包括的で根本的な理解を必要とする。漸変主義的な政策形成といえども、実証主義のように経験の領域までしか及ばないような社会理解に基づくようでは、政策の実現はおぼつかないのである。

前章で、システム主義者は「漸進的であるが統合的な変化を好む」[*7]というマリオ・ブンゲの言葉を引用したが、メカニズムの作動に焦点を当てた政策の漸変主義的な遂行は、まさに社会に「漸進的であるが統合的な変化」をもたらすであろう。これこそがポスト批判的実在論に基づく公共政策の要諦である。

▼ポランニーの自生的秩序

政策分析における漸変主義と、ポスト批判的政策哲学との近接性について、さらに理解を深めるためには、ポランニーの社会哲学を吟味することが有益である。
ポランニーは、物あるいは人間の秩序だった配置には二種類あると論じている。一つは、誰かが物あるいは人間を意図的に配置することである。よく手入れされた庭、正常に作動する機械、あるいはパレードの一隊などが、そういう秩序に該当する。これは「企業秩序（corporate order）」と呼ばれる。[*8]
しかし、これとは正反対の原理によって形成される秩序もある。液体やガスのような流体が自然とある特定の形になるように、あるいは無数の細胞が一つの生命体を組織するように、人間が物あるいは人間を強制して配置していないにもかかわらず、自然と複雑な秩序が成立する現象がある。各々の部分が相互に調整して、全体的な秩序あるいは均衡を実現するのである。このもう一つの種類の秩序が「自生的秩序（spontaneous order）」である。[*9]
経済秩序に関して言えば、前者に該当するのは、戦時中の統制経済や社会主義の計画経済である。そして、後者に該当するのが市場経済である。
前者の統制経済あるいは計画経済においては、政府が指令して個人や資源の配置を強制する。これに対して後者の自生的秩序である市場経済においては、政府の強制がなくとも、個人が自由に活動し経済取引や生産の分業と協業を通じて、相互に調整した結果、需要と供給が一致し安定した経済秩序が成立する。自生的秩序であれば、個人の自由と社会全体の秩序が両立し得る。そこで、ポランニーはハイエクら経済自由主義者と同様に、社会主義の計画経済を批判し市場経済を擁護した。

しかしながら、同時に、ポランニーが「相互調整による秩序の支持や特定の計画秩序に対する反対に偏り過ぎるべきではない[*10]」と留保を付していることは、十分に注意しなければならない。例えば、小規模の組織であれば統制や計画の方が優れていることを、ポランニーは認めている。

より重要なのは、個人間の相互調整が全体的な均衡や秩序の形成に失敗し得る場合もあることや、個人間の相互調整の結果、好ましくない秩序が成立する場合もあることである[*11]。前者の例としては、まさにポランニーも経験した世界恐慌のような金融危機がある。後者の例としては、市場経済がもたらす極端な格差社会がある。このような場合には、それを政府の介入によって是正する余地を認めている点において、ポランニーはハイエクとは重要な一線を画している。

▼多中心性

さらにポランニーは『自由の論理』において、自生的秩序とその限界について論じる中で、「多中心性（polycentricity）」という非常に独創的な概念を提出した。自生的秩序は、中心となる主体が一つではなく複数存在し、それらの主体が相互に調整する関係にある。このような多中心的な秩序においては、ある変化が起きると他の主体も変化するので、その動きは連立方程式の解として表現される。

しかし、中心となる主体が少数である場合ならば厳密な計算もできようが、多数となる場合には不可能である。ただし、「ある時点におけるある中心を、当面、他の中心とその他との関係を固定した上で取り扱う」[*12]という手順を繰り返すことで、多中心的な秩序の近似的な解を得ることができる。これは、R・V・サウスウェルが開発した「緩和法」という多元的な連立方程式の解法と同様の手順である。

ポランニーはこのように論じることで、統制経済的・計画経済的な手法によって、複雑な経済社会に秩序をもたらすことは不可能であることを数学的に明らかにしたのである。

しかしながら同時に重要なのは、ポランニーが、このような数学的な解法は、天文学や原子物理学など、数学的に定式化し得る多中心性に関して適用されるものであることに注意を促していることである。

人間の社会に関しては、考慮すべき中心はより多様であり、しかも階層をなしている。人間という実在には、生物的な階層の上に、知的階層、道徳的階層、芸術的階層があって、それぞれの階層に中心がある。しかもこれらは複雑にからみ合っている。低次の生物的な階層における反射神経のようなものであれば、数学的に定式化することもできようが、知性、道徳、芸術といった高次の階層については不可能である。

叡智《えいち》とは、人生におけるすべての目的を調和させる能力であるとカントは定義する。ゆえに、叡智は多中心的な処理を目指す。絵画では、それぞれの色の点は、他のすべての色の点と重要な関係にあるべきである。モーツァルトはオペラの作曲を終えたとき、そのすべての音を同時に聴くことができると言ったという（中略）。医者は肺の病いへの治療において処方する際には、心臓、腎臓、消化器のみならず患者の所得や家族構成まで考慮する。これらはすべて、数学的に定式化できない多中心処理である。[*13]

第五章においてカオス理論と複雑系理論について参照したが、ポランニーの多中心性の概念は、カオス理論よりも複雑系理論に近い理解であると言えるであろう。

もっとも、「完全に非定式的な多中心処理と、完全に定式的な工学の多中心処理との間に、私が『理論的定式化』と呼ぶ中間領域の多中心処理がある」。[*14] 経済の問題はまさに、この理論的定式化という中間領域に属しているとポランニーは考えていた。

その意味をより具体的に言うならば次の通りとなる。

例えば、企業経営者は利益の最大化を目指している。利益の最大化の計算それ自体は、数学的なモデルとして定式化できるのかもしれない。しかし実際には、そのモデルに投入されるべきデータは、数値で表現できない価値や、数学的に表現できない関係が数多く含まれている。この場合、企業経営者の行動は何らの定式化もできないというわけではないが、完全な数学的定式化は不可能である。[*15] こういった場合について、ポランニーは理論的定式化と呼んでいるのである。

このように、経済の多中心処理は数学的には定式化できず、計算不可能な問題なのであるが、先ほどの緩和法はアナロジーとして有効である。すなわち、すべてのデータを入手して問題を解決するのではなく、部分的な調整を継続的に行なっていくということである。この緩和法のアナロジーは、複雑系における解法である漸変主義とほぼ同義であることは明白であろう。ただし繰り返しになるが、人間社会という実在は、知的、道徳的、芸術的といったより高次の階層から、政治的、経済的、さらには生物的といったより低次の階層が複雑に重なり合う構造をなしている。したがって、全体的に調和した社会秩序の形成は、政治や経済の階層における個人や団体の間の利害調整だけでは不可能であり、個別最適の調整を全体最適へと導く制度的な枠組みが必要となる。

そのような制度的な枠組みこそが「伝統」であるとポランニーは主張したのである。

簡単で明白なアナロジーによれば、自由な社会というものは、社会の構成員が社会の課題解決に自由に貢献できるような枠組みを与える伝統の文脈の中に存在しなければならない。単なる自己主張の自由は、社会の基準や制度の解体につながるだけである（中略）。

実現可能な自由社会の姿に必要なのは、真理、正義、美といった精神的な目的への伝統的な奉仕であり、それらは科学者、学者、法律家、裁判官、あらゆる種類の芸術家、そして牧師の自由で自治的な共同体に必要なものである。[*16]

▼自由と伝統

さらに、このような諸共同体の自由な活動による継続的な相互調整のシステムは、より高次の階層にある目的を目指して進歩しようと、常に動き続けている。[*17] そして、その相互調整は「説得」を通じてなされる。説得の理想は、圧力、脅迫、心理的なトリックなどのない、開かれた精神の変化である。[*18]

もちろん、政治共同体における相互調整は、より高次の科学共同体における相互調整のように説得だけでなされるものではなく、派閥間の駆け引き、心理的なトリック、妥協といった手法も駆使されるであろう。しかし、そういう功利主義的な手法を放任しておいても、社会全体の調和は得られない。

したがって、政治共同体は、各派閥が権力を得る努力の中でお互い（そして国家）を破壊しないようにするには、一連の偶然的な制度に依存しなければならない（中略）。そのような一連の制度が発展すれば、マディソンとハミルトンが合衆国を提案した際に明らかに期待していたような、利益、権力、党派的な利害といった低次の領域を基礎にした高次の道徳の領域の良い例を得られるであろう。そのような状況であれば、一連の制度が主に与える制約条件によって、より愚かな利害が、「正義」のような道徳原則へと転換することになろう。[*19]

このように、ポランニーの多中心的な自生的秩序の概念は、単に個人や諸団体の相互調整から秩序が自然に形成されるというものではなく、全体的な調和を達成するための制度的な枠組みが必要であるとするものであり、さらにその制度的枠組みが、個々の相互調整を正義や善といった、より高次の目的の達成に向けて誘導するというものであった。そうした一連の制度的枠組みを総称して、ポランニーは「伝統」と呼ぶのである。

そして、この自由を規律し、「公的自由」を担保するための伝統を破壊から守るために必要な公共政策として、ポランニーはケインズ主義的な政策を召喚したのである。

▼ブルーミントン学派

ポランニーが『自由の論理』において「多中心性」の概念を提唱したのは一九五一年であるが、それから十年後、アメリカのインディアナ大学を中心とした政策分析の研究者たちが同じく多中心性について論じ始めた[*20]。この政策分析の研究集団は、インディアナ大学の所在地の名をとって「ブルーミントン学派」と呼ばれている[*21]。その中心となったのは、ヴィンセント・オストロムと彼の妻エリノア・オストロムである。

V・オストロムが多中心性の概念にたどり着く契機となったのは、大都市の統治機構に関する経験的な分析であった。大都市の統治機構は、連邦政府、州政府、群、市、区といったように多段階に重複していた。このような行政の重複は、非効率をもたらす病理現象とみなされていた。そして、これら多段階に及んで混沌《こんとん》とした行政を整理し、重複を排除した一元的な行政機構を目指す行政改革が提唱されていた。

しかし、V・オストロムらはそのような行政改革派の見解に反して、これら多段階の行政は、市民が享受する公共財の性質や範囲に応じて、それぞれ適切な行政単位が公共財の供給を行なっている結果であって、それは混沌でも非効率でも病理的でもないと主張したのである。

行政機構の一元化を理想とする従来の行政改革派は、社会を「単中心的（monocentric）」なものとみなしている。しかし、大都市のような大規模な社会は「多中心的（polycentric）」であって、それを一つの行政機構によって一元的に管理することは適切ではない。大都市の統治は、多中心的な社会に対応して、意志決定の中心となる組織が複数存在し、それらの組織が重複しながら相互に調整するような多中心的な形態をとる方がむしろ合理的である。V・オストロムらはそのように主張したのである。[*22]

その後、V・オストロムは、この多中心性の概念について、大都市の社会分析を超えて自由民主的政治システム一般を特徴づけるものとして、さらに発展させようとした。[*23] その中で彼は、マイケル・ポランニーの『自由の論理』における多中心性の議論を参照し、さらには多中心的な政治システムの構想の先駆者として、ポランニー同様、ジェームズ・マディソンとアレクサンダー・ハミルトンに言及している。

当時、独立した諸主体による相互調整による統治という多中心性の概念に対しては、それを主流派経済学の市場分析を政治に応用したものとみなす反応があった。しかし、V・オストロムはそのような見方を否定している。彼は、主流派経済学が好むような原子論的個人論に基づく形式主義的なモデルで行政機構を分析できるとは考えていないのである。[*24][*25]

また、多中心性の分析は大都市行政の現状を描写したものに過ぎないという見方に対しても、

V・オストロムは異を唱えている。彼は多中心性の概念には規範的な含意があると主張した。「広汎に分散した意志決定能力は、諸個人による実質的な裁量あるいは自由を許容し、政府職員の行動に効果的で規則的な制約を課すものであり、それは民主社会の本質的な特徴である」[*26]。

注目すべきは、V・オストロムが「ポランニーは、多中心的なシステムにおいて関係を秩序立てる枠組みを与える一般的なルールの体系を強調したが、これは、オストロム、ティボー、ウォーレンが看過していた重要な問題である[*27]」と述べていることである。

独立した各主体による相互調整は多中心性の必要条件ではある。しかし、それだけでは調和のある秩序は実現できないのであって、ポランニーが「伝統」と総称したような制度的枠組みが不可欠である。そのような制度的枠組みとして、V・オストロムは「憲法」に着目している。ハミルトンとマディソンが合衆国憲法を構想したのは、彼らが多中心性に秩序を与える基本的かつ包括的な制度的枠組みが必要であることを理解していたからにほかならない[*28]。

また、V・オストロムは、インフレーションのような問題は連邦政府によるマクロ経済的な規制によって対処すべきであって、その権能を地方政府に移管することは適切ではないとも述べている[*29]。

ポランニーが失業を論じ、V・オストロムがインフレーションを論じているのは、彼らの時代背景の相違によるものである。すなわち、ポランニーの念頭にあったのは一九三〇年代の世界恐慌であったのに対し、V・オストロムが活躍した一九七〇年代に問題となっていたのはインフレーションであった。

しかし、ポランニーもV・オストロムも、自生的秩序を重視しつつも、中央政府によるマクロ経済政策の必要性を認めていたという点において、共通しているのである。

▼ケインズと多中心性

ちなみに、ポランニーはケインズの理論を高く評価していたが、そのケインズが、多中心的と言うべき政治システムを理想としていたことに注意を払っておくべきである。それは、彼が「自由放任の終焉《しゅうえん》」という一九二六年のエッセイの中で、次のように述べていることからも分かる。

多くの場合、管理と組織の単位の理想の大きさは、個人と近代国家の間のいずれかにあると私は信じる。したがって、私が思うに、進歩は国家の内にある半・自律的な団体の成長と承認の中にある。——それらの団体の領域内での行動基準は、それらが理解する公共善だけであり、その慎慮から私的利益は排除されるが、人々の利他主義がもっと広く普及するまでの間は、ある程度は、特定の集団、階級あるいは同業者の個別利益に委ねておく必要があるかもしれない。——それらの団体は、通常はそれらに与えられた枠内で自律性を有するが、最終的には議会を通じて表明される民主的主権に従うのである。[*30]

したがって、ケインズ主義的な経済政策は、それをケインズ自身やポランニーのように理解する限り、多中心的な自生的秩序とは矛盾しない。多中心性や自生的秩序は自由放任の帰結ではない。それどころか、ケインズはその多中心的な政治システム観を、「自由放任の終焉」を論じる中で表明しているのである。

さらに、すでに指摘したようにポランニーは「相互調整による秩序の支持や特定の計画秩序に対する反対に偏り過ぎるべきではない」と述べ、統制や計画の存在可能性を認めていた。同様に、V・オストロムも「多中心的政治システムの存在可能性は、単中心的政治システムの存在可能性を排除しない」「さらに、主として単中心的な政治システムの中に多中心的な要素が含まれる可能性を排除する必要はない。逆に、主として多中心的な政治システムの中に単中心的な要素が含まれる可能性も排除する必要もない[*31]」と述べている。

現実の政治システムが、どの範囲においてどの程度、多中心的あるいは単中心的であるべきか。それは、個別具体的な状況や実践に応じて異なるということである。

このように、ポランニーの多中心性の存在論は、ブルーミントン学派の政策分析の背景にある社会哲学と多くを共有しているのである。

▼多中心性と実在論

ポランニーが提示し、ブルーミントン学派が政策分析のために発展させた「多中心性」の概念は、特にポランニーが実在論者であることを考慮すれば、本書の「公共政策の実在論的理論」に組み入れられると期待できる。

すでに第四章において国家を実在論的に分析する中で、マイケル・マンによる国家の「多形的結晶体モデル」を参照したが、「多形的結晶体」は、伝統や憲法といった制度的枠組みの下で形成される多中心的な政治システムのアナロジーにもなることは明らかであろう。

さらに第五章では、国家政策が実験に類似した役割を果たしているという議論を展開したが、ブルーミントン学派もまた、政策は実験的な性格を帯びているととらえていたのである。[*32]

ただし、本書の「公共政策の実在論的理論」とブルーミントン学派の理論との間には、違いもある。

例えば、ブルーミントン学派の関心の中心は、中央政府よりもむしろ、中央政府以外の行政機関にあるように思われる。

もちろん、すでに見たように、V・オストロムは、中央政府のマクロ経済規制的な政策の役割を認めていたし、多中心的な政治システムには、憲法など国家レベルの制度的枠組みが不可欠であるとも論じていた。しかし、行政機構の一元化を理想とする従来の行政改革派の単中心的な見解を批判する文脈から生まれたという出自もあってか、ブルーミントン学派には、多中心的な政治システムのうち、中央政府以外の政治的意志決定の中心をより重視する傾向があるように見受けられる。

また、ブルーミントン学派においては、構造としての国家に対する分析は不在のようである。それどころか、ブルーミントン学派の自生的秩序の議論は、国家なき秩序を探究するアナキズムの伝統に貢献するものとも目されている。[*33]

このブルーミントン学派の傾向は、おそらくその方法論とも深く関係している。というのも、ブルーミントン学派は主流派経済学のような原子論的個人論にこそ与《くみ》しなかったが、第三章で論じたようなウェーバー的な意味における個人論を採用していたからである[*34]。

その一方でブルーミントン学派は、多中心的な秩序には、「包括的なルール体系[*35]」が不可欠であると論じている。しかし、この包括的なルール体系は諸個人の相互調整活動の前提となるものであり、それゆえ、方法論的個人論では説明が困難である。包括的なルール体系の存在を理解するには、「行為主体」だけではなく、「構造」の概念を導入しなければなるまい。ただし、そうすることはブルーミントン学派の多中心性の理論を動揺させるものではなく、むしろ強化するものとなるであろう。

エリノア・オストロムは二〇〇九年にノーベル経済学賞を受賞したが、その受賞講演を次の言葉で締めくくっている。

> 私が概観してきた知的な旅路から引き出される教訓のうち、公共政策分析にとって最も重要なのは、人間というものが、初期の合理的選択理論が措定するよりも、動機的構造が複雑であり、社会的ディレンマの解決の能力についてもより優れているということです。
>
> （中略）
>
> 多段階で発生する相互行為や結果の世界を説明するためには、私たちは複雑系を拒否するのではなく、取り扱おうとしなければなりません。数学的モデルの中には、特定の条件

の下での結果を説明するのに非常に有益なものがあります。構造や動機の中核をとらえて、結果を有効に予測できるようにするためには、私たちは単純なモデルを使い続けるべきです。しかし、私たちが説明し、改善しようとしている世界が単純なモデルではうまく説明できないのであれば、複雑系を単に却下するのではなく、理解できるようになるまで分析枠組みと理論を改良し続けなければなりません。*[36]

しかし、彼女が言うような、複雑系の世界を理解し改善するための分析枠組みと理論を得るためには、結果の予測を目指す単純な数学的モデルを放棄し方法論的個人論を超えて、ポスト批判的実在論を導入することが必要であろう。そのような理論こそが「公共政策の実在論的理論」であるというのが本書の主張である。

▼複雑系理論と公共政策

第五章において、「公共政策の実在論的理論」は複雑系の社会システム論によって補強され得ると論じたが、近年イギリスを中心に、複雑系を前提とした公共政策のあり方についての研究が進められている。*[37]

例えば、ポール・ケアニーは、複雑系理論の洞察は、政策担当者にとって次の三つの含意を持つと論じている。

第一に、複雑系理論はトップダウン型の政策決定という伝統的なモデルを拒否する。より望ましいのはボトムアップ型のアプローチであり、それには「政策執行機関に、経験から学び、環境に適応する自由度をより多く与えることが含まれる」[*38]。

第二に、政策が意図せざる結果をもたらす可能性は常に否定できない。複雑系においては、我々は結果を正確に予測することはできないのである。したがって、政策介入は慎重でなければならず、「試行錯誤（trial and error）」の手法を多用する必要がある。そう論じる中で、ケアニーもまたリンドブロムの漸変主義を参照することを求めている[*39]。

第三に、複雑系の社会的現実に即した政策は未完であり、政策研究者と政策担当者が協力して政策の技術や理論を磨いていく必要がある。この点に関してケアニーは、マイケル・ホールワースとジル・ルッターの提案を引用している[*40]。

（政府に必要なのは）分析技術を発展させる努力を継続して、政策担当者が調査の有能な利用者になるか、組織的な分析をできるようにするか、あるいは、創発やフィードバック・ループのような複雑系の科学の概念を理解できるようにすることである[*41]。

このように、ケアニーが複雑系理論から引き出した公共政策への含意は、漸変主義にとどまらない。複雑系理論は、より有効な政策を立案し実行するためには、政策担当者を政策実践の中に埋め込むことが必要であるという示唆も与えている。

これは、政策担当者の「暗黙知」あるいは「特別に訓練された直観的裁量」は、「実在との接触」の経験を蓄積することによって獲得されるというポスト批判的政策哲学に共鳴するものである。また、その前提として、政策担当者が複雑系という社会的現実を理解していることが不可欠となるが、「創発」や「多中心性」の概念からなるポランニーの実在論は、複雑系理論の理解を助ける哲学であると言える。

▼経路依存性

複雑系理論の公共政策への応用に関しては、グラハム・ルームの研究も非常に示唆に富むものである。彼の議論の大意は次の通りである。

現実は、熱力学の世界、生物学的な進化の世界、社会的な世界などに見られるように、多くの場合、非均衡、非線形、予測不能な動きを見せる動態的なシステムである。それは、秩序、混沌、その中間のいずれかにある複雑系であり、その動態の過程には非連続な変化の局面や転換点が存在する。[*42]

経済的・社会的な複雑系について言えば、ニコラス・カルドアやグンナー・ミュルダールといった異端派の経済学者、あるいはブライアン・アーサーらサンタフェ研究所の研究者たちが強調する「収穫逓増」「累積的因果関係（cumulative causation）」あるいは「経路依存性（path dependence）」といった現象がある。

それらは、偶発的に与えられた初期の状態が自己強化的に増幅し、最終的な結果を決定するという現象である。こうした現象の例としてよく引き合いに出されるものに、キーボードのQ

WERTYという配列や鉄道の線路の幅などがある。この経路依存性の下では、主流派経済学の市場理論が想定するような均衡は達成し得ない。

しかし、経路依存性は、経済社会の動態、とりわけ制度や技術の発展過程において、例外的ではなく、むしろ一般的に観察し得る現象である。先に指摘した「自生的秩序」も経路依存性の別の表現であると言えるだろう。

経路依存性など複雑系の現象は、社会のみならず、物理的あるいは生物的な自然においても存在するが、社会の複雑系において特徴的なのは人間という行為主体の存在である。

人間は自らをとりまく社会について反省し、その変化に応じて受動的に反応するだけではなく、能動的に活動し、制度や技術を修正したり、新たに創造したりすることによって、自己強化的な経路を自らが望む方向へと変化させようとする行為主体なのである。

▼アジャイルな政策形成

経路依存性は自己強化的なメカニズムであるから、経路を望む方向へと変化させるには、自らをとりまく世界を反省し、その変化に対しては機敏（agile）に反応し、先発者（first mover）として経路の方向性を誘導することが重要である。なぜなら、初期状態の自己強化が増して経路が確定してからでは、修正が効かなくなるからである。

このように、所与の世界を前提として先発者として機敏に行動する戦略的な主体のことを、ルームは「アジャイル（agile）」な行為主体と呼ぶ。複雑系の社会において大きな役割を果たすのは、このアジャイルな行為主体なのである。

さらにルームは、政策担当者もまた、複雑系を前提としてアジャイルであるべきだと提案する。

複雑系のシステムでは、ある転換点を超えて望ましくない状態へと移行しないようにするには、変数を調整（tuning）して方向づけを行なう必要がある。熱力学的な複雑系の世界であれば、その調整を行なうのは物理学者であったりエンジニアであったりするのであろうが、社会的な複雑系の世界であれば、その調整を行なうのは政策担当者ということになる。

しかし、社会的な世界における変数は人間という行為主体である。すでに述べたように、人間は世界を反省して、機敏に行動を変化させることができるアジャイルな存在である。しかも、政策担当者による調整を無視したり、抵抗したりすることもある。このため、社会的な複雑系は極めて不確実性の高いものとなるし、政策という調整はすぐれて政治的なものとなる。しかも、この政治的な調整は不断に行なわなければならない。

また、社会が複雑系であり、経路依存性を帯びるものであるという現実を認めるならば、社会を「白紙（tabula rasa）」の状態から設計するような政策は、必ず失敗すると理解しておかなければならない。社会の複雑系においては、自らをとりまく社会を所与の初期条件として受け入れ、白紙からではなく、あくまで、その所与の状態から出発しなければならないのである。

こうした複雑系を前提とした政策形成のあり方を、ルームはアジャイルな政策形成と呼んで提唱するのである。[*43]

アジャイルな政策担当者は、白紙からの抜本的な改革ではなく、漸変主義的な改善や調整を志向する。アジャイルとは「漸変的」とほぼ同義である。

ただし、アジャイルな政策形成が成功するためには、政策担当者に経路依存性を発生させる自己強化のメカニズムについての理解がなければならない。経路依存性の自己強化メカニズムを特定した上で初期条件に変更を加えなければ、望ましい結果を誘導するように経路を修正させることができないからである。

漸変主義的に行動するだけでは、それは単なる現状維持に過ぎず、望ましくない自生的秩序の形成に対しては無力であろう。したがって、政策担当者が具体的な状況における複雑系のメカニズムを理解していることが前提となる。そのような実在に対する統合的な理解のことを、実在論者は「遡及」と呼び、そして本書では、それを政策担当者の「裁量」と同一視したのである。

複雑系の世界では、初期条件に加える変更はわずかなものであっても、自己強化メカニズムが作動することで構造全体に大きな変化をもたらす。マリオ・ブンゲが「漸進的であるが統合的な変化」と言ったのはこのことにほかならない。

▼「長期的には、皆、死んでしまうのだ」

非常に興味深いことに、ルームは、自らが提唱するアジャイルな政策形成を、ケインズの『貨幣改革論』における有名な警句「長期的には、皆、死んでしまうのだ」[*44]と関連づけている。

経路依存性の現象の下では、いったん初期条件が設定されてしまうと、自己強化メカニズムが働いて、ある経路が時間の経過とともにより強固に固定化されていってしまう。したがって、経路を望む方へと修正するには、経路が固定的になる前、すなわち短期の政策こそが決定的に重要なのである。[*45]

ケインズ研究の大家ロバート・スキデルスキーは、ケインズが「長期的には、皆、死んでしまうのだ」と書いた際に念頭にあったのは、デイヴィッド・リカードからの手紙に対するトマス・ロバート・マルサスの返信（一八一七年一月二十六日付）であったと書いている。[*46] リカードとマルサスの往復書簡に関する経済思想史的背景について、スキデルスキーに従って説明しておこう。

いわゆる古典派経済学は、アイザック・ニュートンの物理学の影響を受け、経済社会においてニュートン力学に対応する理論を構築しようとしていた。それは、独立した原子的粒子の作用と反作用が均衡をもたらすようなイメージによって経済をとらえるという存在論である。自律した行為主体が自己利益を追求する自由競争によって市場が均衡するという理論は、このようなニュートン力学的存在論から生み出されているのであり、それは今日の主流派経済学にも引き継がれている。

この古典派から今日の主流派に至る経済学者たちは、ニュートン力学における「摩擦」のように、均衡を阻害する要因があることを否定はしないが、しかし、そうした逸脱は一時的なものであって、市場経済はいずれ均衡へと向かうものと想定している。そして、理論が探究すべきは、均衡を阻害する一時的な要因ではなく、均衡へと向かって持続的に働く自己調整的なメカニズムであると考えているのである。[*47]

ケインズの挑戦とは、この主流派経済学の根底に横たわるニュートン力学的な存在論そのものを否定することにあった。その代わりとしてケインズが導入したのが、開放系であり、複雑系の存在論であったと言ってよい。

なお、第三章で取り上げたルーカス批判の標的となった工学的な「ケインズ経済学」や、ルーカス批判以降、主流派経済学の分析枠組みに則りつつ構築された「ニュー・ケインズ派」は、ケインズの名を冠しているにもかかわらず市場均衡理論を踏襲している。これらは、存在論的にはケインズの理論とはまったく異質なのである。逆に、ケインズの存在論を継承しつつ経済理論を構築しようとしている学派は、すでに述べたように「ポスト・ケインズ派」である。

以上のような学説史的背景を念頭において、リカードとマルサスの論争に戻ると、リカードはニュートン力学的な存在論により忠実であった。ニュートン力学的な存在論によれば、需要と供給の不均衡、すなわち有効需要の不足は一時的なものであって、いずれ解消するはずだということになる。

これに対して、マルサスは有効需要の不足をより重大視していた。ケインズは、『雇用・利子・貨幣の一般理論』において有効需要の原理を論じる中で、この原理の発見に近づいた先駆者として、マルサスの名に言及している。[*48]

▼リカードとマルサスの論争

リカードとマルサスの往復書簡（一八一七年）というのは、ケインズの引用から孫引きすると、次のようなものであった。

まず、リカードはマルサスに次のように書いて送った。

私たちがしばしば議論してきた問題に関して、私たちの見解の相違の最大の原因は、あなたの念頭に常にあるのが特定の変化の即時的かつ一時的な効果であるのに対して、私は、それらの即時的かつ一時的な効果はとりあえず脇に置いて、それらの効果から生じるであろう恒久的な状態にすべての注意を注いでいるというところにあるのでしょう。[*49]

これに対して、マルサスは次のように返信した。

我々の見解の相違の一因はあなたの言う通りだと思います。私には、私の文筆を社会にとって実践的に有益なものにする唯一の方法として、しばしば、物事についてありのままに言及する傾向があります。それは、ラピュタ島の仕立屋の過ちに陥らないようにするため、そして、はじめにわずかな間違いを犯すことで、真理から最も遠い結論へと至るのを防ぐための唯一の道であるとも考えます。加えて私が本当に思うのは、社会の進歩というものが不規則な運動でできているということであり、また、八年または十年の間に生産や人口増を大きく刺激する、あるいは大きく阻害する原因を考慮から省くことは、諸国民の富と貧困の原因――それは、政治経済学におけるあらゆる探究の偉大な目的です――を省くことだということです。[*50]

マルサスが「社会の進歩というものが不規則な運動でできている」と書いていることから、彼の念頭には複雑系の存在論があったことが窺える。

▼マルサスとケインズ

ここで注意すべきは、マルサスが「物事についてありのままに言及する」ことが真理に近づく唯一の道だと書いているのを、バスカーの言う「経験の領域」しか見ない古典的経験論として解釈してはならないという点である。

というのも、ケインズが賛意を込めて引用するように、マルサスは観察し得る事実だけに頼ることの限界を指摘し、理論の重要性をも説いていたからである。マルサスが探求する「諸国民の富と貧困の原因」とは、批判的実在論の用語を用いて言えば、実在の領域に潜む「生成メカニズム」にほかならない。したがって、マルサスが言わんとしたのは、古典的経験論ではなく、ポランニーが強調した「実在との接触」の重要性のことだと理解すべきであろう。

ケインズが『雇用・利子・貨幣の一般理論』の最後に「経済学者や政治哲学者の思想は、それが正しいときも間違っているときも、考えられている以上に強力である」と書いたとき、彼が引用する次のマルサスの言葉が念頭にあったのではないだろうか。

実践的な能力に自信を持つ者たちが理論や理論家を批判する熱弁を、我々は聞かされ続けている。確かに、悪質な理論は極めて悪いものであり、そのような理論の著者は無益であり、時には社会の危険分子である。しかし、実践を唱える者たちは、自分たちも非常にしばしばこの描写に当てはまり、彼らの多くがその時代の最も有害な理論家に分類されるかもしれないことに気づいていないように見える。人は自分の観察の範囲内にある事実に忠実にかかわっていれば、それがどんなに限られたものであっても、一般的な知識に追加し、社会の恩恵とすることは疑いない。しかし非常によく起きることであるが、この限られた経験から、この自分の小さな農地の管理から、あるいは隣人の作業場の些事から一般的な推論を引き出そうものなら、その者はその瞬間に理論家になり、しかもより危険になる。経験は理論の唯一の正しい基盤であるから、人々は、しばしば、単なる言葉の響きにとらわれ、正しい理論のための基礎にならない部分的な経験と、正しい理論の基礎となる一般的な経験とを区別しなくなるのである。[*51]

ケインズはこの引用に続けて、マルサスの思想について、「深い経済的直観と、変化する経験に開かれた精神と形式的な思考の原則の経験の解釈への応用との非凡な結合[*52]」と評している。

これこそが、複雑系の世界において政策担当者が備えるべき哲学であろう。

第九章

財政哲学

▼財政政策を実在論的理論で考える

本章では、これまで展開してきた「公共政策の実在論的理論」を財政政策に適用する。それは「財政政策の実在論的理論」であるとも言える。

近代的な資本主義経済において、政府が政策を実行するにあたっては、物的資源や人的資源を直接的かつ強制的に動員するよりも、財政支出を行ない、物的資源や人的資源を間接的に動員するのが一般的である。

例えば、今日、政府が公共建築物を建設する場合は、労働者を直接徴用して建設作業に従事させるようなことはしない。政府は財政支出を行ない、民間の建設会社に対して貨幣を支払うことで、公共建築物を建造させるのである。

公共事業に限らず、資本主義経済における政府は、国防政策であれ、経済政策であれ、社会保障政策であれ、文教科学政策であれ、環境保護政策であれ、およそ政策という政策の実行にあたっては、財政支出を伴わなければ不可能である。逆に言えば、財政支出に対する制約は政策実行力そのものに対する制約にほぼ等しい。

このように考えるならば、国家財政こそ政策の中軸にある、と言っても過言ではないであろう。逆に言えば、国家財政に関する哲学が誤っている場合には、国家政策そのものが誤ったものとなるであろう。

そして、実際、誤っている。というのも、今日、財政政策の実践に対する主流派経済学の影響は極めて大きく、そして、本書がこれまで繰り返し示してきたように、主流派経済学の哲学的基礎は誤謬に満ちているからである。

本章は、「公共政策の実在論的理論」を財政政策に適用することで、主流派経済学を基礎にした財政政策との違いを明らかにし、あるべき財政政策の姿を提示する。それは、「公共政策の実在論的理論」が実践的に極めて大きな意味を持つことを明らかにすることにもなるであろう。

▼主流派経済学の商品貨幣論

財政政策とは、政府が貨幣を支出することによって行なわれるものであることは、言うまでもない。問題は、その「貨幣」とは何か、である。したがって、「実在論的理論」は、財政政策の前に、まず貨幣に対して適用されなければならない。

そのために、社会学者ジェフリー・インガムの貨幣に関する優れた考察を手掛かりとしつつ、主流派経済学の貨幣理解の哲学的基礎を確認することから始めよう。

第三章において確認したように、主流派経済学は方法論的個人論に依拠しており、しかも原子論的な個人を仮定している。そのような理論には、個人と個人との間の社会的な「関係」という分析概念が入る余地はない。

それゆえ、インガムによれば、主流派経済学の理論モデルは、「『物体―物体』関係」（例えば、商品の交換レートや生産関数）か、あるいは「『（原子論的）行為主体―物体』関係」（例えば、個人の効用最大化行動や効用関数）によって構成されている。そこに欠落しているのは、「『行為主体―行為主体』関係」である。

このような理論モデルに基づき、主流派経済学は、貨幣を交換手段となる「商品」として理解する。これは、「商品貨幣論（commodity theory of money）」と呼ばれる。

商品貨幣論によれば、貨幣とは物々交換の不便を克服するために導入される。例えば、金貨や銀貨といった貴金属片は、その貴金属の価値ゆえに他の商品と交換される。貴金属片は持ち運びに便利であるため交換手段として定められ、その貴金属片の価値が価値の基準となる。したがって、貴金属でなくとも、例えばタバコ一箱でも、そのタバコ一箱の価値が基準となって交換手段すなわち貨幣として機能し得る。

このように、商品貨幣論に基づくと、貨幣は単なる交換手段に過ぎず、交換の利便性以外に実物経済に影響を及ぼさない中立的なもの、言わば、物体を覆うヴェールのようなものとして、貨幣が理解されることとなる。いわゆる「貨幣ヴェール観」である。以上が、主流派経済学が依拠する商品貨幣論の要約である。[*1]

▼商品貨幣論の欠陥

しかし、この商品貨幣論には深刻な欠陥が指摘されている。その一つは、貨幣が交換手段を起源として生じたという歴史的証拠がないというものである。[*2]もっとも、本章の目的からしてより重要なのは、主流派経済学が前提としている商品貨幣論を、方法論的そして存在論的に批判することである。

そもそも商品貨幣論には、紙幣がどうして貨幣として流通し得るのかを説明できないという難点がある。金貨や銀貨であれば貴金属片としての価値があると言うことはできなくもないが、紙幣は紙片に過ぎず、その経済的価値はほぼないに等しい。

そこで、主流派経済学者は、紙幣の存在を商品貨幣論によって説明するために、「人々が紙幣に貨幣として価値があると信じているから、紙幣は貨幣として価値があるのである」という論法を持ち出さざるを得なくなっている。

しかしこの論法は、紙幣を貨幣として受け入れる人々すなわち「社会」という集合論的な事実を暗黙のうちに前提としている。それは、主流派経済学の方法論が基礎にしている個人論に反しているのである。*3

また、商品貨幣論には、貨幣が「計算単位」であることについての誤解がある。主流派経済学の理解では、金貨などの貴金属片の価値は市場における交換によって定まり、それが価値の標準となり計算単位となる。タバコ一箱についても、市場における交換を通じてその価値が定まり、それが標準となって計算単位となれば、タバコ一箱でも貨幣になり得る。これが商品貨幣論の理解である。

しかし、貴金属片あるいはタバコ一箱の価値が何か別の基準となる商品の価値との交換関係で固定されていなければ、その交換価値は取引ごとに異なるものとなり著しく不安定になるであろう。現実世界において、市場の取引は無数にあり複雑にからみ合っている。百の商品があれば、四千九百五十もの交換レートが発生し得るのである。しかし、現実の貨幣経済における取引はそのようなことにはなっていない。これは商品貨幣論が誤りであることを示している。

ちなみに、かつて「金本位制」という、貨幣の価値を金《きん》の価値に固定することで安定させようとした制度があったが、実際の金本位制の下では、貨幣と金《きん》の交換価値は政治的な権威によって決定されていたのであり、市場が決めていたわけではない。

そもそも、貴金属片であれタバコ一箱であれ、そうした商品が市場における交換によってその価値が定まる前に、価値の尺度、すなわち計算単位がなければ、価値を測定できない。はじめに計算単位が決まっていなければ、市場における交換が始まらないのである。したがって、市場における交換によって決まった商品の価値が計算単位となることは、論理的にあり得ない。計算単位は市場の外にあって、市場参加者に対する強制力を行使できる主体が決めるしかないのである。[*4]

そのような市場外の主体こそが政治的権威であり、その典型は「政府」である。例えば、円、ドル、ポンドといった計算単位は、それぞれ、日本政府、アメリカ政府、イギリス政府が決定している。しかし、政府のような政治的権威の存在を原子論的個人によって説明することが不可能であることは、第五章において論じた通りである。

このように、主流派経済学が依拠する商品貨幣論は論理的に破綻しているのであるが、その論理的破綻の根源的な理由は、主流派経済学の分析枠組みが立脚する方法論的個人論にある。

「経済人」なる原子論的個人を仮定する方法論的個人論では、「『物体―物体』関係」か「『(原子論的）行為主体―物体』関係」しか想定できない。それゆえ、主流派経済学はその方法論的個人論を維持する限り、商品貨幣論を支持するしかない。言い換えれば、主流派経済学の分析枠組みでは貨幣を正確に理解することができないのである。

一般に、経済活動とは貨幣を用いた活動であると考えられている。資本主義経済においては特にそうである。それにもかかわらず、主流派経済学では貨幣について正確に理解することができないのである。そのような深刻な状況が許容されてきたのは、第一章で明らかにしたように、主流派経済学が「実証経済学」という名の道具主義によって商品貨幣論の非現実性を正当化してきたからであろう。

▼信用貨幣論――借用書としての貨幣

主流派経済学は商品貨幣論に固執しているが、もちろん商品貨幣論だけが貨幣論なのではない。

ポスト・ケインズ派経済学や制度派経済学などの異端派経済学、あるいは人類学、歴史学、社会学といった主流派経済学以外の学問は、商品貨幣論を否定し、「信用貨幣論」と呼ばれる貨幣理解を支持している。インガムも信用貨幣論者である。

引き続きインガムの議論に従って、信用貨幣論を概観しておこう。

インガムは、貨幣に固有の性質すなわち「貨幣性（moneyness）」を満たす条件は、次の二つであると主張する。一つは「抽象的価値の尺度」（計算単位）であること、そして、もう一つは「抽象的価値の貯蔵と移転の手段」であることである。貨幣が交換手段であることは、この二つの性質から導き出される副次的な性質に過ぎないのであって、貨幣に固有の本質とは言えないとインガムは考えている。

貨幣が抽象的価値の尺度なのであれば、商品貨幣論のように、貨幣の本質をその物理的な形式と混同するという過ちを犯さなくてすむ。貨幣の姿が、貴金属の円盤であろうが、紙片であろうが、帳面上の記録であろうが、電子信号であろうが、それは貨幣性とは何の関係もないのである。

それでは、貨幣が抽象的価値の貯蔵と移転の手段であるということは、何を意味するのか。それは次の通りである。

貨幣を用いた取引は物々交換とは異なり、価値が時間や空間を超えて移転する。例えば、甲が商品Aを持ち、乙が商品Bを持っていて、甲が乙に商品Aを差し出す代わりに、乙から商品Bを受け取るといった場合が、物々交換である。しかし、乙が甲から商品Aを入手するが、即時に商品Bを甲に差し出さず、代わりに、後日、商品Bを引き渡すと約束したとしよう。この約束は甲に対する乙の負債である。そして、乙はこの負債を証する借用書を発行し、甲に渡すとする。それによって甲は、後日、別の場所であっても乙に借用書を渡せば、乙から商品Bを入手できる。

この例から明らかなように、物々交換は「同時点」の取引であるが、借用書を用いれば「異時点」間の取引が可能となる。言うまでもなく、借用書それ自体は一枚の紙としての価値しかないが、商品Bの抽象的価値を貯蔵し移転する手段となっている。

この借用書のような役割を果たすものとして貨幣を理解するのが、信用貨幣論の要諦である。第一章において参照したケインズの言葉の通り、貨幣の本質は「現在と未来の間を連関させること」にある。貨幣（＝借用書）は異時点間の取引を可能とするものだからである。

言うまでもなく、負債は信用と対の関係にある。甲が乙から受け取った借用書は、乙にとっては甲に対する負債であるが、甲にとっては乙に対する信用である。インガムは端的に「あらゆる貨幣は信用―負債関係によって構成される[*5]」と述べている。貨幣とは債権者と債務者の間の社会関係だということである。

貨幣は、その使用者にとっては「信用」であるが、その発行者にとっては「負債」である。貨幣を創造するということは同時に負債を発生させるということである。そして、最も重要なことは、貨幣の発行者はその負債を解消する手段として、自らが発行した貨幣を受け入れることを「約束」しているということである[*6]。

先ほどの甲と乙の取引の例でも明らかなように、乙の甲に対する負債は、甲から借用書を受け取り、引き換えに商品Bを渡すことで解消されている。貨幣（乙が発行した借用書）は、負債の発生によって創造され、負債の解消によって消滅するのである。

▼政府の負債

さて、貨幣が「信用―負債」の社会関係であるならば、誰でも、負債を発生させさえすれば、貨幣を生み出せるということになるだろう。しかし、言うまでもなく、実際にはそうはなっていない。誰の負債（信用）であっても貨幣として受け取られるわけではない。つまり、誰でも貨幣を創造できるわけではないのである。なぜなら、返済の約束を確実に保証できない者の負債など、誰も貨幣として受け取らないからである。

貨幣とは「約束」であり、約束は「信頼」がなければ成り立たない。「貨幣とは、譲渡可能な（assignable）信頼[*7]」なのである。とりわけ、将来の不確実性が高い「開放系」の現実世界において、複雑かつ大規模な取引関係に用いるのに十分なほど確実な信頼を長期にわたって保証できる特殊な主体でなければ、負債を生じさせて貨幣を創造することはできない。そのような信頼を保証できる特殊な主体の役割を担ってきたのは、歴史的には「政府」であった。

なお、負債はその受け入れ可能性、すなわち信頼の程度に従って階層をなしている。それは「負債のピラミッド」と呼ばれている[*8]。

負債のピラミッドは、階層が上の者ほど発行する負債の信用力がより高いという序列になっている。説明のために単純化して言えば、負債のピラミッドの最下層には家計や企業といった銀行以外の主体の負債がある。それは他の家計、企業、銀行によって保有される。こうした銀行以外の主体は、ほとんどの場合、その上層にある銀行によって発行された負債（すなわち銀行預金）を使って勘定を決済する。すなわち、個人や企業は自らの負債を銀行の負債に交換するという約束をしており、支払いができるよう銀行に預金を保有している。そして、銀行は最上層に位置する政府の負債を使って勘定の最終的な決済を行なうのであり、そのために中央銀行に準備預金を設けている。ピラミッドの頂点に位置するのは政府（と中央銀行）である。なお、一般に「通貨」と呼ばれるものは、銀行の負債（銀行預金）と、政府および中央銀行の負債（現金および準備預金）を指している。そして、銀行預金は「預金通貨」とも呼ばれ、通貨のほとんどを預金通貨が占めている。

▼貨幣創造

この銀行預金あるいは「預金通貨」について、正確に理解することは極めて重要である。主流派経済学の金融理論はいわゆる「貸付資金説」に立脚している。貸付資金説によれば、銀行は借り手に貸し付けを行なう際、銀行口座に貯蓄された資金を元手にして、借り手に貸し付けを行なうものとされている。しかし現実の銀行は、貸付資金説が説明するようなことを行なってはいない。

銀行は集めてきた預金を借り手に貸出しているのではない。その反対に、借り手に貸出すことによって、預金という通貨（預金通貨）を創造しているのである。これは「信用創造」と呼ばれている。「貨幣創造」と言ってもよい。

例えば、銀行Aが一〇〇〇万円を借りたいという企業Bに対して貸出す際、手元の預金から一〇〇〇万円を企業Bに又貸しするのではない。単に企業Bの口座に一〇〇〇万円と記録するだけである。その記録の瞬間に、一〇〇〇万円という預金すなわち貨幣（預金通貨）が創造されるのである。そして、企業Bが収益を得て、借りた一〇〇〇万円を銀行Aに返済すると、一〇〇〇万円という貨幣（預金通貨）は消滅する。

このように、預金通貨という貨幣は民間銀行の貸出しによって「創造」され、民間銀行への返済によって「破壊」されるのである。

言い換えれば、預金通貨という貨幣は、民間銀行と民間企業との間に「『信用—負債』の社会関係」が成立することで創造され、民間銀行と民間企業との間に「『信用—負債』の社会関係」が解消することで破壊されるということである。

「負債のピラミッド」においては、この預金通貨のさらに上位の層に「現金および準備預金」がある。銀行の負債（銀行預金）は、より信用力の高い政府および中央銀行の負債（現金および準備預金）との交換が保証されることによって、（預金）通貨として受け入れられ流通するのである。

さらに、政府は国民に納税義務を課し、自らが発行した通貨を租税の支払い手段として法定する。

通貨は、法律を制定し徴税を強制執行する政府の権力に裏付けられているがゆえに、最も信用力が高い負債として最も広く受け入れられる（徴税権力が弱体な政府の下では、その政府の発行する通貨の価値が不安定になるのは、そのためである）。

それゆえ、通貨は負債のピラミッドの頂点に位置づけられる。政府の負債よりも上位の負債は存在しない。この政府の負債が不換通貨である。

ただし、固定為替相場制度の場合には、政府の通貨は兌換通貨として他の何か（金《きん》や外貨）

との交換を約束しているために、負債のピラミッドの頂点にはいない。頂点にあるのは金《きん》や外貨である。したがって、固定為替相場制度の下では、政府は、交換のために金《きん》や外貨を準備しておかなければならず、その準備量が政府の通貨の支払い能力を制限することになる。

しかし、変動為替相場制度の下で不換通貨を発行する政府の場合は、支払い能力に制限はない。したがって、例えば、日本、アメリカ、イギリスの政府は、どれだけ自国通貨建て債務を累積しようが、（その債務を履行する政治的意志がある限りは）財政破綻に陥るようなことはあり得ない。

このように言うと、健全財政という思想を刷り込まれた人々は驚くかもしれないが、実のところ何も不思議なことではない。自国通貨を発行する政府が、自国通貨建て債務を履行できなくなるはずがないというだけのことである。

政府（と中央銀行）の負債が、負債のピラミッドの頂点すなわち信用力の最高位にあるということは、金融危機の際に特にはっきりする。資本主義システムにおいては、「信用―負債」の関係が複雑かつ密接に張り巡らされているため、何らかの理由で特定の負債の返済能力に不安が生じると、その不安がシステミックに連鎖して金融危機が勃発する。こうした場合、中央銀行は「最後の貸し手」として金融機関に準備預金という最も信用力のある負債を供給することで、銀行の返済能力を担保し金融システムを安定化させるのである。

▼信用貨幣論の実在論的基礎①——社会関係

以上が信用貨幣論の概要であるが、以降の議論では、この信用貨幣論にある実在論的な基礎を明らかにする。

まず、信用貨幣論の出発点は、貨幣を「信用—負債」関係、すなわち債権者と債務者の間の「社会関係」としてとらえるところにある。それは、「物体—物体」関係でも、「行為主体—物体」関係でもなく、「行為主体—行為主体」関係である。

主流派経済学が依拠する方法論的個人論には、この「行為主体—行為主体」関係の概念が欠落しているため、債権者と債務者の間の「社会関係」を説明することができない。主流派経済学の分析枠組みには信用貨幣が入る余地がないのである。

そこで、主流派経済学は貨幣を「商品」すなわち「物体」として理解するしかなくなっている。奇妙なことに、主流派経済学は個人論に立ちながら、「『信用—負債』の社会関係」を「商品貨幣」として「物象化」しているのである。

主流派経済学の金融理論が「貸付資金説」に依拠しているのも、同じ理由による。信用創造とは、貨幣が「信用—負債」の社会関係の成立によって創造されるというものであるから、「行為主体—行為主体」関係の概念のない方法論的個人論では、信用貨幣について理解できないのである。

これに対して実在論は、社会現象を行為主体に還元して説明する個人論を拒否している。では実在論は、「信用—負債」の社会関係としての貨幣をどのように理解するのか。

▼信用貨幣論の実在論的基礎②——「創発」による信用創造

ここで、これまで何度も強調してきた「創発」の概念が、再びその重要性を発揮する。創発とは、二あるいはそれ以上の要素が結合して、それらの要素には還元し得ない新たな現象を生起することであるが、貨幣とはまさに創発的性質を持っている。すなわち貨幣は、債権者あるいは債務者という行為主体のいずれか一方に還元して説明することができず、債権者と債務者の両者が関係を結ぶことで生起した社会的現実にほかならない。

なお、信用貨幣論は「内生的貨幣供給理論」とも呼ばれる。社会科学において「内生性(endogeneity)」とは、システムの外部から与えられるのではなく、その内部から発生するという意味であるが、債権者と債務者の社会関係から生起する創発は、まさに内生的な現象である。経済学が異端派も含めて創発の概念に言及することは稀であるが、内生的貨幣供給理論は創発を前提としていると言ってよいであろう。

そして、貨幣が内生的に供給されるというのは、その供給量を制御できないということを意味する。主流派経済学の想定とは異なり、政府や中央銀行は貨幣供給量を制御できないのである(ただし、中央銀行は「金利」については制御できる)。

というのも、例えば、民間銀行が自らの自由意志によって企業に貸出しを行なえば、「銀行預金」という貨幣が新たに創造される(「信用創造」)、あるいは創発するからである。言い換えれば、貨幣とは極めて「裁量的な資源（discretionary resource）」[*9]なのである。

そして、債権者と債務者という行為主体の関係から創発した貨幣もまた、他の創発物と同様に、その構成要素にはない固有の「下方因果力」を有する。すなわち、貨幣はその保有者に「購買力」を与えるという下方因果力を有しているから、価値の貯蔵や移転の手段、あるいは交換手段としても用いられるのである。

実在論における「位置（position）」の理論もまた、貨幣理論に適用し得る。第四章で述べたように、位置の理論によれば、人間のみならず物体も特定のパワーを保有する位置の占有者になり得る。「通貨」とは、貴金属の円盤、紙片、電子信号などさまざまな物理的形式をとる「計算単位」である。これらのいわゆる「通貨」とは、計算単位という機能を付与された「位置づけられた物体」であると理解することができる。

▼貨幣経済の多中心性

なお前章では、ポランニーやブルーミントン学派の「多中心性」の概念を参照したが、多中心性は貨幣システムを理解する上でも有効である。というのも、貨幣を創造するのは民間銀行および政府（と中央銀行）であるが、資本主義システムにおいては、貨幣を創造する民間銀行は多数存在しており、まさに多中心的な秩序をなしているからである。さらにグローバルに俯瞰すれば、世界の金融システムは、国民通貨が流通する国家（共通通貨ユーロであれば地域）ごとに、多中心的な秩序をなしている。

しかし、前章において議論したように、多中心的な秩序を成立させるためには、「包括的なルール体系」の存在が不可欠である。国内（地域内）であれば、中央銀行を頂点とする通貨の包括的なルール体系が存在している。金融危機のような無秩序を防いでいるのは、そのような通貨の包括的なルール体系にほかならない。

フリードリヒ・ハイエクなど、原理主義的な自由主義を支持する一部の経済学者たちは、政府や中央銀行が通貨を管理しない「貨幣発行の自由化」論あるいは「自由銀行業」論を主張するが、包括的なルール体系なくして自生的・多中心的秩序があり得ないのは、金融秩序においても同様である。

問題は、世界通貨も世界中央銀行も不在である国際的な金融秩序である。十九世紀であればイギリス、二十世紀であればアメリカといった覇権国家の中央銀行が、国際金融秩序の包括的なルール体系を維持する役割を果たし、一九七〇年代以降はG7など主要先進諸国が協調してその役割を引き受けようとしてきた。しかし近年、その体制も崩れようとしている。国際金融秩序の包括的なルール体系やその守護者が不在の中で、各国通貨からなる多中心的な国際金融秩序が維持し得るのか。これは未解決の大きな難題である。もっとも、この大問題の解決は本書の主目的ではないし、それを目指したら、本をもう一冊書かなければならなくなる。

しかし、本書が主題とする存在論に関連づけて言えば、第四章で論じたように、国際社会は国家間の関係から「創発」し得るし、国家に対する下方因果力を持ち得る。したがって、何らかの国際通貨体制の包括的なルール体系を構築することは、理論上は可能だとは言える。ただし、どのような国際通貨体制をどのように実現し得るのかは、実践的・政治的な問題である。とはいえ、少なくとも現状のような多中心的な国際金融秩序が今後も維持され、機能している限りは、経済政策の中心は自国通貨を発行する各国政府（共通通貨ユーロであれば欧州中央銀行）にある。それを前提に、以降はポスト批判的実在論の観点から、国内経済政策について議論する。

▼ラーナーの「機能的財政」論

すでに述べたように、変動為替相場制度の下で自国通貨を発行する政府の場合は、支払い能力に制限はなく、したがって、財政破綻（債務不履行）に陥ることはあり得ない。

そうだとすると、収支の均衡を目指す財政運営いわゆる「健全財政」は、不換通貨を発行する政府にとっては意味をなさないということになる。それでは、財政政策はどのように運営されるべきであるか。

その答えを提示したのがアバ・P・ラーナーである。ラーナーは貨幣が政府の創造物であると正確に理解した上で[*10]、健全財政に代えて「機能的財政（functional finance）」を提唱した。機能的財政について、ラーナーは次のように要約している。

その中心にある考え方は、政府の財政政策、つまり歳出と課税、借入と返済、新貨幣の発行、貨幣の引き上げなどはすべて、これらの行動が経済に与える結果にのみ目を向けて遂行されるべきであって、健全か不健全かという伝統的な教義によるべきではないということである。効果のみをもって判断するという原則は、他の多くの人間活動の分野においても適用されるものであり、スコラ主義の対極にある科学の方法として知られている。財政政策をその経済における働きや機能によって判断する原則のことを、我々は機能的財政と呼ぶ。[*11]

この機能的財政の考え方は、カレツキの恒等式を用いて次のように言い換えることもできる。

G（政府支出）－T（税収）＝S（貯蓄）－I（投資）＋M（輸入）－X（輸出）

すなわち財政赤字は、貯蓄と投資の差額と輸入と輸出の差額の合計に等しくなるように計上されなければならない。輸出入を省略して言えば、経済活動の水準が低く貯蓄超過であれば、財政赤字が必要となる。逆に、経済活動の水準が高く投資超過となった場合は、財政黒字が必要となる。

ラーナーによれば、機能的財政の第一法則は、「政府の責任は、国内の財やサービスへの支出の水準が、生産可能なすべての財を現行価格で購入できる水準より多くも少なくもならないようにすることである[*12]」。

すなわち、支出が過剰になればインフレーションになり、支出が過少であればデフレーションとなり失業が生じる。したがって、インフレーションになるならば、政府は支出を抑制するか、増税によって民間支出を抑制する。逆に、失業が発生しているならば、政府は支出を増やすか、減税によって民間支出を拡大するのである。[*13]

機能的財政の第二法則は、「政府は、国民が貨幣をより少なく、国債をより多く保有した方が望ましい場合にのみ、貨幣を借り入れるべきである[*14]」というものである。例えば、政府支出の増加により民間部門の貨幣保有量が増えると、金利は低下する。

なお、主流派経済学は、国債の発行は民間貯蓄を減少させ金利の上昇を招くと主張するが、そのようなことは現実には起こり得ない。なぜなら、政府の支出はそれと同額の貨幣を民間部門に供給するものであるから、民間貯蓄は減るのではなく、むしろ増えるのである。したがって、金利は上昇するどころか、逆に低下することになる。

つまり、主流派経済学が言うのとは逆の結果がもたらされるのである。なぜ、主流派経済学が逆に理解しているのかと言うと、約《つづ》めて言えば、主流派経済学の「貸付資金説」が現実の信用創造の過程と逆の理解をしているからである。

ただし、金利の低下が投資を刺激し、需要過多となってインフレーションが起きるようであるならば、政府は機能的財政の第二法則に従って、国債を発行して民間部門から貨幣を吸収し、金利を上げて以前の水準へと戻すのが望ましい。要するに、国債を発行して赤字財政支出を行なうと、金利水準は変わらないのである。

この二つの原則から明らかなように、機能的財政においては、課税も国債の発行も政府が財源を確保するための手段ではない。課税は民間部門の貨幣保有量を調整し、物価の安定や完全雇用を達成するための手段である。そして、国債は民間部門の貨幣保有量を調整し、金利を操作するための手段に過ぎない。

そもそも、自ら通貨を発行できる政府が、課税や国債の発行により通貨を調達する必要があるはずがない。むしろ、政府が民間部門に通貨を供給していなければ、民間部門から通貨を徴収する（すなわち課税する）ことはできない。時系列的かつ論理的に言えば、政府の通貨供給が先で、課税は後なのである。

それゆえ、ラーナーが喝破したように、「政府債務の絶対的な規模はまったく問題ではないし、利子の支払いがどれだけ大きくなろうとも、社会全体に対する負担には何らならない[*15]」のである。

こうしてラーナーは、「要するに、機能的財政は健全財政という伝統教義、そして単年度あるいは一定期間内の予算の収支均衡を目指すという原則を完全に拒否するものである[*16]」と結論づけたのである。

▼インフレーション

ラーナーは、（変動為替相場制度の下において）自国通貨を発行する政府に支払い能力の制限はないと認識していたが、機能的財政の第一原則が示すように、政府支出が一定以上になるとインフレーションが起きると論じている。言い換えれば、支払い能力に制約がない政府であってもインフレーションには制約されているということである。

　では、政府支出はどのようにしてインフレーションを引き起こすのか。

　政府あるいは企業などの民間主体は、貨幣を支出して財やサービスを購入したり、労働者を雇用したりすることで、物的資源（原材料、資材、エネルギーなど）や人的資源（労働者）といった実物資源を動員する。

　先に述べたように、貨幣とは、民間企業に資金需要があり、民間銀行が当該民間企業に貸出しを行なうことで、需要に応じて創造し供給できる「裁量的資源」である。

　しかし、貨幣を通じて動員される実物資源の賦存量は言うまでもなく有限である。貨幣の供給能力には制限はなくとも、実物資源の供給能力には一定の限界があるのである。

　したがって、政府には資金の制約がなく財政破綻もしないからと言って、政府支出を拡大し続けると、いずれ実物資源の供給能力の制約に突き当たる。政府支出による需要が供給の制約を超過すれば、高インフレーションが引き起こされる。

▼財政金融政策だけではインフレーションは起きない

　主流派経済学者は、財政赤字の拡大が高インフレーションを引き起こすと主張するのであるが、政府が財政支出を拡大しても、需要が供給制約を大きく超過しない限りは高インフレーションにはならない。財政赤字それ自体がインフレーションを起こすわけではない。財政支出が実物資源をその供給制約以上に動員した場合にのみ、インフレーションになるのである。

同じように、中央銀行による金融緩和がインフレーションを引き起こすとは限らない。いくら金利を引き下げても、あるいは銀行の準備預金を増やしても、そもそも企業に需要が存在しなければ、企業などは支出を増やさず実物資源も動かされないので、インフレーションになりようがない。インフレーションが起きるとしたら、企業の需要が実物資源の供給制約を上回った場合に限られる。

逆に言えば、財政支出の拡大や利上げを一切しなくても、何らかの理由で供給能力が減少して需要を満たす供給が困難になった場合には、インフレーションが引き起こされることになる。例えば、一九七〇年代の石油危機のように産油国が石油という実物資源の供給を制限すれば、インフレーションが引き起こされる。

以上の議論をまとめるならば次のようになる。

政府は、（固定為替相場制などの制度的な制約がない限りは）財源に制約されることは一切なく、財政支出を拡大し貨幣を供給することができる。自国通貨を発行する政府の財政支出に財源の制約はない。

ただし、財政支出によって動員できる実物資源の量には制約がある。需要が実物資源の供給制約を超えれば、インフレーションになる。インフレーションという現象は実物資源の需給関係の問題であって、貨幣供給量や財政赤字の規模の問題ではない。

逆に言えば、自国通貨を発行する政府に歳出抑制や課税が必要になるのは、財源を確保するためではなく、例えば、インフレーションを抑制するためなのである。

▼インフレーションの実在論的分析

このことは、「階層性」や「創発」といった実在論の概念を用いることで、次のように理解することができる。

貨幣は「『信用─負債』の社会関係」から創発されるが、創発とはより低次の現象に還元して説明することはできない現象を意味する。ただし、より高次の現象はより低次の現象に還元されはしないが、その影響を受け、その制約を受けることに注意しなければならない。

人間の心理は神経系に還元して説明できない現象ではあるが、神経系の影響を受け、その制約を受けている。社会は自然という物理的環境に還元できないが、自然の制約を受けている。それと同様に、貨幣はより低次の行為主体に還元できず、行為主体はより低次の物理的な実在に還元することはできないが、他方で、より低次の物理的な実在は行為主体を制約し、ひいては行為主体間の「信用─負債」の社会関係に影響を与える。すなわち、貨幣の価値（すなわち物価水準）は、実物資源の賦存量という物理的な制約の影響を受けるのである。

このように、インフレーションという現象を実物資源の制約に帰する議論は、貨幣が実在の階層構造の中に位置づけられる創発した実在であるという存在論的な理解に裏付けられているのである。

他方、主流派経済学が財政赤字の拡大はインフレーションを招くと主張する場合は、まったく別の論理に立っている。

すでに述べたように、主流派経済学の商品貨幣論によれば、貨幣は実物の表面を覆っている単なるヴェールのようなものに過ぎず（「貨幣ヴェール観」）、したがって、貨幣は実物経済に影響を及ぼすことのない中立的なものと想定されている。貨幣には、財貨の交換比率としての名目価格を決定するという役割しか与えられていない。言い換えると、主流派経済学においては貨幣は「商品」の一種であって、商品とは異なる固有の存在としての「貨幣」は実在していないのである。

このような理解の下、主流派経済学は、政府あるいは中央銀行が資金需要とは無関係に貨幣を供給するものと想定している（このような理解を「外生的貨幣供給理論」と言う）。それゆえ、貨幣の供給量は赤字財政支出や金融緩和によって増えるが、それは実物経済に何ら影響を与えず、名目価格の上昇のみを招く。主流派経済学はインフレーションについて、このように理解している。それゆえ、主流派経済学者は、健全財政の原則を放棄するとインフレーションという罰を受けることとなると固く信じているのである。

しかし、この健全財政という信念の根源には、商品貨幣論という非現実的な貨幣観があることは、もはや繰り返す必要はないであろう。

非現実的な貨幣観に立脚している以上、健全財政論もまた、当然のことながら非現実的なのである。

▼道具的推論と機能的財政

ラーナーの機能的財政は、「公共政策の実在論的理論」の観点からも極めて重要である。というのも、マシュー・フォースティターが論じるように、ロウの「道具的推論」との類似性が顕著だからである。[*17] そして、道具的推論は、ロウ自身も認めるようにパースの「遡及」と同様の論理であり、ポランニーのポスト批判哲学に属するものである。

ロウの道具的推論について改めて確認しよう。

ロウは、伝統的な経済学（主流派経済学）が、理論を当てはめさえすれば先行する既知の原因から未知の結果が推論できるという「仮説―演繹的方法」を採用していると指摘した。そして、それに代わる論理形式として道具的推論を提唱した。

仮説―演繹的方法では結果が目的であり、原因が推論の出発点であり手段である。そして、原因から結果へという方向で推論を進める。しかし、道具的推論ではこの手段と目的が逆転する。結果が推論の出発点であり手段なのであって、結果から後戻りして原因を推論する。

これを政策に適用するならば、まず政策目標が設定され、そして実際の状態の中から、その政策目標を達成するための手段が道具的推論によって導き出されるという手順となる。「管理（Control）」すなわち公共政策とは、「実際の状態と目標適合的な状態との連結」にほかならない。

ラーナーの機能的財政の論理もロウと同様である。

主流派経済学の健全財政という原則は、財政の収支均衡は望ましい結果をもたらすはずであるという理論に基づき、収支均衡という原因から出発する論理であり、まさに仮説―演繹的方法そのものである。

このような健全財政の論理について、ラーナーは「スコラ哲学」[*18]と呼び、科学と対比させている。単刀直入に言えば、ラーナーは、健全財政論は科学ではないと言っているのである。

これに対して機能的財政は、完全雇用と物価の安定という政策目標（結果）から出発して、完全雇用と物価の安定をもたらす原因を探る。そして、完全雇用と物価の安定の原因となるものが財政赤字なのであれば、財政赤字は悪いのではなく、良いと判断されなければならない。

しかし、複雑かつ動態的な「開放系」の現実において、政策目標という「既知の結果」から「未知の原因」を推論するには、「演繹法」に基づき「閉鎖系」を想定して策定されたルールに則るという手法は不適切であり、政策担当者の「裁量」が必要になるであろう。

裁量とは、遡及であり、暗黙知であり、道具的推論である。ラーナーもまた、裁量の必要性を認めている。彼は、裁量を運転手による操舵《そうだ》（the steering wheel）になぞらえている。[*19]

そして、政策担当者が裁量、すなわち道具的推論によって探究する未知の原因とは、実在論の言う「メカニズム」にほかならない。

第五章で述べたように、「公共政策の実在論的理論」は、政策の対象は事象ではなく、事象を生成するメカニズムであるべきだとする。機能的財政で言えば、完全雇用と物価の安定を実現するメカニズムを作動させるために、政策担当者は、政府支出、課税、国債の発行、金利の調節といった政策手段を講ずるのである。

ただし、ラーナーが提唱した機能的財政は、ロウの言う「一次的管理」に関する議論にとどまっている。しかし、ロウは「二次的管理」による補完の必要性を指摘していた。ミクロの経済主体が政策の効果に対して抱く負の「期待」は、政策効果を減殺してしまう。それゆえ、政策について人々を啓蒙し、政策の効果に対する期待を高めるという政策が必要になる。それが二次的管理であった。

財政について言えば、人々が「健全財政」が正しいと信じ込んでいる場合、財政出動による財政赤字の拡大は、政府が収支均衡を目指して、将来、増税するのではないかという期待を人々に抱かせ、人々は将来の増税に備えて貯蓄を増やし、消費を抑制してしまうかもしれない。そうなると、財政出動による景気回復効果は減殺されてしまうだろう。

これを防ぐためにはどうすればよいか。それは、二次的管理として、機能的財政の考え方を広め、健全財政の誤謬について人々を啓蒙する以外にないのである。

▼ミンスキーによる機能的財政論の修正

ラーナーが機能的財政を提唱したのは一九四〇年代のことである。しかし、L・ランダル・レイによれば、ポスト・ケインズ派の一人であるハイマン・ミンスキーは、一九六〇年代から一九七〇年代のインフレーションの経験を受けて、ラーナーの機能的財政では不十分であると考え、これに修正を加えている。[*20]

ラーナーが提唱した機能的財政は、不況時には財政出動や減税によって総需要を刺激して完全雇用を達成し、好況時には歳出抑制や増税によって物価の安定を図るという反循環的(counter-cyclical)な政策理念であった。ミンスキーは、この反循環的な政策理念については基本的に踏襲してはいる。

しかしながら、その一方で、ミンスキーはこうした財政運営に関して、次のような問題点があることも指摘している。

財政出動や減税によって総需要を刺激し、それが資本所得の増加だけを招く場合には、資本所得者と賃金所得に依存する一般労働者との格差の拡大を招いたり、いたずらに消費を煽《あお》ってインフレーションを招いたりする恐れがある。

また、政府の支出先がハイテク産業に限定された場合には、高技能・高賃金労働者の雇用だけが創出されることとなり、これも格差の拡大を招く。

さらに、資本所得の拡大が企業の将来に対する強気を煽り、企業が債務に依存した投資を増加させた場合は、経済全体における債務比率が高まり金融システムは不安定化する。すなわち、金融危機が起きやすい脆弱な経済構造へと変貌してしまうのである。

ただし、ミンスキーは、機能的財政それ自体を放棄するのではなく、それを発展させている。ミンスキーが提唱するのは、一般的な政府支出の拡大ではなく支出先を限定した支出である。すなわち、インフレーションを引き起こすことなく完全雇用を達成し、賃金の上昇と格差の是正をもたらすべく、政府などの公的機関が失業者を雇用する「最後の雇い主(employer of last resort)」プログラムを採用すべきだと言うのである。

加えてミンスキーは、金融の規制や監視の強化、そしてケインズの言う「投資の社会化」（公共投資）も支持する。いずれも政府主導の政策である。なお、ミンスキーは、一九八〇年代以降のアメリカが生産性の向上に資する長期的な投資を怠っていることを懸念していたから、彼の言う「投資の社会化」には、社会インフラや研究開発あるいは教育といった生産性を高める効果のある公共投資が含まれると考えてよい。

▼修正機能的財政の実在論的分析

このミンスキーによる「修正機能的財政」は、「公共政策の実在論的理論」の観点から、次の二つの点において重要である。

第一に、ミンスキーは、実在論の概念を用いて言えば、社会構造と行為主体の相互作用による社会構造の転換を念頭に置いているということである。

例えば、ミンスキーは、政府（行為主体）による支出の拡大が、企業（行為主体）の行動に影響を与え、債務依存比率の高い脆弱な経済システム（社会構造）への転換をもたらすと論じている。また、ミンスキーは、ケインズに従って不確実性を重視し、経済を複雑で非線形的な動態とみなす視点を持ち合わせていたが、それは経済を開放系として理解していたということである。ミンスキーは実在論者なのである。実際、最晩年のミンスキーはケインズの理論と制度学派を融合させた理論を発展させようとしていた[*21]が、ケインズの理論も制度学派も実在論とは整合的である。[*22]

第二に、ミンスキーによる修正機能的財政は、インフレーションや失業をもたらすメカニズムをより厳密に特定し、適確に政策効果を上げるため、政府の支出先を特定の分野へと限定しようとするものである。それは、政策の対象の焦点を「メカニズム」へと絞るべきであるという「公共政策の実在論的理論」と同じ政策哲学である。

そのことは、政策担当者の「裁量」がいっそう重要となるということを含意する。経済社会が予測不能に変動する中で、政策の対象のどこに焦点を定めるのかを臨機応変に決めるのは、政策担当者の実践的な裁量にほかならないからである。

インフレーションや格差の拡大を引き起こさずに、完全雇用を達成するためには、どのような政策プログラムが必要になるのか。金融システムを安定化させるためには、誰をどのように規制し監視すべきか。長期的に生産性を向上させるためには、どの分野にどれだけ投資すればよいのか。

ミンスキーの修正機能的財政は、こうした考慮を要請する。しかし、これらを現実の社会構造の変化に対応しつつ決定するのは、政策担当者の実践的で高度な裁量によるしかないのであって、事前に設定された「ルールに基づく政策」ではとうてい不可能である。あらかじめ設定し得るルールがあるとすれば、修正機能的財政という抽象的な政策理念だけであろう。

このように、ミンスキーはラーナーの機能的財政に修正を加えて、より複雑な経済の現実に即したものにしたのであるが、その結果として、ミンスキーの修正機能的財政は、ラーナーの

「機能的財政」以上に高度な裁量を必要とするものとなっているのである。

▼粗調整と微調整

機能的財政の意義をより明確に理解するために、ミンスキーが指摘した論点に関連して、「粗調整（coarse-tuning）」と「微調整（fine-tuning）」の区分について触れておこう。[*23]

第五章において、「ルールに基づく政策」は基本的に望ましいが、主流派経済学が要求するルールは不適切であると論じた。他方、ポスト・ケインズ派もまたルールに基づく政策という考え方自体は受け入れている。ただし、ポスト・ケインズ派が望ましいとする財政政策のルールは、「政府支出－税収＝貯蓄－投資＋輸入－輸出」という機能的財政のルールである。

この等式は、財政赤字の傾向を計算する場合のものであり、この等式に従った中長期の財政運営は粗調整と呼ばれる。粗調整は、言わば中長期の「裁量」である。

これに対して微調整は、時々の状況に応じて、より短期的に政府支出や税率を変動させる財政運営である。微調整は短期の裁量と言ってよい。

しかし、このような微調整の財政運営は、第四章で論じたブキャナンの議論のように、例えば有権者が増税を拒否するなど、民主的政治過程によって歪められる可能性が指摘されている。また、政府支出や税率の変更が効果を発揮する頃には経済情勢が変わっているといったタイム・ラグの問題もある。

他方、累進課税や社会保障制度は、不況では負担が軽減され、好況になれば負担が増加するという「自動安定化装置（built-in stabiliser）」の機能を有する。金利も、不況時に低下し好況時に上昇するので、同様の機能が認められる。こうした制度的な自動安定化装置を組み込めば、微調整によらずとも、短期的な経済情勢の変動にも適切に対処できるというわけである。

確かに、自動安定化装置は巧妙な仕組みであり、微調整よりも望ましい。

しかしながら実際には、政府予算や課税については、毎年度、立法府の審議を経て決定されなければならない。[*24] 財政民主主義の原則を尊重する限り、政治的な微調整を完全に排除することはできないであろう。

加えて、二〇〇八年の世界金融危機や、二〇二〇年に端を発した新型コロナウイルス感染症のパンデミックなど、短期的な対処を余儀なくされる不測の事態は必ず発生する。[*25] それが開放系の現実世界というものである。

したがって、裁量は粗調整にとどめ、自動安定化装置を重視するにしても、微調整の裁量の必要性は必ず残るのである。

▼「裁量」再論

「現代貨幣理論（Modern Monetary Theory）」は、これまで説明してきたような信用貨幣論を基礎として、ラーナーの機能的財政、そしてミンスキーによるその修正を導入した理論である。それは本書が展開する「公共政策の実在論的理論」とも整合的である。

しかしながら、現代貨幣理論の主唱者であるエリック・ティモワーニュとL・ランダル・レイは、現代貨幣理論の政策面について論じ、それは裁量的政策を支持するものではないと強調している。[*26] このため、政策担当者の裁量を重視する「公共政策の実在論的理論」と、現代貨幣理論との整合性が議論の対象になり得る。そこで、ティモワーニュとレイの議論を参照しつつ、「公共政策の実在論的理論」における「裁量」の意味を明確にしておこう。

ティモワーニュとレイによれば、現代貨幣理論は、ケインズやミンスキーに従って政府介入の必要性を認識しているが、それは微調整に焦点を当てる「亜流／IS-LMケインズ主義アプローチ」とは異なるものである。

「亜流／IS-LMケインズ主義アプローチ」は、「裁量的、一時的なものであり、政府支出、税率、利子率を積極的に変化させることを通じて、景気の後退や過熱に対処することに、財政金融政策を限定すること」であり、「市場参加者たちの動機を微調整することで、彼らが望ましい目標へと経済を推し進めるように、間接的な『ツール』を使う」というものである。

これに対して、現代貨幣理論によれば、「政府は、労働力、価格メカニズムそして投資プロジェクトを直接管理する構造的なマクロ経済的プログラムによって、景気循環を超えて継続的に直接的な介入を行なうべきである。これらのプログラムは裁量的というよりは恒久的かつ構造的であり、一つの政権に限られたものではないので、政治的な循環や政治的な意図から隔離し得るであろう[*27]」。そのような「構造的なマクロ経済的プログラム」の典型がミンスキーの提唱する「最後の雇い主」プログラムである。

このような議論からすると、現代貨幣理論は、「公共政策の実在論的理論」が支持する「裁量的」な政策形成、あるいはグラハム・ルームの提唱する「アジャイル」な政策形成とは矛盾するものであるかのように見える。しかし、そう結論づけるのは早計である。

第一に、ティモワーニュとレイが批判する「亜流／IS-LMケインズ主義アプローチ」というのは、工学的な「ケインズ経済学」のことである。それは、市場均衡というニュートン力学的な存在論を前提とした理論であり、開放系・複雑系を前提とした「公共政策の実在論的理論」とは相容《あいい》れない。

工学的な「ケインズ経済学」では、市場均衡からの逸脱は一時的に過ぎないものと想定されており、市場不均衡があっても、微調整を行なえば均衡は回復し得ると考えられている。ティモワーニュとレイが批判している裁量とは、このようなニュートン力学的な存在論を前提とした微調整のことなのである。

これに対して、「公共政策の実在論的理論」の存在論は複雑系であり、自己調整的な均衡を想定していない。現実の経済は複雑系だからこそ、アジャイルな調整としての裁量的政策が、一時的ではなく、むしろ恒常的に必要になる。

要するに、「公共政策の実在論的理論」における裁量は、ティモワーニュとレイが批判する「亜流／IS-LMケインズ主義アプローチ」における裁量とは、存在論的にまったく別物なのである。

しかも、「公共政策の実在論的理論」における裁量は、問題の所在を社会の構造と生成メカニズムの中に見出そうとする判断であり、したがって、その政策は現代貨幣理論と同様に、構造的なマクロ経済的プログラムの形をとり得る。

第二に、ティモワーニュとレイは構造的なプログラムを推奨してはいるが、他方であらゆる「裁量的政策」を拒否し、主流派経済学のような「ルールに基づく政策」を理想としているわけではない。

彼ら自身がそう述べているのである。

> しかしながら、このことは、政策を実行すべきときに、やみくもにルールを適用すべきであるということを意味しない。それぞれのプログラムの機能を確かなものにする限りにおいて、裁量は依然としてあり得る。例えば、社会保障は構造的なプログラムであるが、それでも、政府職員には社会保障の利益を享受する資格の有無を決定する大きな裁量がある。人間の裁量は、一連のルールや構造の範囲内においても、依然としてあり得るのである。[*28]

このように、ティモワーニュとレイは政策における裁量の余地を認めている。彼らが批判しているのは、繰り返しになるが、「亜流／IS-LMケインズ主義アプローチ」に則った裁量であって、裁量そのものではない。

ただし、ティモワーニュとレイの「裁量」という用語の使い方には、誤解を招きかねない問題がある。

彼らは「労働力、価格メカニズムそして投資プロジェクトを直接管理する構造的なマクロ経済的プログラム」を推奨し、それによって、経済政策を政治的な裁量から隔絶できると信じている。例えば、最後の雇い主プログラムには、不況時に失業が生じると公的機関が失業者を雇用し、逆に、好況によってインフレーションのリスクが生じると公的機関から労働力が放出され、物価上昇の圧力を緩和するという自動調整のメカニズムが内蔵されている。したがって、好不況に合わせて、政府が裁量的に財政政策を調整する必要はないというわけである。

しかし、そもそも最後の雇い主プログラムを採用するか否かや、構造的なマクロ経済的プログラムをどう設計するかといった判断もまた、政治の裁量に委ねられるはずである。それどころか、構造的なマクロ経済的プログラムの設計には、雇用や物価を決定する構造や生成メカニズムを遡及的に探究する、極めて高度な裁量を必要とするのである。

さらに言えば、現実の経済というものが開放系・複雑系である以上、ケインズやミンスキーが強調するように、我々は、不確実性からは決して逃れられない。しかも、人間は可謬的なのである。

そうだとするならば、構造的なマクロ経済的プログラムをいかに巧みに設計し運用しようとも、そのプログラムが想定し得なかった不測の事態は必ず起きるであろう。そのような不確実性に対応する上でも、やはり裁量は不可欠になるのである。

▼科学としての現代貨幣理論

「現代貨幣理論」は、「変動為替相場制度の下で、自国通貨を発行する政府が財政破綻（債務不履行）に陥ることはあり得ない」と強く主張し、健全財政を否定していることで、近年、一般にも広く知られるようになっている。この現代貨幣理論が前提とする存在論は、これまで論じてきたように実在論と整合的であり、それゆえ「科学」とみなすことができる。

ところが、この科学たる現代貨幣理論に対して、主流派経済学者たちは激しい拒否反応を示し、手厳しい批判を加えてきた。例えば、ローレンス・サマーズは現代貨幣理論について「重層的な誤りがある」と批判している。*29

だが、これまでの議論を踏まえれば、貨幣理論的、方法論的、存在論的といったレベルで、重層的に誤りを犯しているのは主流派経済学の方である。

もちろん、現代貨幣理論の主張については議論の余地はあるであろう。だが、現実に対する知識を追求しようとしている現代貨幣理論には、少なくとも科学を名乗る資格がある。これに対して主流派経済学は、第一章において明らかにしたように、いかなる基準に照らしても、科学を名乗る資格を欠いている。科学でないものが、科学について「重層的な誤りがある」などと批判するのは、滑稽でしかない。

主流派経済学は健全財政を主張し、政府に対して財政規律を課すことを提案してきた。そして、主流派経済学の影響を受けた多くの政府が財政規律を自らに課し、その裁量を制限している。本章の冒頭において述べた通り、国家財政はあらゆる国家政策の基盤となるものである。その国家財政に制約を課すということは、国家政策そのものの可能性を制約するということを意味する。

しかし、主流派経済学は科学ではない。したがって、主流派経済学が主張する健全財政という財政規律の根拠もまた、まったくもって非科学的であると言わざるを得ない。

にもかかわらず、多くの政府が財政規律を採用している。要するに、多くの政府が科学的な根拠もなく、社会を改善する手段である政策に自ら制限を課しているのである。

ちなみに、現代貨幣理論、あるいはより広く「ポスト・ケインズ派」経済学が主張する機能的財政については、「その主張が正しいのであれば、なぜ主流派経済学は受け入れないのであろうか。なぜ経済学の主流にならないのであろうか」と不思議がられることが少なからずある。「それが正しいかどうか、経済学者同士で議論してみればよいではないか」というわけである。

そのような素朴な疑問も、第一章や本章の議論によって容易に氷解するであろう。要するに、現代貨幣理論やポスト・ケインズ派経済学が科学であるのに対して、主流派経済学は科学ではないから、というのがその答えである。それどころか、主流派経済学は科学であろうとしているのかすら疑わしい。

主流派経済学者は、科学者ではない。

科学者ではない者たちに科学的な議論ができないのは、当然のことである。何も不思議なことはない。

第十章

政治とは何か

▼人間と裁量

本書の目的は政策哲学の探究にあるが、政策は政治と無縁ではあり得ない。社会学者ジャンフランコ・ポッジが言うように、「政治とは、政策の母体である」[*1]からである。そこで、本章では政治について存在論的に考察する。

　そもそも人間とは、その本性からして、ある目的を持ち、その目的を達成するという意志を持って行動する存在である。そして、その目的を達成するために必要な手段を探究する。目的達成を志向する意志を持ち、目的達成のための手段を探究し、その手段を用いるという一連の行動のことを「裁量」と呼ぶならば、人間とは裁量的な存在であると言える。

　したがって、裁量は人間の尊厳の問題にかかわってくる。ある人間の裁量を一切認めないということは、その者の人間としての存在を否定するということに等しい。いわゆる「自由」とは人間の裁量の自由にほかならない。

　人間は裁量的な存在であると同時に、社会的な存在でもある。人間は集団を形成し、他者と協力して目的を達成しようとする。村落という集団において、村人たちは村落における共同生活の維持という目的を志向して協力する。企業という集団は利益という目的を志向して集団で行動する。大学という集団は科学的発見や教育という目的を志向して集団で行動する。

　このように、村落であれ、企業であれ、大学であれ、およそ集団というものには、程度の差や性格の違いはあれ、何らかの裁量の余地が必ず存在する。もちろん、政治という集団行動にも裁量がなければならない。

そして、集団行動における裁量も、人間の尊厳の問題にかかわってくる。特定の集団構成員に対して集団行動の裁量への参加を認めないということは、その者を人間として信用していないということと同じである。[*2] いわゆる「民主政治」とは、社会的な集団行動の裁量への参加のことにほかならない。

主流派経済学は政治の裁量は否定しようとする。そして、政治の政策決定は裁量ではなく、ルールに基づくべきであると主張する。しかし、厳密に言うならば、ルールに基づく政策を選択するという行為自体もまた、政治による裁量の一種に過ぎない。政治というものは本質的に裁量的なのであって、裁量を認めないという決定すらも裁量によるのである。したがって問題は、政治に裁量を認めるか否かではなく、政治にどのような裁量を認めるかである。

▼民主政治——政治的共同体の必要性

政治において、特定の政策目的を設定し、その政策目的を達成するために政策手段を探究する際、アドルフ・ロウが言ったように、「道具的推論」が行なわれることになる。道具的推論とは科学における「遡及」と同じ方法である。科学における遡及は、ポランニーが論じたように、「実在との接触」を通じて「暗黙知」が形成されることで可能となる。

科学とは、ロイ・バスカーとマイケル・ポランニーが共に強調したように、社会的な営為である。科学的知識は、科学者たちから構成される科学共同体が生み出した産物として科学者たちに与えられ、科学者たちはその科学的知識を再生産し、あるいは転換する。特にポランニーは、科学者たちが科学的価値の基準を共有し、科学者としての能力を獲得していくには、科学共同体の伝統が不可欠であると強調した。

科学的探究には科学共同体が必要である。それと同様に、政治における政策手段の探究には政治共同体が必要となる。ただし、科学における探究は自然を対象にする。自然を探究するのに科学共同体が必要となるのである。これに対して、政治における探究の対象は政治共同体そのものである。政治的探究の対象である政治共同体とは社会的実在である。したがって、ポランニーが科学的探究の出発点とした実在との接触とは、政治的探究においては「政治共同体との接触」に読み換えることができる。

善き政治の目的は善き政治共同体を構築することであるが、それを遂行するのは政治共同体自体である。この場合、政治共同体は政治の客体であると同時に主体となる。つまり主客の区分を超越する。

ポランニーの「内在化(indwelling)」の概念を用いて言えば、科学の理想は実在を内在化することであるように、政治の理想は政治共同体を内在化することである。すなわち、我々が自分の属する共同体を我々自身の一部のように感知しつつ、その共同体の政治に参加する。それが「自治」というものである。「民主政治」の理念と言ってもよい。

▼国民国家とは何か

我々が自らの属する共同体を「内在化」するということは、その共同体に対してアイデンティティを持つということと同義である。民主政治が、アイデンティティの政治と密接に関係するのは、そのためである。民主国家の多くが国民国家の形をとっているのも、民主政治が共同体へのアイデンティティと深くかかわることの証左であると言える。

しかしながら、この共同体という実在を集合論的に理解してはならない。つまり「物象化」してはならないのである。バスカーの「社会活動の転換モデル（TMSA）」が示すように、共同体は確かに個人より先に存在し、個人はその共同体の中に生まれ落ち、共同体の影響を受けつつ人格を形成する。それと同時に個人は、共同体を構成する他の諸個人との協力行動によって、共同体を再生産し、あるいは転換する。その再生産され、あるいは転換された共同体は、再び個人の意図や行動に影響を与える。

個人とネイションの（国民共同体）との関係は、まさにTMSAによって正しく理解することができる。個人は特定のネイションの言語や文化を内在化することで、ナショナル・アイデンティティを獲得する。個人はそのネイションの中に生まれ落ちたのであって、自発的に選択したわけではない。しかしながら、同時に、ネイションを構成する諸個人がそのネイションの言語や文化を積極的に維持しようとしなければ、ネイションは消滅する。

その意味では、ネイションはその構成員たちの創造物である。一九世紀の思想家エルネスト・ルナンが、ネイションという存在を「日常的な人民投票」に喩えたのは、まさにそのことを端的に表現している。

個人が共同体を内在化し、アイデンティティを有するとは言え、個人と共同体は、マーガレット・アーチャーが強調したように、別個の実在である。個人は行為主体、共同体は社会構造である。そして、共同体という社会構造は、諸個人の協力行動から「創発」し、そして個人に対して「下方因果力」を及ぼす。

ネイションという共同体は社会構造の一種である。国家もまた社会構造である。そして、「国民国家（nation-state）」とは、ネイションを内包した国家という特殊な社会構造である。R・キース・ソーヤーの社会的創発の概念を借りて言えば、ネイションとは文化や言語が属する「安定的創発物（レベルD）」である（百三十九頁参照）。そして、そのネイションを、法規制や物理的インフラあるいは領土によって構成される「歴史的に物質化された社会的創発物（レベルE）」によって、より確実に安定化させている社会構造が国民国家なのである。

民主的な国民国家の場合、レベルDのネイションにおいて民主政治が営まれ得るのであり、その民主的調整過程の中からマイケル・マンの言う「下部構造的パワー」が創発し得る。

下部構造的パワーは、諸個人や諸集団の交渉や調整の産物でありながら、一定の自律性をも有している。そういう国民国家によって「位置」を与えられた政治家や官僚などの国家行為者（政策担当者）は、一定の自律的なパワー、すなわち「裁量」の権能を有する。政策担当者の裁量は、民主政治にもかかわらず、ではなく、民主政治だからこそ可能となるのである。

▼裁量の限界

もちろん、政策担当者の裁量には限界がある。第一に、人間は可謬的な存在であるから、人間の裁量も可謬的であって決して万能ではないのは言うまでもない。

第二に、人間の可謬性とも関連するが、現実は不確実性の高い「開放系」なのであって、将来に何が起こるか分からない以上、裁量の通りに物事が運ぶというわけにはいかない。ただし、現実が開放系であるということは、裁量の必要性を減じるものではない。むしろ、その反対に、将来に何が起こるか分からないがゆえに、あらかじめ設定されたルールに基づく政策が困難になるのであり、裁量的な政治が必要になるのである。

第三に、これも人間の可謬性と深く関係することであるが、政策担当者の裁量は現実によって制約されている。

実在論が主張するように、現実世界は階層構造になっている。特定の政策目標を実現しようとする政策担当者の道徳的な裁量は、その下部にある権力のシステム（政治）や利害のシステム（経済）に制約され、権力闘争や利害対立を調整することを余儀なくされる。

さらに、その下部には、生物学、化学、さらには物理学のシステム（自然環境）が制約として存在している。

例えば、財政政策による資源動員がインフレーションを招くことがあり、したがって、財政政策の裁量にはインフレーションという制約が課されざるを得ない。それは、貨幣が裁量的に無限に生み出せるのだとしても、資源が自然環境の制約下からは逃れられないということを意味している。近年、気候変動など地球環境問題が極めて重大な課題となっているが、これなどは、社会的現実が自然環境に制約されていることを、我々に否が応にでも知らしめるものであろう。

こうして、政策担当者が裁量により政策を実施しても、現実の政治、経済、自然といった制約のゆえに、当初に設定した政策目標を達成できず、政策目標あるいは政策手段の変更を余儀なくされる。そして、変更された目標と手段の下、再び政策が実行されるのであるが、それもまた現実の制約を受けて、再度の政策変更を強いられることとなるかもしれない。政策とはこれを繰り返しながら遂行されるものである。

このような政策の遂行過程は、人間が可謬的であり、社会が開放系であり、そして人間の裁量に階層的な制約が課されていることを考慮するならば、チャールズ・リンドブロムが言うように、漸変主義的なものとならざるを得ない。

しかし、漸変主義的な過程には積極的な意義もある。というのも、政策と現実の漸変的な相互行為を経ることで、政策担当者は現実の構造とメカニズムに関する知識を学習していくことができるからである。

政策は現実に関する知識に基づいて実行されるものであるが、同時に、政策自体が現実に関する知識の探究でもある。例えば、民主政治において政策は、さまざまな政治勢力や利益集団の間の多元的利害調整を経ながら遂行される。そのような複雑な民主的調整過程は、確かに政策の遂行を制約し阻害するものかもしれない。

しかし、この多元的な調整過程を経ることを通じて、政策担当者は権力構造や利害関係といった政治的・社会的現実を知ることができるのである。

そう考えると、第五章でも指摘した通り、政策は確かに科学実験に似ていると言える。科学者は科学実験を通じて自然的現実に介入し、その構造とメカニズムを知る。同様に、政策担当者は政策実践を通じて社会的現実に介入し、その構造とメカニズムを知る。政策担当者が社会の構造とメカニズムに関する知識を獲得し蓄積していけば、政策を立案し実行する能力は格段に高まるであろう。

ちなみに、多元的な民主的過程を重視していたジョン・デューイも、政策には科学実験に似た性格があると解していた。[*3]

> 物理学的な探求に比べて、社会現象に実験的方法を適用することが実践的に困難であるということについては多言を要しない。にもかかわらず、あらゆる政策手段の実行が実験の性格を有することは、論理的にそうであるし、実際にもそうあるべきである。というのも、（1）政策は、数多くの代替案の中から、可能な行動計画として一つを選択するものであり、（2）政策の実行は、物理実験のように決定的あるいは排他的な差別化をできるものではないが、それでも一定の制限の下で観察可能な結果をもたらすのであり、その結果は概念の妥当性を検証するものになるかもしれないのである。[*4]

多中心的な政治秩序に着目したブルーミントン学派の政策研究者たちも、政策には実験的性格があると考えている。[*5]

▼脱政治化

民主国家の政策は、マイケル・ポランニーやブルーミントン学派が「多中心性」と称した複雑で階層的な政治的・経済的調整過程を経て形成される。ただし、その多中心的な構造は包括的なルール体系によって一定の秩序が与えられているので、民主国家はマイケル・マンの用語を用いて言えば、「多形的結晶体」の形態となる。

このような多中心的な政治秩序の理論の起源は、アメリカ合衆国の建国の父であるアレクサンダー・ハミルトンやジェームズ・マディソン、彼らに影響を与えたスコットランド啓蒙の思想家たち、そしてアレクシス・ド・トクヴィルらの政治哲学にたどることができる。それは近代西洋思想の伝統に引き継がれてきた政治哲学である。

本書が探究する政策哲学もまた、この近代西洋の政治哲学の伝統に位置づけ得るものである。

ところが、一九九〇年代以降、イギリスを中心とした政治学者たちから、政府の意志決定の「脱政治化（depoliticisation）」と呼ばれる現象が進展しているという議論がなされるようになっている。[*6]「政治とは、政策の母体である」と述べたポッジもまた、社会の脱政治化について論じ、近年、政策と政治のつながりが弱体化していると指摘している。[*7]

こうした諸研究を踏まえ、マシュー・フリンダースとジム・ブラーは、脱政治化を次のように定義している。「政治家たちが間接統治に移行したり、自分たちがある課題、政策分野あるいは特定の決定に対してもはや責任を持ち得ないと民衆を説得したりする際に用いる手段、メカニズム、制度の範囲」。[*8]

もっとも、脱政治化もまた、政治による選択の結果なのであるから、厳密に言えば、「脱政治化の政治」と表現すべきなのかもしれない。「政治の自殺」と表現してもよい。

あるいは、脱政治化と呼ばれる現象において脱せられているのは、民主的な調整過程や政治家の裁量に伴う責任であるから、脱政治化を「脱民主政治化」「無責任政治化」として理解することもできる。

▼脱政治化の三つの戦術

フリンダースとブラーは、脱政治化の戦術として次の三つを特定している。[*9]

第一は、「制度的脱政治化」である。

議会制民主政治においては、選挙で選ばれた政治家が広範な政策の割り当てを行ない、行政府が大臣によって設定された枠組みの中で日々の専門的な実務を遂行するという関係にある。ところが、独立した専門的な意思決定機関を新たに設けることで、行政府を政治の圧力や政治的調整から解放することができる。これが制度的脱政治化である。

例えば、政府の諮問委員会や独立性の高い中央銀行などは、その構成員が選挙によって民主的に選ばれた政治家ではなく、政治の要求からも制度的に隔離されている。にもかかわらず、こうした諮問委員会や中央銀行は、国民生活を左右するような重要な政策決定に関与するのである。

第二は、「ルールに基づく脱政治化」である。

これは、第五章において論じた「ルールに基づく政策」とほぼ同義であるが、政治の裁量を可能な限り排除し、政策の変更を自動的に行なえるようにする戦術である。

具体的には、金融政策の「テイラー・ルール」や物価目標、十九世紀の金本位制などの固定為替相場制、あるいは財政規律などが、ルールに基づく脱政治化の例に当たる。

第三は、「選好形成による脱政治化」である。これは、イデオロギー、言説、あるいはレトリックに訴えて、特定の課題については政治の範囲や国家の管理能力を超えているという主張を正当化しようとする戦術である。

選好形成による脱政治化の典型を挙げるとすれば、「グローバリゼーションの進展が、政治の範囲や主権国家の管理能力を大きく制限するようになっている」という言説であろう。資本移動のグローバリゼーションによって、ケインズ主義的なマクロ経済運営が無効化したという経済理論、いわゆる「マンデル＝フレミングの定理」は、そのようなグローバリゼーションにまつわる言説を理論的に正当化したものである。このマンデル＝フレミングの定理によれば、財政出動によって需要を創出しても、それに伴う金利の上昇が資本の流入と自国通貨高を招き、輸出を減少させ、創出された需要を相殺する。よって、財政政策による需要創出は無効になるというのである。

▼脱政治化の問題点

これら脱政治化の戦術に対して、本書が提唱するポスト批判的実在論の観点からは、次のような問題点を指摘することができる。

まず、「ルールに基づく脱政治化」についてであるが、その問題点は、すでに第五章において論じた通り、現実世界が「閉鎖系」であると想定し、不確実性を無視した「規則的決定論」を前提としている点にある。しかし、現実世界は不確実性を決して排除できない「開放系」であるから、規則的決定論に基づくルールから逸脱した事象は必ず起きる。したがって、ルールに基づく脱政治化は失敗を運命づけられていると言ってよい。

また、「制度的脱政治化」の主眼は、政策決定過程から民主的調整を省略するところにある。しかし先に論じたように、民主的調整過程の重要な意義の一つは、それが現実世界の探究の過程であるという点にある。政策担当者は多元的な行為主体の間の政治的あるいは経済的関係の中へと介入することで、複雑、多元的かつ動態的な社会的現実を掘り下げ、最終的には「実在の領域」にまで「遡及」し、その構造とメカニズムを掘り当てる。要するに、政策担当者は民主的調整過程を経て、現実を知るのである。

これに対して、制度的脱政治化は、現実社会を知る機会であるはずの民主的調整過程を省略した意思決定機関によって、政策を決定する。しかし、現実社会を知らない者が現実社会において有効に機能する政策を立案できると期待するのは難しい。

脱政治化は政策担当者の裁量を否定するものであるから、その裁量に伴う責任もまた否定されるという問題点も指摘できる。政治家が政治を否定する脱政治化を好んで受け入れるのは、政治責任の追及から逃れることができるからである。

例えば、ルールに基づく脱政治化や制度的脱政治化は、「この政策は政府の諮問委員会あるいは国際ルールによって決まったのであって、我々が決めたことではない」とか、「貧困や病苦にあえぐ人々を救済したいのはやまやまだが、市場のルールや財政規律があるので救済できなくても仕方がない」とかいった言い訳を政治家に許す。あるいは、「選好形成による脱政治化」が成功すれば、「グローバリゼーションによって、国家は後退を余儀なくされているのであって、したがって国内の政治に責任を求める時代ではないのだ」という認識が正当化される。

こうなれば、政治家に対してその政治責任を問うこと自体がもはや無意味となろう。政治責任の追求から逃れた政治家は、自らの地位の延命をはかることができるであろう。

しかし、ポランニーが科学の「信託的枠組み」について論じたように、科学者は実在に接触し関与しなければ、実在を知ることはできない。この信託的枠組みは政治にも適用できる。すなわち、政策担当者は現実社会に関与しなければ、それを知ることはできない。そして、現実社会への関与には責任が伴う。現実社会への関与から免責された独立専門機関の委員たちに、社会の現実を知った上で現実的な政策を決定することなど、期待できるはずがないであろう。

もちろん、政策の実践に参加していない者であっても、社会科学者として社会に関与し、遡及的推論を働かせて社会に実在する構造やメカニズムを知り、それらを政策担当者に教授することは可能である。逆に、政策担当者として現実社会に関与しているにもかかわらず、構造やメカニズムを把握するのに失敗する者も少なからずいるであろう。

しかしながら問題は、脱政治化という戦術が、現実社会への関与から免責された方がより正しい政策を導き出せるという誤解に基づいている点にあるのである。

かつて、バーナード・クリックは『政治の擁護』の中で、政治の最大の敵は、「人間の苦しみに対する無関心と、本質的に政治的な事柄に関して情熱的に確実性を追求すること」[*10]の二つであると結論した。

脱政治化とは、まさに制度やルール、あるいは選好形成によって、政策担当者を人間の苦しみという現実に対して無関心にし、そして、裁量の余地が一切ない確実性を追い求める戦術なのである。

▼グローバリゼーションという脱政治化

なお、フリンダースとブラーが特定した脱政治化の三つの戦術のうち「選好形成による脱政治化」は、アドルフ・ロウが指摘した「二次的管理」の問題と深くかかわってくる。すなわち、政策は、その効果に対する人々の期待が低い場合には、その効果を十分に発揮し得ないという問題である。

例えば、ケインズ主義的な財政政策はグローバリゼーションによって過去のものとなったという言説が定着し、人々の期待が低下すれば、ケインズ主義的な財政政策は実際に奏功しないということがあり得る。これを防ぐためには、ケインズ主義に対する期待を高める二次的管理の手法が必要なのかもしれない。

もっとも、もしグローバリゼーションがケインズ主義を無効化するというメカニズムが実在するのであれば、二次的管理によって人々の期待を操作したところで限界があろう。したがって、まず重要なことは、グローバリゼーションがケインズ主義を無効化するというメカニズムが実在するのか否かを探究することである。

もっとも、この点に関する詳細な議論は本書の目的ではないので、簡単に、重要な論点を示しておくにとどめる。

まず、グローバリゼーションがケインズ主義を無効化したという言説を好んで展開するのは主に主流派経済学者であるが、本書の冒頭から何度も繰り返し論証してきたように、主流派経済学は科学ではないので、この言説を正当化し得る科学的根拠にはならない。

例えば、主流派経済学者が、このような言説の根拠の一つとするものに「マンデル＝フレミングの定理」があることはすでに述べた。改めて説明すると、マンデル＝フレミングの定理とは、財政拡張によって創出された需要は、財政拡張に伴う金利の上昇が招く自国通貨高による輸出の減少によって相殺されるので、財政政策は無効であるとする主張である。しかし、この定理は、前章において論じた主流派経済学の誤った貨幣論に基づく議論に過ぎない。実際には、財政拡張による通貨供給量の増加は金利を上昇させるものではないし、金利は中央銀行が操作することができる。

他方で、資本のグローバリゼーションによって、為替が不安定に変動したり、ブームとバーストが繰り返されたりして、ケインズ主義的な政策では国内経済を安定化させられなくなる可能性はある。また、労働のグローバリゼーションが進めば、ケインズ主義的な政策によって国内の雇用を創出しても、海外から流入する低賃金労働者に雇用機会を奪われ、失業率の改善や実質賃金の上昇に失敗するということもあり得る。

したがって、グローバリゼーションがケインズ主義的な政策を無効化するというメカニズムは、確かに実在するのかもしれない。

しかし、こうしたグローバリゼーションは、政府が国際資本移動規制や移民規制を緩和したから生じたのであって、政治的な意志さえあればこれらの規制を強化することは可能である。

実際、二〇一六年、イギリスは移民規制を強化すべくEUからの離脱（いわゆる「ブレグジット」）を決定したし、二〇一〇年代以降は、「脱グローバリゼーション（deglobalization）」と言われるように、国際貿易や国際資本移動が鈍化し、アメリカをはじめとして、保護主義的な傾向を強める国家が増えるという現象が起きている。二〇二〇年に新型コロナウイルス感染症のパンデミックが発生した際には、各国とも極めて厳格な国境管理を行なったし、二〇二二年にロシアがウクライナへの侵攻を開始すると、欧米諸国は経済制裁としてロシアとの間の貿易や資本移動の自由を制限した。

グローバリゼーションを、政治的に抵抗できない時代の潮流や歴史の必然であるかのようにみなす言説は、依然として根強い人気がある。しかし、それは「グローバリゼーション」を

「物象化」するという誤謬を犯している。実際には、グローバリゼーションは、アメリカをはじめとする各国の政府が実行した規制緩和や自由化といった政策によって、人為的・政治的に作り出された現象に過ぎない。

そして、各国政府がグローバリゼーションを推し進めたのは、選好形成による脱政治化の政治が行なわれたからにほかならないのである。

▼自己実現的予言

グローバリゼーションが政治的産物であるならば、脱グローバリゼーションもまた政治的に可能なはずである。とは言うものの、脱グローバリゼーションは容易になし得るというわけではない。

第八章において参照したように、複雑系の世界においては経路依存性という自己強化メカニズムを内蔵した現象が存在する。グローバリゼーションはそのような経路依存性の例の一つである。

というのも、グローバリゼーションは国家や企業間の経済的な相互依存関係をより深めるものであり、その相互依存関係からの離脱は大きな経済的犠牲を伴う。このため、いったん、グローバリゼーションへと舵を切ると、経済的相互依存が自己強化されていき、ますます離脱しにくくなるという経路依存性が生じるのである。

例えば、二〇一〇年代初頭、ギリシャは債務危機に陥ったが、共通通貨ユーロを採用し自国通貨の発行権を放棄していたがために、大量失業を回避するための積極的な財政金融政策を自律的に講じることができなかった。しかも、ギリシャはEU内の相互依存関係に深く組み込まれていたため、EUから離脱して経済政策の自律性を回復することもできなかったのである。

他方、イギリスは二〇一六年の国民投票でEUの離脱を決定し、実際に離脱した。しかし、その間、三年以上の歳月がかかっている。しかも、その過程においては、テリーザ・メイ首相の辞任などの政治的犠牲を払っている。おそらく、イギリス以外のEU加盟国も、仮に民主的意志によってEUからの離脱を決めても、そのために払う犠牲が大き過ぎて実現は困難であろう。

このように、グローバリゼーションは本来、政治の産物であり、政治的に拒否できないものではないにもかかわらず、「グローバリゼーションに適応する以外に道はない」という選好形成的な言説に従ってグローバリゼーションを進めると、実際に、グローバリゼーション以外の道が事実上閉ざされるのである。

このような現象を引き起こす言説は「自己実現的予言」と言われる。要するに、グローバリゼーションという「選好形成による脱政治化」には、選好の形成が現実を形成するという自己実現的な性格があるのである。

選好形成による脱政治化の自己実現の例は、他にもある。

第七章において論じたように、政策担当者は「実在への接触」を通じて暗黙知を蓄積し、その裁量的能力を高める。そして、政策は実験的な性格を有するものであり、政策担当者は実際に裁量的に政策を実施して実在に介入することで、実在の構造や生成メカニズムについて知る。ところが、「脱政治化」は政策担当者たちの裁量を禁じることで、彼らから政策実行能力を高める機会を奪う。その結果、政策担当者の能力は実際に低下し、最終的には裁量的政策を行なう能力が失われる。こうして脱政治化が達成されるのである。

政府による大規模な産業政策を提唱するマリアナ・マッツカートも、この選好形成による脱政治化の自己実現的な危険性に気づいている。彼女は、「政府の能力は低いので公共的な活動を民間主体に委託すべきだ」という言説が、自己実現的に政府の能力を低めると指摘している。

民間のサービス供給者が公共活動を行なうようになればなるほど、政府の能力は低下し、貧弱な政策を変更できなくなるので、政府の説明責任も減少する。リスクを負わなければ報酬は手に入らない。その結果は自己実現的予言である。政府の活動が縮小するほど、リスクと管理も縮小し、政府の能力はより低下し、公務はより退屈になる。同時に、民間のサービス供給者やコンサルティング会社の仕事はより魅力的なものとなり、政府から才能がいっそう流出していく。[*11]

この恐るべき選好形成による脱政治化の自己実現を防ぐには、どうすべきであるか。それは、脱政治化への選好形成を防止すべく、政策やその母体である政治についての正しい理解を世に広めるしかないであろう。ロウの言う「二次的管理」という政策の発動である。

そして、それこそが本書の真の目的である。本書は政策の理論書であるというだけではなく、それ自体が一種の政策なのである。

結論

である。

▼政策の可能性

「公共政策の実在論的理論」は、国家政策が成立し得る存在論的な条件を明らかにする理論である。

その条件とは、第一に、国家は、行為主体に依存はするが還元はできない実在する「構造」であるということである。

そして、第二に、国家は自律的なパワーを持つものであり、政策担当者はそのパワーを利用して、開放系である社会を規制して半・規則性を与え、完全雇用や経済成長といった特定の政策効果を生み出す「メカニズム」を作動させる「位置」にあるということである。

「公共政策の実在論的理論」によれば、政策は個々の事象といった目に見えるものを対象とするのではなく、構造やメカニズムといった目に見えぬ実在を遡及的推論によって特定し、それを対象とする。実在論者のマリオ・ブンゲも、政策の対象はメカニズムであると主張している。

効果的な社会政策の設計は、対象となる社会メカニズムに関する正しい仮説に基づくべきである。その理由は、社会政策というものが、例えば富の再分配、紛争解決、あるいはヘルスケアなどの社会メカニズムを作動させたり、修正したりするものと考えられるからである。*1

政策の対象がメカニズムであり、そのメカニズムを特定するために遡及的推論が行なわれるということは、政策には政策担当者の裁量が必要だということである。そして、その裁量（＝遡及＝暗黙知＝道具的推論）の能力は、「実在との接触」により獲得されるのである。「公共政策の実在論的理論」は、現実世界が開放系であり、複雑系であり、不確実性に満ちていることを重視するものである。政策担当者の裁量の必要性を強調するのも、社会が開放系であり、不確実であるからにほかならない。

完全な開放系・不確実性は人間の存在論的安全を脅かす。それゆえ、公共政策は社会に半・規則性を与えることを目指す。とはいえ、将来を確実に予測できる完全な閉鎖系の社会を構築することは不可能であり、望ましくもない。また人間は可謬的な存在であるから、どのような政策を講じようと不確実性は必ず残る。したがって、政策担当者の裁量の必要性を消去することはできないのである。

また、現実社会は開放系であり複雑系であり、人間は可謬的な存在であるという理解から、政策による社会構造の転換は、急進的・抜本的な改革よりも、漸変的・アジャイルな試行錯誤の連続である方が望ましいという規範が導き出される。

▼社会科学の方法論

本書の目的は政策について存在論的に探究するところにあるが、本書を締めくくる前に、若干ではあるが、社会科学の方法論について筆者が支持する見解を明らかにしておこう。

というのも、政策に関する知識は、社会に関する知識、すなわち「社会科学」と密接不可分であり、また、存在論は方法論とも密接な関係にあるからである。このため、社会科学の方法論についても触れておくことは、本書の主題ではないとは言え、その主張をより明瞭にする上で役に立つであろう。

筆者が支持するのは、実在論を基礎とした「方法論的多元主義[*2]」と呼ばれる方法論である。すでに論じたように、実在論の社会科学哲学によれば、社会科学の探究の対象は「実在の領域」に潜んでいる「構造」や「メカニズム」である。それらは、「遡及」によって推論され仮説となる。

ただし、構造やメカニズムは観察可能なものではないので、それらの存在をどのようにして確かめるのかが問題となる。

まず、第三章で論じた実在論に従って、閉鎖系を前提とした実証主義的アプローチはもちろん、社会的現実を社会的構築物とみなす純粋主観主義的なアプローチも、その反対に、社会的現実から主観的な意図を排除できると考える純粋客観主義的なアプローチも拒否される。

必要なのは、社会的現実のうち、人間の意図や意味などの主観的側面（他動的次元）をとらえようとするアプローチと、事物や構造などの客観的側面（自動的次元）をとらえようとするアプローチの併用である。

特に主観的側面については、解釈学による定性的な分析が用いられる。また客観的側面については、統計学に基づく定量的な分析も有効であろう。定性的分析と定量的分析のいずれかではなく、両方、利用すればよいのである。

もっとも、統計学的で定量的な分析は、開放系である社会的現実には馴染まない面もあることは否定できない。しかし、第四章で述べたように、人間の行動や社会現象に厳密な規則性はないにせよ、半・規則性は存在し得る。したがって、半・規則性がある限りにおいて、統計学的分析は一定程度、功を奏するものと考えてよい。避けなければならないのは、定量的な分析しか認めないような俗流科学主義的な姿勢である。

また、第三章で明らかにしたように、社会的現実は個人論でも集合論でもなく、両者を止揚してとらえるべきものである。すなわち社会は、社会的・関係論的な個人の相互行為によって形成されると同時に、個人の行動を制約している。

したがって、社会科学には、個人の行動に焦点を当てる「ミクロ」の視座と、社会構造全体を把握する「マクロ」の視座、さらには個人と社会との間にある制度や文化に着目する「メソ」の視座がいずれも求められる。同じ理由により、個別の事例を詳細に調査する「集中的な(intensive)分析」と、全体的な構造を俯瞰する「広範な(extensive)分析」についても、併用するのが望ましい。

さらに、社会的現実は、「物理学的」「化学的」「生物学的」「政治的」「経済的」「道徳的」といったように階層をなしており、かつ、各階層は入れ子構造になっていて、各階層の間で相互に因果力が作用している。このため、社会的現実の複雑な階層的全体像を理解しようとしたら、例えば物理学、化学、生物学、政治学、経済学、心理学、社会学、人類学、歴史学など、諸学問を総合的に動員する必要があるであろう。

ただし、構造やメカニズムは、直接的に観察することができない実在の領域に存在する。このため、定量的な分析も解釈学的な分析も、構造やメカニズムの存在を直接的に示し得るものではない。しかし、その存在を間接的に示唆することはできる。

もちろん、人間の可謬性は大前提としてあるから、諸学を動員して把握できたと思われた構造やメカニズムであっても、後でそれが間違いだったと判明することは当然にしてあり得る。しかし、だからといって、構造やメカニズムは実在しないとまで結論するのは、「認識的誤謬」を犯すものである。社会の構造やメカニズムは実在するのである。

したがって、社会科学者は、「(社会)科学者の共同体」において蓄積された科学の伝統に則りつつ、他の研究者たちとの間で、対話、論争あるいは協力を通じて、構造やメカニズムに接近する努力を無限に続けていかなければならない。

そして、この対話、論争そして協力は、現実が多元的である以上、研究分野や学派を超えてなされなければならない。

経済学という分野に限定しても、マルクス主義、制度経済学、ポスト・ケインズ派、オーストリア学派、経済社会学、フェミニスト経済学、行動経済学など、多様な学派が存在する。

これらの諸学派は、例えばマルクス主義とオーストリア学派のように、理論の実質的な内容において対立する場合もあろう。しかし、いずれも「実在についての知識」であろうとしている以上、議論の俎上《そじょう》に載せる価値がある。実証主義的な社会科学ですら、その研究成果の中には一考に値するものが含まれている可能性があろう。

ただ、主流派経済学だけはここから除外せざるを得ない。なぜなら、第一章において論証したように、主流派経済学は科学ではないからである。

もっとも、よく誤解されるように、さまざまな学派や方法を認めることは、単なる諸学の折衷主義や、「何でもあり」を認める（判断的）相対主義とみなしてはならない。折衷主義や相対主義の陥穽を避けるためには、採用するさまざまな学問領域や方法論が、ある存在論的に妥当な了解、すなわち実在論を共有している必要がある。

言い換えれば、さまざまな社会科学の分野や方法論が存在する中で、どれを採用するのかを判断する際の基準となるのは、ひとえに社会的現実である。

これが筆者の支持する「方法論的多元主義」のアプローチである。

▼バビロン的思考様態

方法論的多元主義に関連して、もう一つ参考にすべき重要な議論がある。シーラ・ダウが提唱する「バビロン的思考様態」である。[*3]
ダウは、哲学者アルフレッド・ノース・ホワイトヘッド[*4]にならって、社会科学の「思考様態(mode of thought)」に着目する。
主流派経済学の思考の様態は「デカルト的・ユークリッド的思考様態」である。それは閉鎖系で静態的な世界を前提とし、普遍的に適用できる定理から論理を導き出そうとする。特に、デカルト的・ユークリッド的思考様態は「X、または、Xでない」という二元論で物事を見るところに特徴がある。

しかし、開放系であり動態的な現実においては、「X、または、Xでない」という二元論ではなく、「X、または、Xでない、または、XかXでないか未定」といったように、「X」と「Xでない」との間にそのどちらでもない中間態が存在する。現実とは、こうした不確実性が存在する「過程」なのであり、現実をそういうものとしてとらえようとする思考様態を、ダウは「バビロン的」と呼ぶのである。

ホワイトヘッドの影響を受けたケインズの思考様態はまさにバビロン的であったが、ダウは、一般均衡理論の確立によって主流派経済学が成立する以前の、古典的な「政治経済学」の思考様態もまたバビロン的であったと論じている。しかも、その政治経済学の特徴は理論の問題よりも政策の問題を志向する実在論にあったとも述べている。[*5]

本書はこの政治経済学の本来の伝統に立ち戻り、その「バビロン的思考様態」を現代によみがえらせようとする試みだと言ってもよい。

▼証拠に基づく政策立案

最後に、本書が提唱する政策哲学の現代的な意義を強調するため、近年、推進されている「証拠に基づく政策立案（Evidence-Based Policy Making：ＥＢＰＭ）」について触れておこう。[*6]

ＥＢＰＭは、一九九〇年代にイギリスのトニー・ブレア政権が本格的に展開して以降、政府機関において流行している政策の業績評価の手法であり、日本政府も二〇一七年以降、導入を進めるとしている。ＥＢＰＭの趣旨は、要約すれば、厳密な科学的証拠に基づいて政策を立案すべきであるというものである。特に、政策の有効性を厳密に評価する手法として、ランダム化比較実験法（randomized controlled trial：ＲＣＴ）が推奨されている。

　科学的証拠に基づいて政策を立案すべきであるというだけであれば、特に目新しさはないようにも見える。しかし、ＥＢＰＭでは以下のような、より厳密な政策評価を要求するのだという。

　第一に、政策の成果の特定化と計量化が求められる。第二に、ある政策を行なったことにより効果を上げたという因果関係を証拠として示す必要がある。第三に、政策の効果が確認できたならば、同じ条件を満たす別の場所、対象、時点についても有効とみなせる必要がある。[*7]

　しかし、このような厳格な定量的評価を要求するＥＢＰＭには、いくつもの問題点が指摘されている。ここでは、「公共政策の実在論的理論」の観点から見た問題点に焦点を当てる。

　まず、ＥＢＰＭは政策立案に対して科学的証拠を要求するものであるが、ＥＢＰＭが想定する「科学」の哲学は、評価の定量化を求めていることからも明らかなように、実証主義であると思われる。

　しかし、実証主義は閉鎖系と恒常的連接関係を前提とする一方で、現実社会は開放系でありまた多元的であるから、定量的な評価が適切である範囲は極めて限られる。特にＥＢＰＭはランダム化比較実験法を推奨するが、バスカーが強調したように社会における実験は困難である。

したがって、政策介入とその結果の因果関係が定量化でき、かつ、同じ条件を満たす別の場所、対象、時点についても有効とみなせるという要求を満たすことは非常に難しいというか、ほぼ不可能である。

また、バスカーが明らかにしたように、現実世界は「経験の領域」「実際の領域」「実在の領域」の階層構造をなしており、因果関係を生み出す生成メカニズムは、最深部の実在の領域に存在する。しかし、実証主義は現実世界を経験の領域に還元しているため、因果関係を生み出すメカニズムにまで探究が及ばない。言い換えれば、ＥＢＰＭが「科学的」と称する手法によって示した観察可能な証拠では、政策介入とその効果の因果関係を特定したことにはならない恐れがあるのである。

山本清もまた、ＥＢＰＭの問題点や限界を具体的に指摘している。

例えば、山本は、高等教育政策の評価において、同じ環境下で能力も同等な人物を高等教育進学と非進学にランダムに割り当てて実験するというランダム化比較実験法には道義的な問題があると指摘している[*8]。また、ＥＢＰＭが要求するように効果を正確に把握しようとすると、長期の時間を要するため、政策介入の時機を逸する恐れがあるという問題もある[*9]。

以上のような問題点を考慮すると、ＥＢＰＭは政策担当者が政策を立案し実行する能力を不必要に大きく制約し、政策の実現可能性を著しく引き下げるか、あるいは、政策を間違った方向へと誘導する恐れがあると言わざるを得ない。

もちろん、政策の効果を科学的に評価することは重要なことではある。

とりわけ、「公共政策の実在論的理論」は、政策には科学実験に類似した性格があることを認めるものである。また、政策の実行にあたっては漸変主義を推奨している。それは要するに、政策を実行し、それによって社会的現実に対する新たな知見を獲得し、さらに政策を実行し、必要ならば修正するという試行錯誤の過程である。そのようなアジャイルな政策決定過程においてこそ、政策効果の科学的評価は必要不可欠と言ってよい。

ただし重要なのは、この場合の「科学」を実在論的に理解することである。すなわち、方法論的多元主義に則ってさまざまな理論や手法を活用しつつ、政策の効果を生み出した生成メカニズムを遡及的に推論することである。[*10]

さらに言えば、仮に十分な科学的証拠が得られていない状態であったとしても、政策担当者は次々と生起する現下の問題に対処すべく、政策の立案と実行を進めなければならないし、そうすべきである。そして、その場合に活用されるのは、究極的には政策担当者が有する「特別に訓練された直観的裁量」である。

▼複合危機

ロイ・バスカーは「人文科学の文脈に置き換えれば、超越論的実在論は即座に解放的なものとして立ち現れる」と述べている。それは「経験的不変性や事例確証（あるいは事例反証）のドグマ」から、社会科学者を解放するのである。[*11]

それと同様に「公共政策の実在論的理論」も擬似科学的なドグマから、政策担当者を解放するであろう。経験的不変性、事例確証あるいは予測、さらには「ルールに基づく政策」だの「健全財政」だの「証拠に基づく政策」だのといった擬似科学的なドグマは、国家政策を不必要に制限的、硬直的で、非現実的なものにし、不測の事態や複雑な事象への対応を困難にする。

このようなドグマから解放された政策担当者は、政策を実行することを通じて社会的実在と頻繁に接触し、裁量的政策の経験を蓄積することで、社会の構造とメカニズムをいっそうよく知り、政策実行能力をさらに高めることができるようになるであろう。

そして、今日ほど、高度な政策実行能力を必要とする時代もない。

我々はまさに、不測の事態や複雑な事象が頻発する過酷な世界を生きている。戦争、内戦、民族対立、テロ、核拡散、サイバー攻撃、人工知能の悪用、国際的リーダーシップの不在、政治の不安定化、ポピュリズム、インフレーション、デフレーション、金融危機、パンデミック、食料不足、エネルギー危機、気候変動、洪水、渇水、山火事、地震、津波、格差の拡大、社会の分断、少子高齢化、労働力の制約など、挙げていくときりがないほどである。

このように危機と不確実性に満ちた世界は「複合危機（polycrisis）」と呼ばれている。

複合危機という言葉はフランスの哲学者エドガール・モランが一九九〇年代に最初に使ったとされるが、歴史学者のアダム・トゥーズは、二〇二〇年代の世界が直面している危機的状況を表現するのに、この複合危機という用語をよみがえらせている[*12][*13]。

現在の世界情勢が単なる危機ではなく、「複合（poly）危機（crisis）」とされるゆえんは、危機が同時多発的に発生しているというだけではない。

過去三十年間のグローバリゼーションによって世界が密接に連結したために、一つの危機が生まれると、それが連鎖的に世界中に波及するようになっている。しかも、危機の原因を一つに絞ることはできない。こうした多中心性と複雑系によって特徴づけられる危機を指して「複合危機」と言うのである。

トゥーズが適確に指摘するように、複合危機の恐ろしさは、危機の相互作用によって、個々の危機を足し合わせたものをはるかに凌駕する全体的な危機となるところにある。実在論の概念を用いて言うならば、自然、政治、経済、国際社会、道徳などの各階層において危機が発生し、さらに各階層における危機が相互に連動することで、複合危機が「創発」されるのである。

この複合危機はあまりに強力かつ複雑であり、そしてグローバルな現象であるため、各国の国家政策だけではもはや解決できない。それは確かにその通りであろう。

国家のパワーの限界は、グローバリゼーション華やかなりし頃には、特に好んで論じられたテーマである。しかし、複合危機を解決する上で、あるいはもっと控えめに、国民の存在論的安全を守る上で、国際機関、非政府組織あるいはグローバル企業などといった政府以外の組織が、国家のパワーに支えられた政府よりも有効に機能し得るのかと言えば、はなはだ心許ない。理想はともかく、それが現実であるし、しかも、近年ますますそうなっているのである。

だとすると、国家のパワーが複合危機の克服には不十分であろうとも、それを可能な限り強化して、国民の存在論的安全をより効果的に保障できるようにする必要があることは間違いない。仮に、超国家的な機関が必要になるのだとしても、そのような超国家的機関を構築するのは、国家のパワーなしではまず不可能であろう。

要するに、国家のパワーに支えられた国家政策は、複合危機を克服する上での十分条件ではないが、必要条件ではあるということである。

▼二十一世紀の政策哲学

本書が展開する「公共政策の実在論的理論」は、特定の国家政策を直接的かつ具体的に提示することはできない。そもそも、そういう性質のものではない。

にもかかわらず、「公共政策の実在論的理論」は、有効な国家政策を生み出す上において不可欠な役割を果たすものである。

例えば、不況時になると、生産性が低く、赤字を計上しながらも存続する中小零細企業が数多く生じる。そのたびに、そういった中小零細企業に対する金融支援を打ち切り、市場から退出させるべきだという政策を好んで唱える者が続出する。

しかし、中小零細企業の非効率性や不採算性を生み出した経済全体の「構造」や「メカニズム」を転換しなければ、赤字の中小零細企業を廃業に追い込んだところで、また別の赤字企業が生まれるだけであろう。それどころか、企業倒産による失業の増大は、「合成の誤謬」を通じて、総需要を縮小させ、赤字の企業をいっそう増加させることになる。

このように、目の前に可視化された現象だけ追っていても、問題を解決できないだけでなく、悪化させかねないのである。

これに対して、「公共政策の実在論的理論」は、政策担当者たちの注意を、目の前の問題から、その問題を生み出している構造やメカニズムへと向けさせる。

例えば、中小零細企業の非効率性や不採算性を生み出したのはデフレーションであり、デフレーションを生み出したのは総需要不足であり、さらには総需要不足をもたらしたのは不確実性の高まりである。このようにして、問題の深層へと掘り進んでいき、その問題を生み出すメカニズムを掘り当てるのである。そして、不確実性を低減し、需要を創出するという解決策を編み出す。そのような大規模な需要の創出や不確実性の低減ができるのは、政府による財政政策である。そして、自国通貨を発行する政府の財政政策に財源の制約はない。

このようにして、「公共政策の実在論的理論」は、正しい国家政策を導き出すための視座を与えるのである。

言い換えれば、バスカーが超越論的実在論を科学の「下働き[*14]」と表現したように、ポスト批判的実在論を基礎にした「公共政策の実在論的理論」は、公共政策の下働きの役割を果たすものである。

それは、主流派経済学の「ルールに基づく政策」や「健全財政」といった擬似科学的なドグマや、そのドグマが生み出す無力感から、政策担当者を解放するであろう。

ドグマによる思想的・心理的な制約から解放され、裁量を許された政策担当者は、現実を直視し、遡及的な想像力を働かせて、構造全体を鳥瞰《ちょうかん》できるようになるであろう。要するに、真の意味における政策の科学を手にするのである。

こうして政策の科学を身につけた政策担当者は、問題を発生させているメカニズムを特定し、政策を編み出す能力を得る。さらに、その政策の実現に向けて、説得や調整の努力を続ける。実行された政策の結果は、政策担当者に社会の構造とメカニズムについての新たな知識を与える。そのおかげで、政策立案者はその能力をさらに高めていくことができる。

そうなれば、一九三〇年代の世界恐慌という危機の時代がそうであったように、理論と政策を革新し危機を克服する可能性が拓かれるであろう。したがって、本書が展開してきた「公共政策の実在論的理論」は、政策担当者に必須の哲学であると結論できる。複合危機の世紀にあっては特にそうである。

少なくとも明らかなことは、貧困な哲学しか持たない政策担当者でも、国家を運営できるかのように見えた時代は、すでに過去のものとなったということである。

2. Tool, 2017, p. 198.
3. なお、デューイのプラグマティズムの哲学は、反基礎付け主義と誤って解釈されることがあるが、デューイは実在論者である。(Godfrey-Smith, P. 2002. 'Dewey on Naturalism, Realism and Science', *Philosophy of Science*. vol. 69, pp. S1-S11; Hildebrand, D. L. 2003. *Beyond Realism and Anti-Realism*. Nashville: Vanderbilt University Press)
4. Dewey, J. 1938. *Logic: The Theory Of Inquiry*. New York: Henry Holt and Company. pp. 508-509.
5. Aligica and Boettke, 2009, pp. 82-84.
6. Burnham, P. 2001. 'New Labour and the politics of depoliticization', *British Journal of Politics and International Relations*. vol. 3, no. 2, pp. 127-149; Flinders, M. and Buller, J. 2006. 'Depoliticisation: Principles, Tactics and Tools', *British Politics*. vol. 1, pp. 293-318.
7. Poggi, 1990, pp. 128-144.
8. Flinders and Buller, 2006, pp. 295-296.
9. Flinders and Buller, 2006, pp. 298-311.
10. Crick, B. 1964. *In Defense of Politics*. London: Penguin Books. p. 160.
11. Mazzucato, M. 2021. *Mission Economy: A Moonshot Guide to Changing Capitalism*. Dublin: Allen Lane. p. 49.

結論

1. Bunge, 2000, p. 153.
2. Danermark, Ekström and Karlsson, 2019, chapter 7.
3. Dow, S. C. 2012. *Foundations for New Economic Thinking: A Collection of Essays*. Houndmills: Palgrave Macmillan.
4. Whitehead, A. N. 1966. *Modes of Thought*, New York: The Free Press.
5. Dow, 2012, pp. 66-69.
6. EBPMについては、山本による批判的検討を参考にしている。(山本清 2018.「証拠に基づく政策立案」の課題と展望. 大学経営政策研究. 第8号, pp. 217-230)
7. 山本, 2018, p. 222.
8. 山本, 2018, p. 224.
9. 山本, 2018, p. 226.
10. Sanderson, 2002.
11. Bhaskar, 2011, p. 184.
12. Tooze, A. 2022. 'Welcome to the world of the polycrisis', *Financial Times*. October 29.
13. Financial Times. Welcome to the world of the polycrisis https://www.ft.com/content/498398e7-11b1-494b-9cd3-6d669dc3de33
14. Bhaskar, 2008, p. 10.

4. Ingham, 2004, pp. 24-25.
5. Ingham, 2004, p. 72.
6. Ingham, 2004, p. 72.
7. Ingham, 2004, p. 74.
8. Bell, S. 2001. 'The role of the state and the hierarchy of money', *Cambridge Journal of Economics*. vol. 25, pp. 149-163; Wray, 2012, pp. 83-89.
9. Tool M. R. 2017. *The Discretionary Economy: A Normative Theory of Political Economy*. New York: Routledge. p. 96.
10. Lerner, A. P. 1943. 'Functional Finance and the Federal Debt', *Social Research*. vol. 10, no. 1, pp. 38-51.
11. Lerner, 1943, pp. 39-40.
12. Lerner, 1943, p. 39.
13. Lerner, 1943, p. 40.
14. Lerner, 1943, p. 40.
15. Lerner, 1943, p. 47.
16. Lerner, 1943, p. 41.
17. Forstater, M. 1998. 'Toward a New Instrumental Macroeconomics: Abba Lerner and Adolph Lowe on Economic Method, Theory, History and Policy', *Working Paper*. no. 254: Levy Economics Institute of Bard College.
18. Lerner, 1943, p. 39.
19. Lerner, A. P. 1947. *The Economics of Control: Principles of Welfare Economics*. New York: The Macmillan Company. p. 4.
20. Wray, L. R. 2018. 'Functional Finance: A Comparison of the Evolution of the Positions of Hyman Minsky and Abba Lerner', *Working Paper*. no. 900, Levy Economics Institute of Bard College.
21. Minsky, H. P. 1996. 'Uncertainty and the Institutional Structure of Capitalist Economies', *Journal of Economic Issues*. vol. XXX, no. 2, pp. 357-368.
22. Lawson, 2003.
23. Arestis, P. and Sawyer, M. 2010. 'The return of fiscal policy', *Journal of Post Keynesian Economics*. vol. 32, no. 3, pp. 327-346 (pp. 334-337).
24. Arestis and Sawyer, 2010, p. 336.
25. Arestis and Sawyer, 2010, p. 336.
26. Tymoigne, È. and Wray, L. R. 2013. Modern Money Theory 101: A Reply to Critics, *Working Paper*. no. 778, Levy Economics Institute of Bard College.
27. Tymoigne and Wray, 2013, p. 44.
28. Tymoigne and Wray, 2013, p. 44.
29. Ben, H. 'Larry Summers Slams MMT as "Fallacious", Bloomberg. 2019. 3. 6. https://www.bloomberg.com/news/articles/2019-03-05/summers-slams-mmt-as-fallacious-as-economics-battle-heats-up

第十章

1. Poggi, G. 1990. *The State: Its Nature, Development and Prospects*. Cambridge: Polity Press. p. 123.

27. Ostrom, 1972, p. 7.
28. Ostrom, 1972, pp. 11-14.
29. Ostrom, 1972, pp. 34-36.
30. Keynes, J. M. 2013. *The Collected Writings of John Maynard Keynes Volume* Ⅸ *Essays in Persuasion with a new Introduction by Donald Moggridge.* Cambridge: Cambridge University Press. pp. 288-289.
31. Ostrom, 1972, p. 3.
32. Aligica and Boettke, 2009, pp. 82-87, pp. 139-141.
33. Aligica and Boettke, 2009, pp. 101-107.
34. Aligica and Boettke, 2009, pp. 108-109.
35. Aligica and Tarko, 2012, p. 254.
36. Ostrom, E. 2010. 'Beyond Markets and States: Polycentric Governance of Complex Economic Systems', *American Economic Review.* vol. 100, no. 3, pp. 641-672 (pp. 664-665).
37. Cairney, P. 2012. 'Complexity Theory in Political Science and Public Policy', *Political Studies Review.* vol. 10, pp. 346-358; Room, G. 2011. *Complexity, Institutions and Public Policy: Agile Decision-Making in a Turbulent World.* Cheltenham: Edward Elgar; Sanderson, I. 2002. 'Evaluation, Policy Learning and Evidence-Based Policy Making', *Public Administration.* vol. 80, no. 1, pp. 1-22; Cairney, P., Heikkila, T. and Wood, M. 2019. *Making Policy in a Complex World.* Cambridge: Cambridge University Press.
38. Cairney, 2012, p. 353.
39. Cairney, 2012, pp. 353-354.
40. Cairney, 2012, p. 354.
41. Hallsworth, M. and Rutter, J. 2011. *Making Policy Better: Improving Whitehall's core business.* London: Institute for Government. p. 30.
42. Room, 2011.
43. Room, 2011.
44. Keynes, J. M. 2008. *A Tract on Monetary Reform.* La Vergne: BN Publishing. p. 80.
45. Room, 2011, p. 18.
46. Skidelsky, R. 2010. *Keynes: The Return of the Master.* New York: PublicAffairs. pp. 79-80.
47. Skidelsky, 2010, pp. 78-81.
48. Keynes, 1997, p. 32.
49. Keynes, J. M. 2010. *Essays in Biography with a new Introduction by Donald Winch.* Houndmills: Palgrave Macmillan. p. 97.
50. Keynes, 2010, pp. 97-98.
51. Keynes, 2010, p. 108.
52. Keynes, 2010, p. 108.

第九章

1. Ingham, G. 2004. *The Nature of Money.* Cambridge: Polity Press. pp. 16-19.
2. Grierson, P. 1978. 'The origins of money', *Research in Economic Anthropology.* vol. 1, pp. 1-35; Wray, L. R. 1999. *Understanding Modern Money: The Key to Full Employment and Price Stability.* Northampton, MA: Edward Elgar.
3. Ingham, 2004, pp. 22-24.

45. Lowe, 1977, pp. 283-284.
46. Polanyi, M. 2016. 'On Popular Education in Economics', *Tradition & Discovery*. vol. 42, no. 3, pp. 18-24 (p. 23).
47. Polanyi, 1945, p. x.

第八章

1. Lindblom, C. E. 1958. 'Policy Analysis', *The American Economic Review*. vol. 48, no. 3, pp. 298-312 (p. 302).
2. Lindblom, C. E. 1959. 'The Science of "Muddling Through"', *Public Administration Review*. vol. 19, no. 2, pp. 79-88 (p. 86).
3. Lindblom, 1958, p. 301.
4. Lindblom, 1958, p. 307.
5. Lindblom, C. E. 1979. 'Still Muddling, Not Yet Through', *Public Administration Review*. vol. 39, no. 6, pp. 517-526 (p. 520).
6. Lindblom, 1979, p. 524.
7. Bunge, 1999, p. 157.
8. Polanyi, 1998, pp. 137-140, p. 190.
9. Polanyi, 1998, pp. 141-149, pp. 189-193.
10. Polanyi, 1998, p. 192.
11. Polanyi, 1998, pp. 192-193.
12. Polanyi, 1998, p. 213.
13. Polanyi, 1998, p. 216.
14. Polanyi, 1998, p. 217.
15. Polanyi, 1998, p. 219.
16. Polanyi and Prosch, 1977, pp. 202-203.
17. Polanyi and Prosch, 1977, p. 207.
18. Polanyi and Prosch, 1977, p. 211.
19. Polanyi and Prosch, 1977, p. 213.
20. Ostrom, V., Tiebout, C. M., and Warren, R. 1961. 'The Organization of Government in Metropolitan Areas: A Theoretical Inquiry', *American Political Science Review*. vol. 55, no. 4, pp. 831-842; Aligica, P. D. and Tarko, V. 2012. 'Polycentricity: From Polanyi to Ostrom, and Beyond', *An International Journal of Policy, Administration, and Institution*. vol. 25, no. 2, pp. 237-262.
21. Aligica, P. D. and Boettke, P. J. 2009. *Challenging Institutional Analysis and Development: The Bloomington School*. London: Routledge.
22. Ostrom, Tiebout and Warren, 1961.
23. Ostrom, V. 1972. Policenricity, presented at Annual Meeting of the American Political Science Association, September 5-9, Washington, D.C.
24. Ostrom, 1972, p. 2.
25. V・オストロムは当初、ジェームズ・ブキャナンと共に、公共選択理論の運動に参加していたが、後年その方法論的な相違から、ブキャナンらのヴァージニア学派とは距離を置くようになった。(Aligica and Boettke, 2009, p. 126)
26. Ostrom, 1972, p. 5.

8. Bhaskar, 2009, p. 171.
9. Polanyi and Prosch, 1977, pp. 208-209.
10. Polanyi and Prosch, 1977, pp. 213-214.
11. Polanyi, M. 1998. *The Logic of Liberty: Reflections and Rejoinders*. Carmel: Liberty Fund. p. 49.
12. Polanyi, 1969, p. 66.
13. Polanyi, 2009, pp. 84-85.
14. Polanyi, 1998.
15. Festré, A. 2021. 'Michael Polanyi's vision of government and economics: Spanning Hayek and Keynes', *Journal of Government and Economics*. vol. 4, pp. 1-10.
16. Bhaskar, 2011, pp. 3-5.
17. Dow, 1999; Lawson, 1999; Lawson, 2003, pp. 168-183.
18. Festré, 2021.
19. Mirowski, P. 1998. 'Economics, Science, and Knowledge: Polanyi vs. Hayek', *Tradition & Discovery*. vol. 25, no. 1, pp. 29-42 (p. 35).
20. Polanyi, M. 1945. *Full Employment and Free Trade*. Cambridge: Cambridge University Press. p. ix.
21. Polanyi, 1945, p. ix-x.
22. Polanyi, 1974, p. 126.
23. Polanyi, 1964, p. 35.
24. Polanyi, 1974, p. 302.
25. Polanyi, 1945, p. x.
26. Kaidesoja, 2013.
27. Bunge, M. 1999. *Social Science under Debate: A Philosophical Perspective*. Toronto: University of Toronto Press. p. 157.
28. Lawson, 1997, p. 280.
29. Keynes, 1997, p. 377.
30. Keynes, 1997, p. 380.
31. Polanyi, 1945, p. 103.
32. Kaidesoja, 2013, p. 97.
33. Polanyi, 2009, p. 85.
34. Lowe, A. 1977. *On Economic Knowledge: Toward a Science of Political Economics*. New York: Routledge. p. 139n5.
35. Lowe, 1977, p. 131.
36. Lowe, 1977, pp. 330-331.
37. Lowe, 1977, pp. 331-332; Forstater, 1999.
38. Lowe, 1977, p. 147.
39. Lowe, 1977, p. 148.
40. Lowe, 1977, pp. 159-160.
41. Lowe, 1977, pp. 276-277.
42. Lowe, 1977, p. 291.
43. Lowe, 1977, p. 283.
44. Lowe, 1977, p. 284.

Eco-Cognitive Model in Magnani, L. et al. (eds.) *Philosophy and Cognitive Science II*. Cham: Springer International Publishing.

56. Benton, T. 1981. 'Realism and Social Science: Some Comments on Roy Bhaskar's "The Possibility of Naturalism"', *Radical Philosophy*. vol. 27, pp. 13-21 (pp. 19-20).
57. Peirce, 1997, pp. 245-246.
58. Bhaskar, 2015, p. 12n26.
59. Hanson, 1958, p. 90.
60. Hanson, 1958, p. 19.
61. Polanyi, M. 1964. *Science, Faith and Society*. Chicago: The University of Chicago Press. p. 12.
62. パースあるいはハンソンの遡及の概念はポランニーが主張した暗黙的推論に近いと論じた研究としては、以下を参照されたい。Forstater, 1999; Mullins, P. 2002. 'Peirce's Abduction and Polanyi's Tacit Knowing', *The Journal of Speculative Philosophy*. vol. 16, no. 3, pp. 198-224; Fennell, J. 2016. 'Polanyi's "Illumination": Aristotelian Induction or Peircean Abduction?', *Tradition & Discovery*. vol. 42, no. 3, pp. 42-54; Meek, 2017, pp. 49-52.
63. Polanyi, 2009, p. 4.
64. Polanyi, 2009, p. 6.
65. Polanyi, 2009, p. 10.
66. Polanyi, 2009. p. 10.
67. Polanyi, 1969, pp. 138-158; Polanyi, 2009, pp. 13-14.
68. Polanyi, 1969, p. 138.
69. Polanyi, 2009. pp. 22-23.
70. Bhaskar, 2015, p. 153.
71. Polanyi, 1964, p. 34; Polanyi, 1974, p. 121.
72. Polanyi, 1974, p. 126.
73. Polanyi, 1964, p. 29.
74. Polanyi, 1974, p. 123.
75. Bhaskar, 2009, p. 11n26.
76. Meek, 2017.
77. Peirce 1955, p. 58.
78. Polanyi, 1964, p. 34.
79. Peirce, 1997, p. 242.
80. Polanyi, 1969, p. 133.
81. Kaidesoja, 2013.

第七章

1. Bhaskar, 2011, p. 3.
2. Bhaskar, 2011, p. 6; Lawson, 1997, pp. 275-281.
3. Hodgson, G. M. 2004. 'Some claims made for critical realism in economics: two case studies', *Journal of Economic Methodology*. vol. 11, no. 1, pp. 53-73.
4. Bhaskar, 2015, p. 51.
5. Collier, 1994, pp. 166-167.
6. Polanyi and Prosch, 1977, p. 58.
7. Kaidesoja, 2013, p. 97.

15. Bhaskar, 2008, pp. 56-62.
16. Bhaskar, 2008, p. 148.
17. Bhaskar, 2008, p. 21.
18. Bhaskar, 2008, p. 185.
19. Bhaskar, 2008, p. 148.
20. Bhaskar, 2008, p. 194.
21. Bhaskar, 2008, p. 195.
22. Polanyi, 2009, p. 72.
23. Polanyi, 1974, p. 266.
24. Polanyi, 1974, p. 315.
25. Polanyi, 1974, p. 303.
26. Polanyi, 1974, p. 267; Polanyi, 2009, p. 61.
27. Polanyi, 1974, p. 305.
28. Polanyi, 1974, p. 171.
29. Scott, 1995, pp. 66-70.
30. Polanyi, 1974, p. 302.
31. Grene, M. 1977. 'Tacit Knowing: Grounds for a Revolution in Philosophy'. *Journal of the British Society for Phenomenology*. vol. 8, no. 3, pp. 164-171 (p. 169).
32. Meek, 2017, pp. 35-36.
33. Polanyi, 1969, p. 148.
34. Polanyi, 1969, p. 214.
35. Polanyi, 1969, p. 156; Polanyi, 2009, p. 16.
36. Polanyi, 1969, p. 155.
37. Berger, P. L. and Luckman, T. 1966. *The Social Construction of Reality: A Treatise in the Sociology of Knowledge*. New York: Anchor Books.
38. Meek, 2017, pp. 212-214.
39. Polanyi, 1969, pp. 155-156; Polanyi, 2009, p. 17; Polanyi and Prosch, 1977, pp. 22-45.
40. Polanyi, 1974, p. 272.
41. Bhaskar, 2008, p. 197.
42. Bhaskar, 2015, p. 152.
43. Bhaskar, 2015, p. 159.
44. Bhaskar, 2011, p. 190.
45. Polanyi, 1974, p. 264; Grene, 1977.
46. Cannon, 1999.
47. Bhaskar, 2015.
48. Bhaskar, 2009, p. 68.
49. Bhaskar, 2009, p. 11.
50. Bhaskar, 2009, p. 11n26.
51. Kaidesoja, T. 2013. *Naturalizing Critical Realist Social Ontology*. London: Routledge. p. 211n8.
52. Peirce, C. S. 1955. Buchler, J. (ed.) *Philosophical Writings of Peirce*. New York: Dover. p. 18.
53. Peirce, 1955, pp. 19-20.
54. Peirce, 1955, p. 57.
55. Peirce, 1997, p. 242; Magnani, L. 2015. Understanding Visual Abduction: The Need of the

Review of Political Economy. vol. 11, no. 1, pp. 5-18.
16. Sawyer, 2005, chapter 2.
17. Byrne, D. 1998. *Complexity Theory and the Social Sciences: An Introduction*. London: Routledge.
18. Sawyer, 2005, p. 15.
19. Sawyer, 2005, p. 19.
20. Byrne, 1998.
21. Archer, 1995, p. 135.
22. Kydland, F. E. and Prescott, E.C. 1977. 'Rules Rather than Discretion: the Inconsistency of Optimal Plans', *The Journal of Political Economy*. vol. 85, no. 3, pp. 473-492; Halac, M. and Yared, P. 2018. 'Fiscal Rules and Discretion in a World Economy', *American Economic Review*. vol. 108, no. 8, pp. 2305-2334; Lucas, R. E. and Sargent, T. J. 1978. 'After Keynesian Macroeconomics', *After The Phillips Curve: Persistence of High Inflation and High Unemployment*. Federal Reserve Bank of Boston; Taylor, J. B. 1993. Discretion versus policy rules in practice, *Carnegie-Rochester Conference Series on Public Policy*. vol. 39, pp. 195-214.
23. Lucas and Sargent, 1978, p. 70.
24. Lawson, 1997; Lawson, 2003; Fleetwood, 2016.
25. Taylor, J. B. 2022. It's time to get back to rules-based monetary policy, the conference at the Hoover Institution at Stanford University, May 6.
26. United Nations Conference on Trade and Development. 2022. p. 9.
https://unctad.org/publication/trade-and-development-report-2022
27. UNCTAD, 2022, p. 9.
28. Collier, 1994, p. 51.

第六章

1. Meek, E. L. 2017. *Contact with Reality: Michael Polanyi's Realism and Why It Matters*. Eugene: Cascade Books.
2. Bhaskar, 2008, p. 25.
3. Bhaskar, 2008, p. 9.
4. Scott, D. 1995. *Everyman Revived: The Common Sense of Michael Polanyi*, Cambridge: Wm. B. Eerdmans Publishing Co. pp. 63-77; Cannon, D. 1999. 'Some Aspects of Polanyi's Version of Realism', *Tradition & Discovery*. vol. 26, no.3, pp. 51-61; Meek, 2017.
5. Polanyi, 1974, p. 311.
6. Meek, 2017, pp. 55-63.
7. Polanyi, M. and Prosch, H. 1977. *Meaning*. Chicago: The University of Chicago Press. p. 190.
8. Polanyi, M. 1969. *Knowing and Being: Essays by Michael Polanyi*. Chicago: The University of Chicago Press. p. 141.
9. Bhaskar, 2008, p. 113; Bhaskar, 2015, pp. 97-98.
10. Bhaskar, 2008, p. 113.
11. Bhaskar, 2008, p. 114n48.
12. Polanyi, 1974; Polanyi, M. 2009. *The Tacit Dimension With a New Foreword by Amartya Sen*. Chicago: The University of Chicago Press.
13. Polanyi, 1974, p. 382.
14. Polanyi, 2009, p. 40.

61. Buchanan, J. M. and Wagner, R. E. 2000. Democracy in Deficit: The Political Legacy of Lord Keynes in *The Collected Works of James M. Buchanan*, Volume 8. Indianapolis: Liberty Fund. pp. 71-72.
62. Buchanan and Wagner, 2000.
63. Green, D. P. and Shapiro, I. 1994. *Pathologies of Rational Choice Theory: A Critique of Applications in Political Science*. New Haven: Yale University Press; Pressman, S. 2004. 'What is wrong with public choice', *Journal of Post Keynesian Economics*. vol. 27, no. 1, pp. 3-18; Pressman, S. 2006. A Post Keynesian Theory of the State in Pressman, S. (ed.) *Alternative Theories of the State*. New York: Palgrave Macmillan.
64. Toye, J. 1991. Is there a neo political economy of development? in Colclough, C. and Manor, J. (eds) *States or Market? : Neo-Liberalism and the Development of Policy Debate*. Oxford: Oxford University Press.
65. Pressman, 2004; Pressman, 2006, pp. 120.
66. Buchanan and Tullock, 1999, p. 90.
67. Pressman, 2004.
68. Pressman, 2004.
69. もっとも、「財政赤字の削減」を公約した政権が、実際には財政赤字を増やす結果に終わることがしばしばある。しかし、それは財政赤字を削減すること自体が非現実的だからであって、公共選択理論が正しいからではない。
70. Pressman, 2004, p. 15.
71. Pressman, 2004, p. 16.

第五章

1. Bunge, M. 2000. 'Systemism: the alternative to individualism and holism', *Journal of Socio-Economics*. vol. 29, pp. 147-157 (p. 153).
2. Bhaskar, 2015, p. 47.
3. Bhaskar, 2015, p. 47.
4. Bhaskar, 2015, p. 38.
5. Collier, 1994, p. 164.
6. Bhaskar, 2015, p. 48.
7. Bhaskar, 2015, p. 75n58.
8. Bhaskar, 2015, p. 9.
9. Bhaskar, 2015, p. 48; Collier, 1994, pp. 166-167.
10. Bhaskar, 2015, p. 50.
11. Bhaskar, 2009, p. 11n26.
12. Khachab, C. E. 2013. 'The Logical Goodness of Abduction in C. S. Peirce's Thought', *A Quarterly Journal in American Philosophy*. vol. 49, no. 2, pp. 157-177.
13. Peirce, C. S. 1997. *Pragmatism as a Principle and Method of Right Thinking: The 1903 Harvard Lectures on Pragmatism*. New York: State University of New York Press. pp. 245-246.
14. Jessop, B. 2015. 'The Symptomatology of Crises, Reading Crises and Learning from Them: Some Critical Realist Reflections', *Journal of Critical Realism*. vol. 14, no. 3, pp. 238-271 (pp. 255-259).
15. Forstater, M. 1999. 'Working Backwards: Instrumental analysis as a policy discover procedure',

34. Mann, 1988, pp. 13-15.
35. Skocpol, T. 1985. Bringing the State Back In: Strategies of Analysis in Current Research, pp. 3-37 in Evans, P. E., Rueschemeyer, D. and Skocpol, T. (eds.) *Bringing the State Back In*. Cambridge: Cambridge University Press. p. 9.
36. Skocpol, T. 1979. *States and Social Revolutions: A Comparative Analysis of France, Russia, and China*. Cambridge: Cambridge University Press. p. 32.
37. Hobson, J. M. 1998. 'The Historical Sociology of the State and the State of Historical Sociology in International Relations', *Review of International Political Economy*. vol. 5, no. 2, pp. 284-320 (pp. 292-293).
38. Evens, P. B. 1995. *Embedded Autonomy: States and Industrial Transformation*. Princeton: Princeton University Press.
39. Mann, M. 2012. *The sources of social power, Volume 1: A history of power from the beginning to AD 1760*. Cambridge: Cambridge University Press. p. 1.
40. Hobson, 1998, pp. 287-288.
41. Bhaskar, 2008, p. 72.
42. Bhaskar, 2008, p. 119.
43. Elder-Vass, 2010, pp. 47-53.
44. Elder-Vass, 2010, p. 67.
45. Mann, 1988, pp. 12-13.
46. Giddens, 1986, pp. 50-51.
47. Giddens, A. 1987. *The Nation-State and Violence: Volume Two of A Contemporary Critique of Historical Materialism*. Berkeley: University of California Press. p. 120.
48. Lawson, 2019, pp. 65-72.
49. Jessop, 2016, p. 142.
50. Sawyer, 2005.
51. Sawyer, 2005, p. 219.
52. Sawyer, 2005, p. 221.
53. Wight, 2006.
54. Mann, M. 1997. 'Has globalization ended the rise and rise of the nation-state?', *Review of International Political Economy*. vol. 4, no. 3, pp. 472-496.
55. Skocpol, 1979; Tilly, C. ed. 1975. *The Formation of National States in Western Europe*. Princeton: Princeton University Press; Tilly, C. 1985. War making and state making as organized crime in Evans, P. B., Rueshemeyer, D. and Skocpol, T. (eds) *Bringing the State Back In*. Cambridge: Cambridge University Press; Tilly, C. 1992. *Coercion, Capital, and European States, AD 990-1992*. Cambridge, MA: Blackwell.
56. Mann, 2003, p. 75.
57. Mann, 2003, p. 730.
58. Mann, 2003, pp. 730-736.
59. Rodrik, D. 2012. 'Who Needs the Nation-State?', *Economic Geography*. vol. 89, no. 1, pp. 1-19 (p. 3).
60. Buchanan, J. M. and Tullock, G. 1999. The Calculus of Consent: Logical Foundations of Constitutional Democracy in *The Collected Works of James M. Buchanan*, Volume 3. Indianapolis: Liberty Fund. pp. 22-23.

The Palgrave Handbook of Relational Sociology. London: Palgrave Macmillan. pp. 424-425.

7. Bhaskar, 2015, pp. 25-26.
8. Bhaskar, 2015, pp. 40-41.
9. Lawson, T. 2019. *The Nature of Social Reality: Issues in Social Ontology*. London: Routledge. p. 55.
10. Lawson, 2019, p. 56.
11. Bhaskar, 2015, p. 9.
12. Bhaskar, 2015, pp. 46-47.
13. Lawson, 1997, pp. 159-160.
14. Lawson 1997, p. 204.
15. Fleetwood, S. 2016. 'The critical realist conception of open and closed systems', *Journal of Economic Methodology*. vol. 24, no. 1, pp. 41-68.
16. Danermark, Ekström and Karlsson, 2019, p. 58.
17. Giddens, A. 1986. *The Constitution of Society: Outline of the Theory of Structuration*. Berkeley: University of California Press. p. 50.
18. Lawson, 1997, pp. 180-182.
19. Wight, 2006, p. 217.
20. Jessop, B. 2016. *The State: Past, Present, Future*. Cambridge: Polity.
21. Koivisto, M. 2010. State Theory in International Relations: Why Realism Matters in Joseph, J. and Wight, C. (eds.) *Scientific Realism and International Relations*, London: Palgrave Macmillan.
22. Joseph, J. 2010. The international as Emergent: Challenging Old and New Orthodoxies in International Relations Theory in Joseph, J. and Wight, C. (eds.) *Scientific Realism and International Relations*. Houndmills: Palgrave Macmillan.
23. Bhaskar, 2015, p. 86.
24. Wray, L. R. 2012. *Modern Money Theory: A Primer on Macroeconomics for Sovereign Monetary Systems*. Houndmills: Palgrave Macmillan.
25. Bhaduri, A. 1986. *Macroeconomics: The Dynamics of Commodity Production*. Houndmills: Macmillan. pp. 132-150; Cripps, F. and Godley, W. 1978. 'Control of imports as a means to full employment and the expansion of world trade: the UK's case', *Cambridge Journal of Economics*. vol. 2, no. 3, pp. 327-334.
26. Rosenberg, J. 2006. 'Why is there no international historical sociology?', *European Journal of International Relations*. vol. 12, no. 3, pp. 307-340.
27. Steinmetz, G. 1998. 'Critical Realism and Historical Sociology', *A Review Article, Comparative Studies in Society and History*. vol. 40, no. 1, pp. 170-186; Koivisto, 2010.
28. Mann, M. 2003. *The sources of social power, Volume 2: The rise of classes and nation-states, 1760-1914*. Cambridge: Cambridge University Press. p. 59.
29. Mann, 2003, p. 59.
30. Mann, 2003, p. 60.
31. Mann, M. 1988. *States, War and Capitalism: Studies in Political Sociology*. Oxford: Blackwell. pp. 9-10.
32. Archer, 1995; Jessop, 2016.
33. Mann, 1988.

Journal. vol. 49, no. 195, pp. 558-577 (p. 567).

13. Lucas, Jr. R. E. 1976. Economic Policy Evaluation: A Critique, pp. 19-46 in Brunner, K. and Meltzer, A. (eds.) *The Phillips Curve and Labor Markets, Carnegie-Rochester Conference Series on Public Policy*, Volume 1. New York: American Elsevier.
14. Lucas, 1976, pp. 40-41.
15. Keynes, 1939, p. 561.
16. 青木, 2012, pp. 105-106.
17. Juselius, K. and Franchi, M. 2007. 'Taking a DSGE Model to the Data Meaningfully', *Economics: The Open-Access, Open-Assessment E-Journal*. no. 2007-4, pp. 1-38.
18. Hoover, 2015, p. 704.
19. Hoover, 2015, pp. 697-698.
20. Hoover, 2015, p. 702.
21. Lucas, Jr. R. E. 1978. 'Unemployment Policy', *The American Economic Review*. vol. 68, no. 2, pp. 353-357 (p. 355).
22. Lucas, 1978, p. 356.
23. Bhaskar, 2015, p. 34.
24. Archer, 1995; Danermark, Ekström and Karlsson, 2019, pp. 71-95.
25. Sayer, 2000, p. 12.
26. Elder-Vass, D. 2010. *The Causal Power of Social Structures: Emergence, Structure and Agency*. Cambridge: Cambridge University Press. p. 5; Sayer, 2000, pp. 13-14.
27. Elder-Vass, 2010, pp. 18-19.
28. Collier, 1994, pp. 107-120.
29. Hodgson, G. M. 2000. From micro to macro: the concept of emergence and the role of institutions in Leonardo Burlamaqui, Ana Célia Castro and Ha-Joon Chang(eds.) *Institutions and the Role of the State*. Cheltenham: Edward Elgar Publishing. p. 116.
30. King, J. E. 2015. *Advanced Introduction to Post Keynesian Economics*. Cheltenham: Edward Elgar Publishing. p. 45.

第四章

1. ポスト・ケインズ派は、「ケインズ」の名を冠していることからも察せられるように、ジョン・メイナード・ケインズを始祖とし、ミハウ・カレツキ、ジョーン・ロビンソン、ニコラス・カルドアらによって発展し、ポール・デイヴィッドソン、フィリップ・アレスティス、マルコム・ソーヤー、マーク・ラヴォアなどが名を連ねている。ポスト・ケインズ派経済学については、鍋島を参照せよ。（鍋島直樹　2017.『ポスト・ケインズ派経済学―マクロ経済学の革新を求めて』名古屋大学出版会）
2. Dow, S. C. 1999. 'Post Keynesianism and Critical Realism: What Is The Connection?', *Journal of Post Keynesian Economics*. vol. 22, no. 1, pp. 15-33; Lawson, 1997; Lawson, T. 1999. 'Connections and Disconnections: Post Keynesianism and Critical Realism', *Journal of Post Keynesian Economics*. vol. 22, no. 1, pp. 3-14; Lawson, 2003.
3. Bhaskar, 2008, p. 69.
4. Archer, 1995, p. 1.
5. Bhaskar, 2015, pp. 28-32.
6. Porpora, D. V. 2018. Critical realism as relational sociology, pp. 413-429 in Depelteau, F. (ed.)

12. Bhaskar, 2008, p. 50.
13. Bhaskar, 2008, pp. 50-51.
14. Bhaskar, 2008, p. 56.
15. Bhaskar, 2008, p. 31.
16. Bhaskar, 2008, p. 119.
17. Bhaskar, 2008, p. 113; Collier, 1994, pp. 107-134.
18. Bhaskar, 2008, pp. 145-146.
19. Collier, 1994, p. 45.
20. Bhaskar, 2009.
21. Collier, 1994, p. 163.
22. 「遡源」という邦訳は木田に依っている。(木田融男 2017. 批判的実在論とリトロダクション／リトロディクション —複合決定と複線の視点に関わらせて—. 立命館産業社会論集, 第53巻, 第1号)
23. Bhaskar, 2009, p. 68.
24. Collier, 1994.
25. Collier, 1994, pp. 162-163.
26. Bhaskar, 2009, p. 11n26.
27. Collier, 1994, pp. 21-22.
28. Bhaskar, R. 2015. *The Possibility of Naturalism: A Philosophical Critique of the Contemporary Human Sciences*, 4th edition. London: Routledge. p. 12.
29. Lawson, 1997, p. 24.
30. Collier, 1994, pp. 12-16.
31. Bhaskar, 2009, pp. 72-73.

第三章

1. Bhaskar, 2008.
2. Bhaskar, 2015.
3. Bhaskar, 2015, p. 1.
4. Bhaskar, 2015, pp. 21-22.
5. Arrow, K. J. 1994. 'Methodological Individualism and Social Knowledge', *The American Economic Review*. vol. 84, no. 2, pp. 1-9 (p. 1).
6. Arrow, 1994, p. 8.
7. ここでもまた、デュルケイムが集合論者で「あるとされている」と書いたのは、通説によればそうだというに過ぎず、そうではないという解釈があり得るからである。(Sawyer, R. K. 2005. *Social Emergence: Societies as Complex Systems*. Cambridge: Cambridge University Press. pp. 100-124)
8. Keat and Urry, 1975, pp. 176-195.
9. Hoover, K. D. 2015. 'Reductionism in Economics: Intentionality and Eschatological Justification in the Microfoundations of Macroeconomics', *Philosophy of Science*. vol. 82, no. 4, pp.689-711.
10. 青木泰樹 2012. 経済学とは何だろうか—現実との対話. 八千代出版.
11. Lawson, 1997, p. 235.
12. Keynes, J. M. 1939. 'The League of Nations Professor Tinbergen's Method', *The Economic*

7. Friedman, 1953, pp. 19-20.
8. Friedman, 1953, p. 10.
9. Friedman, 1953, p. 24.
10. Friedman, 1953, p. 34.
11. Friedman, 1953, p. 36.
12. Lucas, Jr. R. E. 1986. 'Adaptive Behavior and Economic Theory', *The Journal of Business*. vol. 59, no. 4, pp. S401-S426 (p. S402).
13. Keat and Urry, 1975, pp. 11-12.
14. Keat and Urry, 1975, p. 63.
15. Hanson, N. R. 1958. *Patterns of Discovery: An Inquiry into the Conceptual Foundations of Science*. Cambridge: Cambridge University Press.
16. Lawson, 1997, chapter 17.
17. Weber, M. 2011. *Methodology of Social Sciences*. New Brunswick: Transaction Publishers. p. 110.
18. Polanyi, M. 1974. *Personal Knowledge: Towards a Post-Critical Philosophy*. Chicago: The University of Chicago Press. p. 16.
19. Bhaskar, 2008; Lawson, 1997; Lawson, 2003.
20. Keynes, J. M. 1937. 'The General Theory of Employment'. *The Quarterly Journal of Economics*. vol. 51, no. 2, pp. 209-223 (pp. 213-214).
21. Keynes, 1997, p. 293.
22. Keynes, 1997, pp. 293-294.
23. Cameron, J. and Siegmann, K. A. 2012. 'Why did mainstream economics miss the crisis? The role of epistemological and methodological blinkers', *On the Horizon*. vol. 20, no. 3, pp.164-171.
24. Lucas, Jr. R. E. 2009. 'In defense of the dismal science', *The Economist*. August 6th.
25. Eichner, A. S. 1983. 'Why Economics Is Not Yet a Science', *Journal of Economic Issues*. vol. 17, no. 2, pp. 507-520 (p. 518).

第二章

1. Bhaskar, 2008.
2. Collier, 1994.
3. Collier, 1994, pp. 20-25.
4. 古典的経験論が「ヒュームに代表されると言われている」と書いたのは、それが科学哲学における通説となっているからである。しかし、ヒュームの思想は古典的経験論ではないという解釈もあり、その方がむしろ正しいと筆者は思う。例えば、ダウはヒュームを実在論者と解釈している。(Dow, S. C. 2002. 'Historical reference: Hume and critical realism', *Cambridge Journal of Economics*. vol. 26, no. 6, pp. 683-695)
5. Bhaskar, 2008, p. 25.
6. Bhaskar, 2008, p. 36.
7. Collier, 1994, p. 77.
8. Bhaskar, 2008, p. 33.
9. Bhaskar, 2009, p. 35.
10. Bhaskar, 2008, p. 44.
11. Bhaskar, 2008, p. 46.

註

序論

1. Keynes, J. M. 1997. *The General Theory of Employment, Interest, and Money*. New York: Prometheus Books. p. 383.
2. オックスフォード大学におけるバスカーの指導教授は、実在論者のロム・ハレである。ちなみに、エディンバラ大学における筆者の指導教授であったラッセル・キートの指導教授もハレであった。キートは、バスカーに先んじて社会科学哲学に実在論を導入した哲学者であり、彼の著作は、次章において参照している。(Keat, R. and Urry, J. 1975. *Social Theory as Science*. London: Routledge)
3. Bhaskar, R. 2008. *A Realist Theory of Science*, 3rd edition. London: Verso.
4. Bhaskar, R. 2009. *Scientific Realism and Human Emancipation*. London: Routledge.
5. Collier, A. 1994. *Critical Realism: An Introduction to Roy Bhaskar's Philosophy*. London: Verso. p. ix.
6. Collier, 1994; Danermark, B., Ekström, M. and Karlsson, J. Ch. 2019. *Explaining Society: Critical Realism in the Social Sciences*, 2nd edition. London: Routledge; Sayer, A. 2000. *Realism and Social Science*. London: SAGE Publications.
7. バスカー自身は、自らの科学哲学を「超越論的実在論（transcendental realism）」と称する一方で、社会科学哲学については「批判的自然主義（critical naturalism）」と呼んでいたが、それを「批判的実在論」と呼ぶことを受け入れている。(Bhaskar, R. 2011. *Reclaiming Reality: A critical introduction to contemporary philosophy*. London: Routledge. p. 190)
8. Archer, M. S. 1995. *Realist social theory: the morphogenetic approach*. Cambridge: Cambridge University Press; Porpora, D. V. 2015. *Reconstructing Sociology: The Critical Realist Approach*. Cambridge: Cambridge University Press.
9. Lawson, T. 1997. *Economics and Reality*. London: Routledge; Lawson, T. 2003. *Reorienting Economics*. London: Routledge.
10. Wight, C. 2006. *Agents, Structures and International Relations: Politics as Ontology*. Cambridge: Cambridge University Press.
11. Lawson, 2003, pp. 9-10.
12. The Economist. What went wrong with economics
    https://www.economist.com/leaders/2009/07/16/what-went-wrong-with-economics
13. Romer, P. 2016. 'The Trouble With Macroeconomics,' delivered January 5, 2016 as the Commons Memorial Lecture of the Omicron Delta Epsilon Society.
14. Hume, D. 1978. *A Treatise of Human Nature*. Oxford: Oxford at the Clarendon Press. p. 272.

第一章

1. Hahn, F. 1988. 'On Monetary Theory', *The Economic Journal*. vol. 98, no. 393, pp.957-973.
2. Stiglitz, J. E. 2003. *Globalization and Its Discontents*. New York: W. W. Norton&Company.
3. Friedman, M. 1953. *Essays in Positive Economics*. Chicago: The University of Chicago Press. pp. 3-43.
4. Friedman, 1953, p. 7.
5. Friedman, 1953, pp. 8-9.
6. Friedman, 1953, p. 15.

中野剛志 なかの・たけし

評論家。1971年生まれ。東京大学教養学部卒業後、通商産業省(現・経済産業省)に入省。2003年にNations and Nationalism Prize受賞。2005年エディンバラ大学大学院より博士号取得(政治理論)。主な著書に『日本思想史新論』(ちくま新書、山本七平賞奨励賞)、『富国と強兵』(東洋経済新報社)、『TPP亡国論』(集英社新書)など。主な論文に'Hegel's Theory of Economic Nationalism: Political Economy in the Philosophy of Right' (*European Journal of the History of Economic Thought*), 'Theorising Economic Nationalism' 'Alfred Marshall's Economic Nationalism' (ともに*Nations and Nationalism*), '"Let Your Science be Human": Hume's Economic Methodology' (*Cambridge Journal of Economics*), 'A Critique of Held's Cosmopolitan Democracy' (*Contemporary Political Theory*), 'War and Strange Non-Death of Neoliberalism: The Military Foundations of Modern Economic Ideologies' (*International Relations*)など。

政策《せいさく》の哲学《てつがく》

2025年1月29日　第1刷発行

著者　中野剛志《なかのたけし》

発行者　樋口尚也

発行所　株式会社 集英社
〒101-8050 東京都千代田区一ツ橋2-5-10
電話 編集部 03-3230-6137
読者係 03-3230-6080
販売部 03-3230-6393(書店専用)

印刷所　大日本印刷株式会社

製本所　株式会社ブックアート

マークデザイン+ブックデザイン　鈴木成一デザイン室

photo　安藤瑠美

編集協力　大畑峰幸

Printed in Japan　ISBN978-4-08-737007-2　C0033
定価はカバーに表示してあります。

Shueisha
Series
Common